Espagnol 1re A2 → B1

# PURA VIDA

El placer de aprender español



## Auteurs


**Thomas Bailleul**
Professeur certifié et formateur
Lycée et collège Lakanal (92)

**Sergi No Díaz**
Professeur certifié
Escola Gravi (Barcelone)

**Milagros Carolina Hamon-Díaz**
Professeure certifiée
Lycée Notre Dame du Kreisker (29)

**Félix Pérez**
Professeur certifié
Lycée Camille Pissarro (95)

**Izaskun Muro**
Professeure certifiée
Lycée Gerville Réache (971)

**Cendrine Piedra Perotti**
Professeure certifiée
Lycée Jean-Pierre Vernant (31)

**Raquel Piñeiro**
Professeure certifiée
Collège Édouard Manet (92)


## Pages *Más documentos para disfrutar*


**Francisco Aguilar**
Professeur certifié
Lycée François Truffaut (85)

**Coraline Ricard**
Professeure certifiée
Lycée Eugénie Cotton (93)


## Relecture pédagogique


**Francisco Aguilar**
Professeur certifié
Lycée François Truffaut (85)

**Delphine Rouchy**
Professeure certifiée
Collège Roland Vasseur (95)

**Alexis Henri**
Professeur certifié
Lycée Madame
de Sévigné (08)

**Leen Roussel-Decaluwé**
Professeure certifiée
Lycée français international
Georges Pompidou (Dubaï)


## Remerciements

Les Éditions Maison des Langues tiennent à remercier Anouck Ducrocq, Catherine Le Calvé et Natacha Godaillier pour leurs conseils méthodologiques.

Éditions maison des langues

**Coordination pédagogique :** Florence Pitti • Eduard Sancho • Laia Sant
**Coordination éditoriale :** Ana Escourido • Noemí Martínez • Laia Sant
**Édition :** Gema Ballesteros • Ana Escourido • Noemí Martínez • Laia Sant • Gaëlle Suñer
**Création d'activités :** Marta Cabanillas • Édith Cuéllar
**Relecture et correction :** Martine Chen • Gaëlle Suñer • Sílvia Jofresa
**Conception graphique couverture :** Samanta Bares • Difusión (Óscar García, Luis Luján)
**Conception graphique intérieur :** Leticia Ucín
**Mise en page :** Samanta Bares • Marta Prat
**Illustrations :** Mar Guixé • David Revilla
**Cartographie :** Netmaps
**Iconographie et droits :** Miguel Cano


ISBN : 978-2-35685-579-4
EAN 13 : 3260500004770

# Bienvenue dans PURA VIDA Première !

## Chères et chers élèves,

Vous voilà parvenu(e)s à l'entrée du **cycle terminal** : deux années s'offrent à vous pour consolider vos connaissances et asseoir vos compétences en espagnol. Que de chemin parcouru depuis vos premiers pas dans la langue ! Vous possédez des centaines de mots et de tournures pour **comprendre et vous exprimer**, plus d'une **stratégie** pour surmonter les obstacles, et vous avez quasiment fait le tour de la **grammaire**. Par ailleurs, **les pays hispanophones, leur culture, leur histoire, et nombre de problématiques** qui traversent leurs sociétés ne vous sont plus étrangers. Vous possédez donc un **bagage solide** dont vous pouvez attester et être fiers (fières).

Vous abordez à présent la dernière ligne droite et, déjà, le **baccalauréat** se profile à l'horizon : épreuves communes dès cette année, aux deuxième et troisième trimestres, puis l'année prochaine, en Terminale, au deuxième trimestre.

Votre manuel vous offre **tous les outils pour franchir aisément cette avant-dernière étape** :

- les **documents**, tous **authentiques**, correspondent au niveau de langue visé. Variés, actuels, originaux et motivants, ils ne vous laisseront certainement pas indifférent(e)s !
- les **activités** sont **différenciées**, c'est-à-dire conçues pour s'adapter aux besoins de chacun(e).
- les **fiches de méthodologie** présentées vous permettront de **surmonter les difficultés**, à l'oral comme à l'écrit.
- l'apprentissage du **lexique** est facilité grâce à des **cartes mentales illustrées** et des **activités de mise en réseau et d'enrichissement**.
- de **nombreux entraînements** sont proposés pour fixer la **prononciation** et l'**orthographe**.
- la **grammaire** est expliquée de façon visuelle et claire dans un **précis pratique** et travaillée dans une **banque d'exercices** très complète.
- pour chaque unité, un ou deux **sujets de type bac** sont proposés pour vous préparer sereinement aux épreuves de Première et de Terminale.

Les **12 unités** de **PURA VIDA 1re** couvrent les **8 axes d'étude** au programme du cycle terminal et sont organisées autour de l'entrée culturelle « **Gestes fondateurs et mondes en mouvement** ». Chacune s'ouvre sur une **problématique**, c'est-à-dire une question centrale, toujours accessible, à laquelle les documents proposés au fil des pages et les connaissances dont vous disposez par ailleurs vous permettront d'apporter une **réponse personnelle**.

**Lisez**, **écoutez**, **observez**, **comparez** les réalités culturelles des pays dont vous apprenez la langue ou que vous connaissez, **réfléchissez**, seul(e)s ou à plusieurs, discutez, débattez ! Prenez la parole sans craindre les erreurs et n'oubliez pas que l'on peut progresser en espagnol même lorsqu'on a manqué certaines étapes. Ayez confiance en vous !

« Pura vida », au Costa Rica, c'est une expression mais aussi une philosophie de vie orientée vers la joie, l'enthousiasme, l'optimisme. Elle résume parfaitement ce que nous vous souhaitons : **beaucoup de plaisir et de réussite** tout au long de cette année de Première en notre compagnie !

¡Pura vida!

**L'équipe de PURA VIDA**

# Tableau des contenus

GOYA
1746

Bizkaia
SERÉ MI PROPIA HEROÍNA

### Gramática

- *Le futur (II)*
- *Le conditionnel (II)*
- *Les subordonnées relatives (II) :* **en** + **el / la / los / las** + **que**
- *Les pronoms COD et COI*
- *La comparaison*

### Léxico y pronunciación

- Los robots
- Construcciones para describir objetos con **ser** y **estar**

**¡Haz oír tu voz!**

- Las vocales en contacto

### Tarea final

Imaginar un robot y presentarlo en un salón de robótica

**Méthodologie**

*Comment faire une présentation orale*

### BAC



LIVRE PROF.
Documents et grilles d'éval.

---



### Gramática

- *Les temps du passé (II) : imparfait et passé simple*
- *L'expression de l'opinion (II) :* **(no) es justo que** + *subjonctif*
- **Tardar** + *période de temps* + **en** + *infinitif*
- **Acabar** + *gérondif*
- *Les indicateurs de temps*

### Léxico y pronunciación

- Las mujeres
- Verbos con y sin pronombre: **dedicar(se)**, **quedar(se)** y **cuidar(se)**

**¡Haz oír tu voz!**

- La pronunciación de **j** y **r**

### Tarea final

Dar un discurso en homenaje a una mujer española el Día Internacional de la Mujer

**Méthodologie**

*Comment faire un discours*

### BAC



LIVRE PROF.
Documents et grilles d'éval.

---



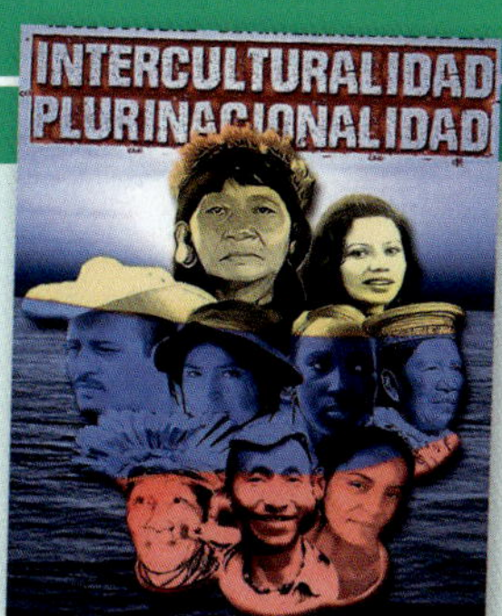


### Gramática

- *L'expression du but (II) :* **conseguir** + **que** + *subjonctif*
- *La traduction de « on » (II) :* **se** + *3e personne*
- *La numération*

### Léxico y pronunciación

- La multiculturalidad
- Construcciones para describir lugares

**¡Haz oír tu voz!**

- La pronunciación de **g**

### Tarea final

Proponer un proyecto en el Parlamento Andino Juvenil

**Méthodologie**

*Comment présenter et défendre un projet à l'oral*

### BAC



LIVRE PROF.
Documents et grilles d'éval.

---



### Gramática

- *Les indéfinis*
- *Le discours indirect*
- *L'expression de l'opinion (III) :* **es cierto que** + *indicatif /* **no es cierto que** + *subjonctif*
- *L'imparfait du subjonctif*
- *La concordance des temps*

### Léxico y pronunciación

- La información
- Los verbos **creer**, **creer en** y **creerse**
- Construcciones para hablar de la información

**¡Haz oír tu voz!**

- El acento diacrítico

### Tarea final

Realizar un reportaje en vídeo sobre la relación de los jóvenes y la información en internet

**Méthodologie**

*Comment faire un mini-reportage télévisé*

### BAC



LIVRE PROF.
Documents et grilles d'éval.

# Pour tout savoir sur l'espagnol et le nouveau BAC...

**L'espagnol fait partie des matières évaluées lors des épreuves communes de contrôle continu, qui comptent pour 30 % dans votre note finale du baccalauréat. Les notes que vous obtiendrez en espagnol tout au long de vos années de Première et de Terminale entreront également en compte dans le cadre du contrôle continu, qui représente 10 % de votre note finale du baccalauréat.**

## Épreuve 1
### Classe de Première > 2e trimestre

**Durée**
> 1 heure

**Note globale**
> sur 20 : 10 points → CO
10 points → EE

**Niveaux visés**
> B1 (LVA)
> A2-B1 (LVB)

L'épreuve commence avec l'écoute du document audio ou le visionnage de la vidéo, après quoi vous pouvez utiliser le temps dont vous disposez comme vous le souhaitez pour rendre compte du document oral, puis pour traiter le sujet d'expression écrite.

#### Partie 1 > COMPRÉHENSION DE L'ORAL

**Document :** Un document audio ou vidéo.

**Durée du document :** 1 minute 30 maximum.

**Organisation :** Trois écoutes espacées d'une minute. Vous pouvez prendre des notes durant les écoutes et les minutes de pause.

**Sujet :** En lien avec l'un des axes culturels du programme étudiés dans l'année. Il ne peut pas s'agir d'un document déjà travaillé en cours.

**Objectif :** Rédiger un compte rendu en français, libre ou guidé, de ce que vous avez compris.

#### Partie 2 > EXPRESSION ÉCRITE

**Document :** Aucun.

**Sujet :** En lien avec la thématique du document audio ou vidéo de la partie 1.

**Objectif :** Traiter un sujet en espagnol.

**Longueur :** Au moins douze lignes (120 mots).

## Épreuve 2
### Classe de Première > 3e trimestre

**Durée**
> 1 heure 30

**Note globale**
> sur 20 : 10 points → CE
10 points → EE

**Niveaux visés**
> B1-B2 (LVA)
> A2-B1 (LVB)

Vous recevez l'intégralité du sujet au début de l'épreuve et disposez de votre temps comme vous le souhaitez pour traiter la compréhension de l'écrit et l'expression écrite.

#### Partie 1 > COMPRÉHENSION DE L'ÉCRIT

**Document(s) :** Un ou deux textes.

**Longueur totale de texte :** 2 300 à 4 000 signes (espaces compris), soit entre 25 et 45 lignes.

**Sujet :** En lien avec l'un des axes culturels du programme étudiés dans l'année. Il ne peut pas s'agir d'un document déjà travaillé en cours.

**Objectif :** Rédiger un compte rendu en espagnol, libre ou guidé, de ce que vous avez compris.

#### Partie 2 > EXPRESSION ÉCRITE

**Document :** Aucun, ou éventuellement un document iconographique.

**Sujet :** En lien avec la thématique du (des) texte(s) de la partie 1.

**Objectif :** Traiter un sujet en espagnol.

**Longueur :** Au moins douze lignes (120 mots).

## Épreuve 3
Classe de Terminale > 2e trimestre

**Note globale** > sur 20 : même nombre de points pour la compréhension (CO + CE) et l'expression (EE + EO/IO)

### Premier temps > ÉPREUVE ÉCRITE

**Durée**
- 2 heures

**Niveaux visés**
- B2 (LVA)
- B1 (LVB)

Le premier temps de l'épreuve commence avec l'écoute du document audio ou le visionnage de la vidéo, après quoi vous disposez de votre temps comme vous le souhaitez pour traiter la compréhension de l'oral, la compréhension de l'écrit et l'expression écrite.

#### Partie 1 > COMPRÉHENSION DE L'ORAL ET DE L'ÉCRIT

**COMPRÉHENSION DE L'ORAL**

Même organisation que pour la partie compréhension de l'oral de l'**épreuve 1 de la classe de Première**.

**COMPRÉHENSION DE L'ÉCRIT**

Même organisation que pour la partie compréhension de l'écrit de l'**épreuve 2 de la classe de Première**, mais la longueur totale de texte passe à 2 500 - 4 500 signes (espaces compris).

#### Partie 2 > EXPRESSION ÉCRITE

Même organisation que pour la partie expression écrite de l'**épreuve 2 de la classe de Première**.

### Second temps > ÉPREUVE ORALE

**Durée**
- 5 minutes EO
- 5 minutes IO

**Niveaux visés**
- B2 (LVA)
- B1 (LVB)

Le second temps de l'épreuve commence par un exposé oral de 5 minutes maximum, et se poursuit par un entretien de 5 autres minutes entre l'examinateur(trice) et vous.

**Quand :** Une semaine après le premier temps de l'épreuve.

**Examinateur(trice) :** Le (la) professeur(e) que vous avez en cours.

**Sujet :** En lien avec l'un des axes culturels du programme étudiés dans l'année.

**Objectif :** Choisir l'un des trois axes culturels proposés par l'examinateur(trice), puis déterminer lequel des deux documents qu'il (elle) vous soumet illustre le mieux l'axe en question.

**Documents :** Deux documents iconographiques, ou un document iconographique et une citation, ou deux citations.

#### Partie 1 > EXPRESSION ORALE

**Durée :** 5 minutes maximum, sans temps de préparation.

**Objectif :** Faire un bref exposé en espagnol pour expliquer votre choix.

#### Partie 2 > INTERACTION ORALE

**Durée :** 5 minutes, sans temps de préparation.

**Objectif :** Répondre aux questions plus générales de l'examinateur(trice) sur le travail que vous avez réalisé en cours pour traiter l'axe choisi.

# Pour tout savoir sur PURA VIDA...

## Les pictos

| | | | |
|---|---|---|---|
| Expression orale | Compréhension de l'oral (audio) | **prof. :** 07 **élève :** 04 — Renvoi aux MP3 du **pack de ressources numériques pour la classe** et aux MP3 élève disponibles sur www.espacelangues.emdl.fr | FICHA PÉDAGOGIE DIFFÉRENCIÉE — Renvoi aux fiches complémentaires de pédagogie différenciée. |
| Interaction orale | Compréhension de l'oral (vidéo) | **vidéo :** 15 — Renvoi aux vidéos du **pack de ressources numériques pour la classe.** | FICHA Image / FICHA Carte — Renvoi à une fiche complémentaire avec un visuel en grand format ou une carte géographique. |
| Expression écrite | Compréhension de l'écrit | **Prepara la tarea** — Activité de préparation à la tâche finale | FICHA Métho-do. / FICHA Méthodo. BAC CE — Renvoi aux fiches complémentaires de méthodologie pour la tâche ou pour le bac. |
| Interaction écrite | **Anticipa** — Activité d'anticipation | **Mediación** — Activité de médiation | FICHA Grille autoév. / FICHA Grille éval. — Renvoi aux fiches complémentaires d'évaluation élève et enseignant(e) de la tâche finale. |

## Les unités

### Deux pages d'ouverture

L'**axe d'étude** au programme.

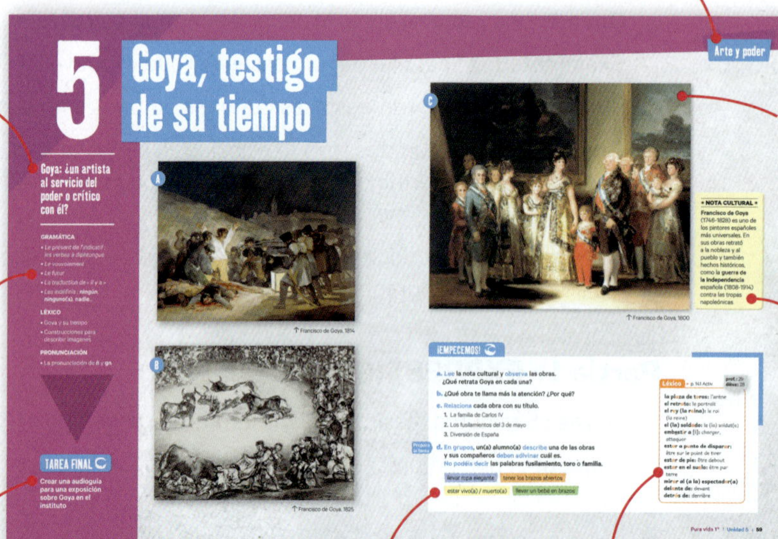


La **problématique**, c'est-à-dire la question qui sous-tend toute l'unité.

Les **objectifs grammaticaux, lexicaux et phonologiques** de l'unité.

L'annonce de la **tâche finale.**

Des **visuels authentiques** pour découvrir la thématique de l'unité.

Des **informations culturelles** pour en savoir plus.

Des **activités** pour entrer en douceur dans le thème.

Le **lexique** utile pour réaliser les activités.

## Trois pages de documents

Les **activités langagières** travaillées.

Des **amorces** pour enrichir l'expression et donner des idées.

Les **points de grammaire** à retenir, accompagnés d'**exemples clairs** et d'un **renvoi au précis grammatical et à la banque d'activités** de fin d'ouvrage.

Un renvoi aux **fiches clé en main de pédagogie différenciée**.

Des **supports authentiques** (vidéos, BD, poèmes, émissions de radio, affiches, articles...).

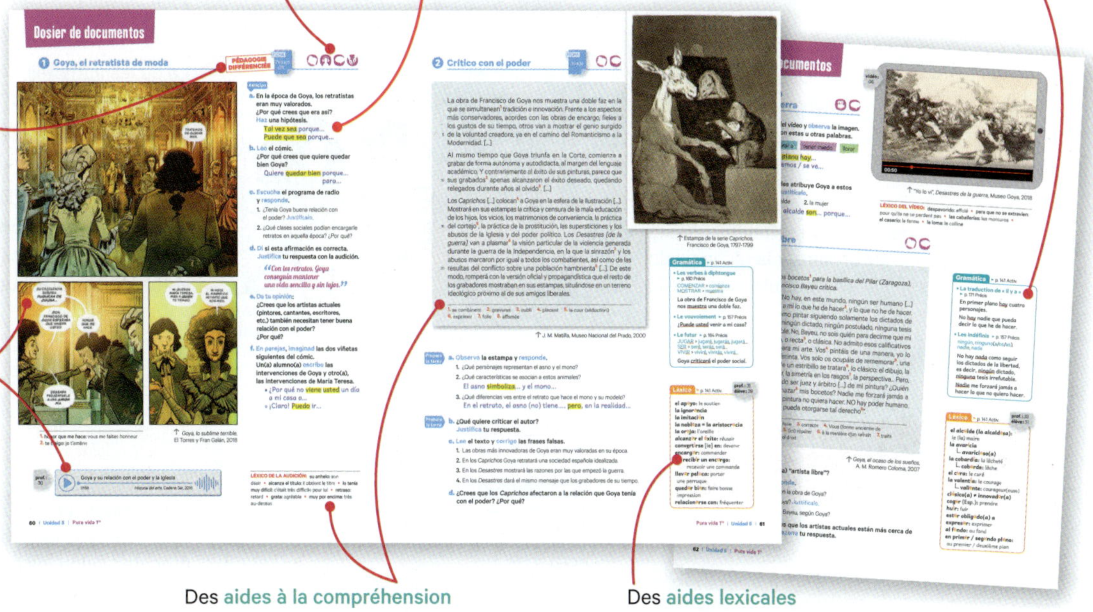


Des **aides à la compréhension** des documents audio, vidéo et textuels.

Des **aides lexicales** pour réaliser les activités de production.

## Une page de carte mentale

Un **renvoi aux exercices de lexique** de la banque d'activités de fin d'ouvrage.

Une **carte mentale** pour visualiser les mots utiles de l'unité en un coup d'œil. Organisé de façon **thématique**, le lexique est plus facile à mémoriser.

Une activité pour **créer sa propre carte mentale** à partir des mots vus dans l'unité.

## Une page de lexique et phonologie

Un travail systématique de **mise en réseau** (dérivation, composition...) et d'**enrichissement du vocabulaire** de la séquence.

Des **conseils** pour apprendre à travailler le vocabulaire.

Une rubrique pour travailler les **sons**, les **rythmes** et l'**orthographe** de l'espagnol à partir des mots de l'unité.

Des **aides et astuces** pour améliorer sa prononciation et son orthographe.

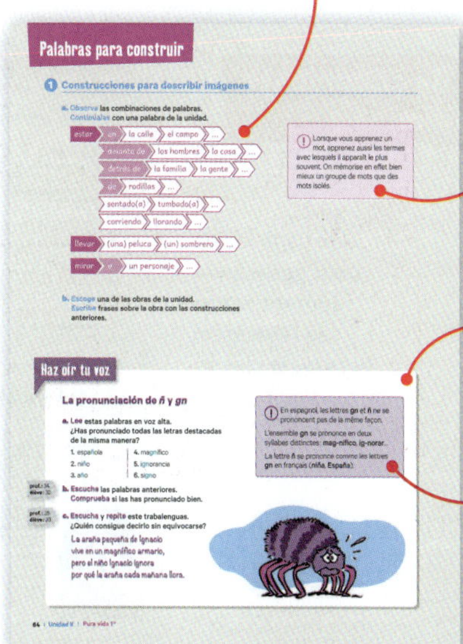

## Une page de tâche finale

L'**objectif de la tâche finale** qui clôt l'unité.

Des **étapes claires à suivre** pour atteindre l'objectif pas à pas.

Un renvoi à la **fiche de conseils méthodologiques** pour réussir la tâche finale en toute autonomie.

Un renvoi à la **fiche d'auto- et de coévaluation** pour l'élève et à la **fiche d'évaluation** pour l'enseignant(e).

La ou les **activités langagières** principalement travaillées.

Une **aide lexicale** pour rendre les productions écrites et orales aussi authentiques que possible.

## Une page de préparation au nouveau bac

Une page par unité, pour se préparer sereinement aux **trois épreuves communes de contrôle continu** du nouveau baccalauréat.

Un renvoi aux **fiches de méthodologie pour le nouveau baccalauréat**, pour connaître les modalités de chaque épreuve et acquérir des **stratégies de réussite**.

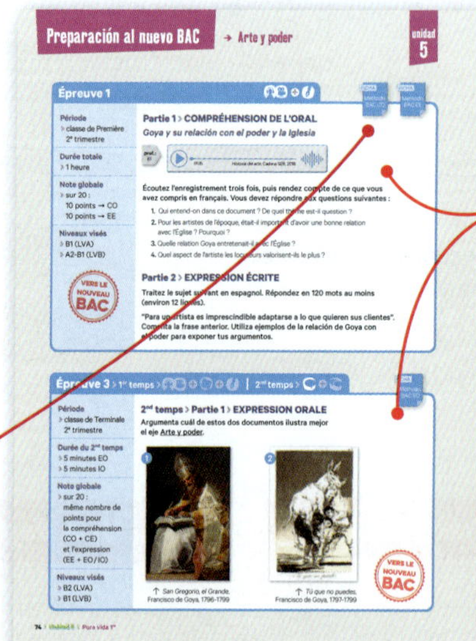


**Pour chaque unité, un ou deux sujets de type bac** pour se préparer, selon les cas :

- à l'épreuve 1 de Première (CO + EE) ;
- à l'épreuve 2 de Première (CE + EE)
- à la partie orale en continu de l'épreuve 3 de Terminale.

Les **documents supports** se trouvent dans le **manuel interactif format Web**, dans le **livre du professeur** (CE, EO et EE) et dans le **pack de ressources numériques pour la classe** (CO).

## Une page de documents additionnels

Une page idéale pour **poursuivre l'apprentissage de l'espagnol hors de la classe**.

Pour chaque axe d'étude, une **banque d'idées de documents authentiques attrayants** (romans, films, séries, chansons…) pour approfondir les thèmes des unités.

# Les annexes

## La banque d'activités

Des **exercices de grammaire et de lexique classés par unité et par thème** pour s'entraîner sur les points de son choix.

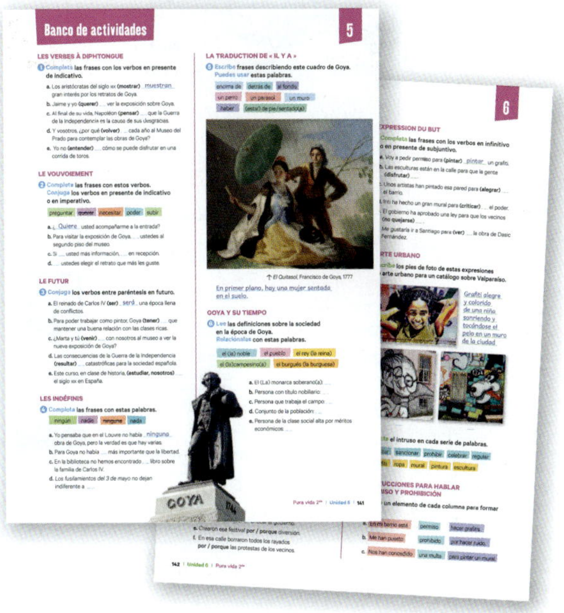

## Le dossier de méthodologie

**Sept fiches pratiques** pour apprendre à travailler en équipe, à bien mémoriser, à organiser ses idées, etc.

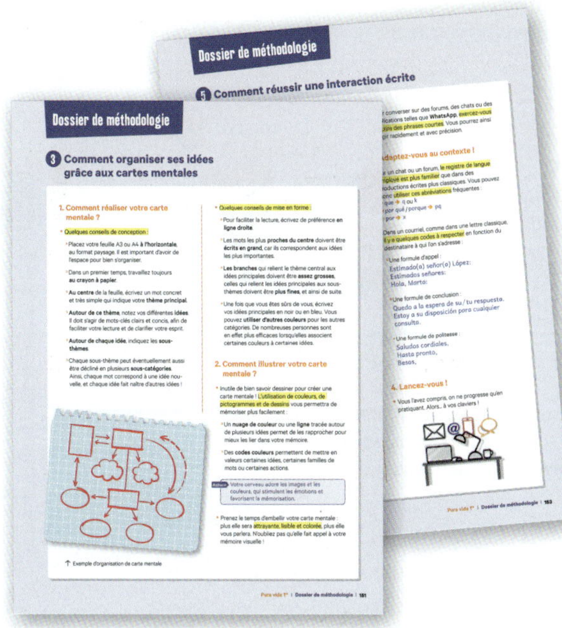

## Le précis grammatical

Des **explications visuelles et claires** et **des exemples en contexte** pour comprendre les faits de langue des unités.

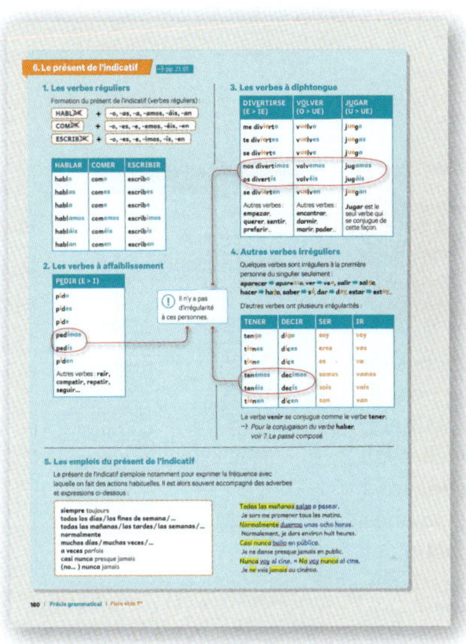

## Le lexique bilingue

Un **lexique espagnol-français / français-espagnol** pour trouver les termes à mobiliser ou à élucider dans les unités.

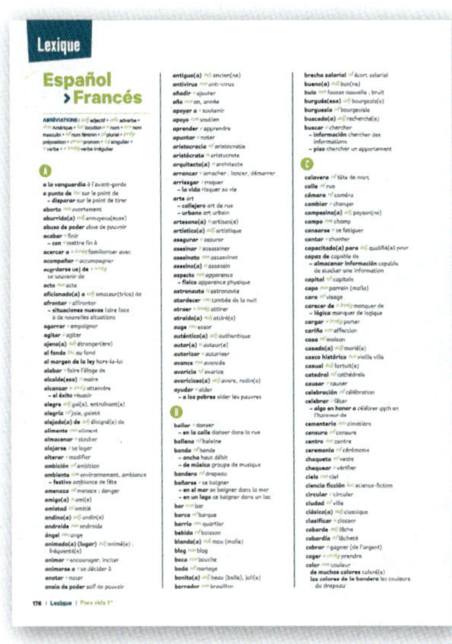

## Les tableaux de conjugaison

Des tableaux pour **retrouver aisément toutes les formes verbales** dont vous avez besoin.

# Les fiches photocopiables, imprimables et vidéoprojetables

Le **pack de fiches photocopiables pour la classe** de **Pura vida 1re** :
un complément utile, pratique et efficace !

Les fiches sont également disponibles au **format numérique** pour l'impression ou la vidéoprojection dans le **pack de ressources numériques pour la classe** de la collection.

**FICHA PÉDAGOGIE DIFFÉRENCIÉE**

Des **propositions clé en main de pédagogie différenciée** : pour une même activité, différents niveaux de réalisation, avec plus ou moins d'aide.

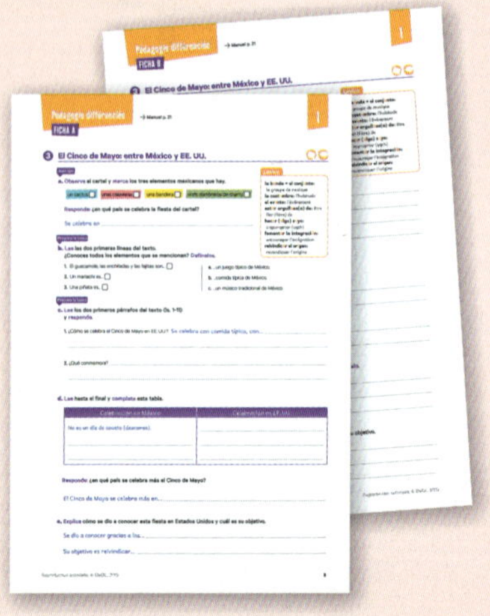

**FICHA Métho-do**

Des **conseils de méthodologie concrets et des activités d'application** pour s'assurer de réussir la tâche finale en toute autonomie.

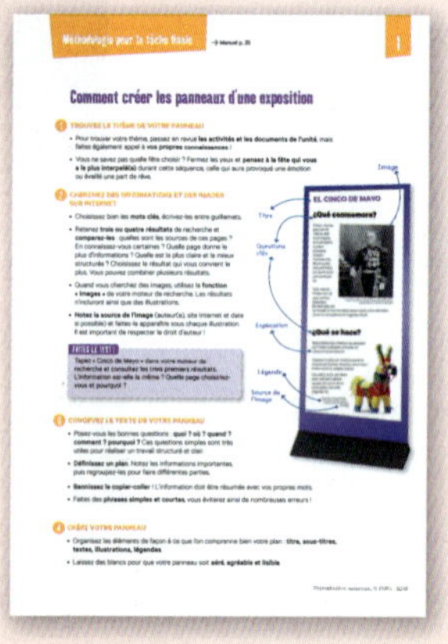

**FICHA Grille éval.**

Pour chaque **tâche finale**, une **fiche d'évaluation prête à l'emploi** pour l'enseignant(e).

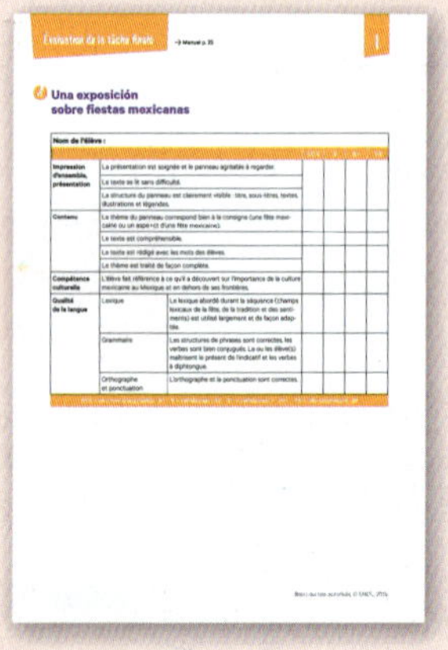

**FICHA Grille autoév.**

Une **fiche d'auto- et de co-évaluation** pour prendre connaissance des critères de réussite de chaque **tâche finale**.

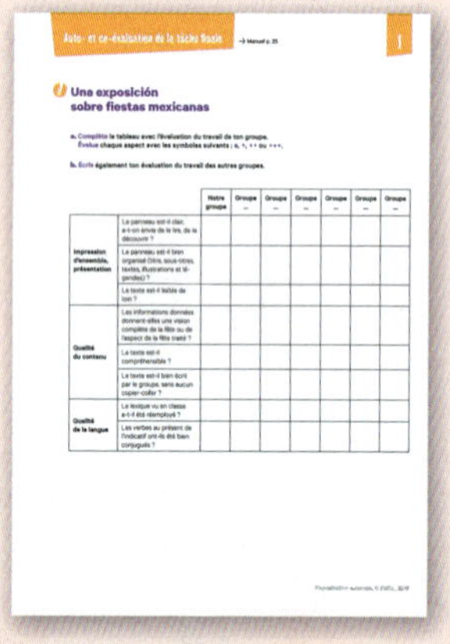

**FICHA Image** **FICHA Carte**

La **reproduction en grand format d'un document iconographique** de l'unité, pour pouvoir l'étudier dans le détail, **ou une carte** pour mieux situer le(s) pays ou la zone géographique traités dans la séquence.

**FICHA Méthodo. BAC CE**

Des fiches de **méthologie pour le nouveau baccalauréat**, pour connaître les modalités des trois épreuves communes de contrôle continu et acquérir des stratégies de réussite.

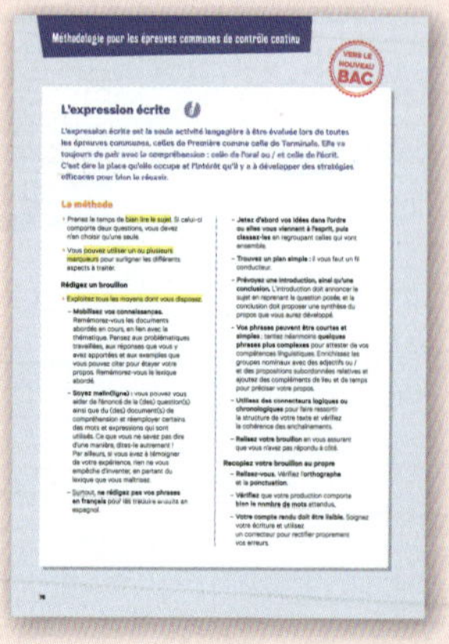

# IDENTIDADES E INTERCAMBIOS

EJE 1

## 1 ¡Esto es México!

**TAREA FINAL**

Montar una exposición sobre fiestas mexicanas en el instituto

## 2 Viajes de ida y vuelta

**TAREA FINAL**

Crear un blog para estudiantes que quieren vivir un año en Hispanoamérica

# 1 ¡Esto es México!

## ¿Cómo se expresa la identidad mexicana dentro y fuera de México?

**GRAMÁTICA**

- *Le présent de l'indicatif*
- *Les verbes à diphtongue*
- **Estar** *+ gérondif*
- *L'expression de la durée*
- **Llevar** *+ période de temps + gérondif*

**LÉXICO**

- Las fiestas
- Construcciones para hablar de fiestas: **participar en, vestirse de...**

**PRONUNCIACIÓN**

- La sílaba tónica

**TAREA FINAL**

**Montar una exposición sobre fiestas mexicanas en el instituto**

A

↑ Piñata en una fiesta de cumpleaños en San Francisco (EE. UU.)

B

↑ Celebración del Día de Muertos, Oaxaca (México), 2015

C

Encuentro Internacional del Mariachi y la Charrería, Guadalajara (México), 2016

## ¡EMPECEMOS!

**a. Mira las tres imágenes.**
**Di qué sensación te transmite cada una.**

ilusión | alegría | seriedad | solemnidad | diversión

Prepara la tarea

**b. Relaciona cada frase con la imagen o imágenes correspondientes.**

1. El protagonista de la fiesta invita a su familia y a sus amigos.
2. Se rompe un objeto de donde salen dulces y regalos.
3. Los participantes se visten de muerto.
4. Hay músicos que tocan y cantan y gente que baila en la calle.
5. Los participantes llevan trajes típicos con grandes sombreros y colores vistosos.
6. La gente lleva flores, comida y otras cosas al cementerio.

**c. Di en cuál de estas fiestas te gustaría participar y por qué.**

Me gustaría participar en... porque me parece(n) original(es)...

**d. ¿Qué elementos de estas imágenes ya conocías? ¿Sabías que eran mexicanos?**

**Léxico** ▸ p. 137 Activ. prof.: 07 élève: 07

**el cementerio:** le cimetière
**los dulces:** les sucreries
**el (la) muerto(a):** le (la) mort(e)
**el regalo:** le cadeau
**el sombrero:** le chapeau
**llevar un traje:** porter un costume
**participar en:** participer à
**pasarlo bien:** s'amuser
**romper la piñata:** casser la piñata
**tocar (un instrumento):** jouer (d'un instrument)
**vestirse de:** s'habiller en

## 1 ¿Sabes qué es un mariachi?

Ollinca Torres, Cultura Colectiva, 2016

**a. Observa** la imagen durante 30 segundos. **Escribe** tres preguntas sobre los mariachis.

1. ¿Cómo se llama el sombrero de los mariachis?
2. ...

**b. En parejas, formulaos las preguntas** con el libro cerrado. ¿Quién sabe más?

**c. En grupos, buscad** en internet una de estas canciones típicas de mariachis. ¡**Memorizad** la letra y **cantadla** en clase!

- *México lindo*
- *El rey*
- *Cielito lindo*
- *Volver, volver*

*** NOTA CULTURAL ***

**Jorge Negrete** (1911-1953) es uno de los cantantes y actores mexicanos más famosos. Popularizó la canción *México lindo*, que hoy en día se conoce en todo el mundo.

**LÉXICO DE LA INFOGRAFÍA:** maya y otomí = lenguas indígenas de México • salón Tenampa = cantina (café) donde se presentaron los primeros mariachis en los años 20 del siglo XX

## 2 La fiesta de los mariachis

Prepara la tarea

**a. Mira** el vídeo.
**Explica** qué es el Encuentro Internacional del Mariachi.

Es un evento en honor a...

**b.** ¿Cómo viven la fiesta los participantes?

**c.** ¿Por qué podemos decir que los mariachis son internacionales?

vídeo: 01

Celebran el 25 aniversario del Encuentro Internacional del Mariachi, AP, 2018

**LÉXICO DEL VÍDEO:** charrería: técnicas de los charros (similares a los *cowboys*), como montar a caballo, manejar el lazo... • vigésima quinta: vingt-cinquième • enriquecedora: enrichissante • talleres: ateliers • recorridos: circuits

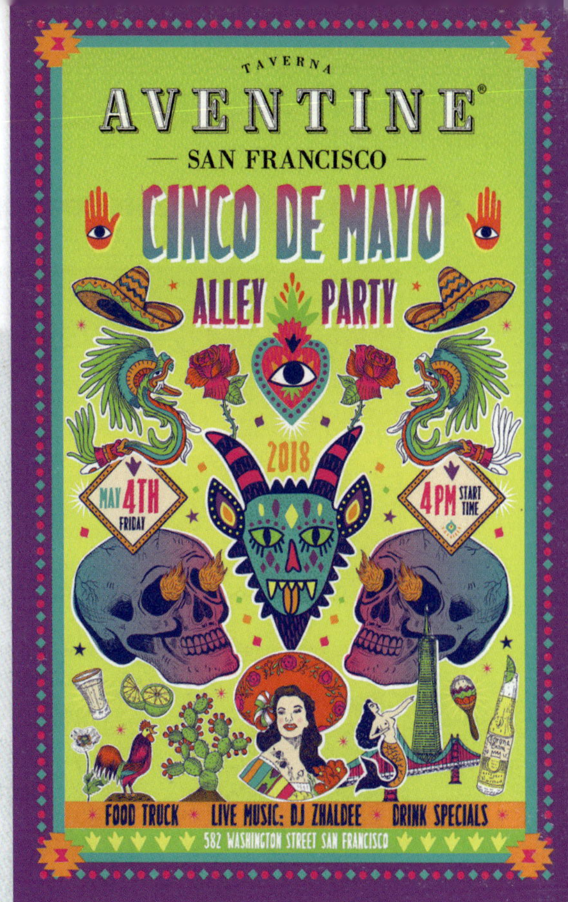


Taverna Aventine (San Francisco), 2018

## 3 El Cinco de Mayo: entre México y EE. UU.

PÉDAGOGIE DIFFÉRENCIÉE — FICHA Pédago. diff.

Guacamole. Enchiladas. Fajitas. Margaritas. Mariachi. Piñatas (con forma de burro[1]). Y fiesta, mucha fiesta. Es el Cinco de Mayo, una de las fiestas ampliamente celebradas en Estados Unidos, que trasciende a la comunidad latina y se ha insertado ya en el gusto[2] y la costumbre de la sociedad en general: angloparlantes, afroamericanos; el Estados Unidos variopinto[3], entregado a una celebración culturalmente ajena[4].

En esencia, el Cinco de Mayo conmemora la victoria del Ejército Mexicano [...] sobre las tropas francesas enviadas por el emperador Napoleón III en la Batalla de Puebla (1862), [...] un auténtico David contra Goliat militar.

En México, el Cinco de Mayo tiene un carácter cívico, pero no es una celebración oficial. No hay día de asueto[5]. Y tampoco festejos a lo largo y ancho del país. Caso contrario a Estados Unidos donde, si bien tampoco es oficial, está mucho más expandida como una fiesta que honra la cultura mexicana y no como una conmemoración militar. Es el Día del Orgullo Mexicano.

Además, alrededor de 35 millones de hispanos de origen mexicano viven en Estados Unidos, según el censo[6] de 2016 [...], con lo que la fiesta, que adquirió notoriedad en los años 60 gracias a activistas de la inmigración latina, reivindica sus raíces, fomenta su integración y expande su cultura. Chicanos[7], hispanos de segunda generación, inmigrantes, todos han hecho suyo el Cinco de Mayo. Y también ciudades como Chicago o Portland, que albergan festivales temáticos que atraen a más de 200 000 personas.

**1.** âne **2.** le goût **3.** bigarré, hétéroclite **4.** étrangère **5.** jour de repos
**6.** recensement **7.** chicano(a) = persona de origen mexicano que vive en EE. UU.

Eduardo López, "¿Qué se celebra el 5 de mayo en Estados Unidos?", *Diario As*, 2018

**Anticipa** **a. Observa** el cartel y **busca** tres elementos mexicanos.
**Responde**: ¿en qué país se celebra esta fiesta?

**Prepara la tarea** **b. Lee** las dos primeras líneas del texto.
¿Conoces todos los elementos que se mencionan? **Defínelos.**

**Prepara la tarea** **c. Lee** los dos primeros párrafos del texto (ls. 1-11) y **responde.**

1. ¿Cómo se celebra el Cinco de Mayo en Estados Unidos?
2. ¿Qué conmemora?

**d. Lee** hasta el final. ¿En qué país se celebra más el Cinco de Mayo?

**e. Explica** cómo se dio a conocer esta fiesta en Estados Unidos y cuál es su objetivo.

### Gramática
► p. 137 Activ.

- **Le présent de l'indicatif** ► p. 160 Précis
  El Cinco de Mayo conmemora la batalla de Puebla.
- **Les verbes à diphtongue** ► p. 160 Précis
  CONTAR > 3e pers. cuenta / cuentan
  El Encuentro cuenta con la participación de conjuntos internacionales.

### Léxico
► p. 137 Activ.

prof. : 08 élève : 08

**la banda = el conjunto:** le groupe de musique
**la costumbre:** l'habitude
**el evento:** l'événement
**alegre:** gai(e), entraînant(e)
└ **la alegría:** la joie, la gaieté
**atraer:** attirer
**desfilar:** défiler
└ **el desfile:** le défilé
**estar orgulloso(a) de:** être fier (fière) de
**hacer (algo) suyo:** s'approprier (qqch)
**fomentar la integración:** encourager l'intégration
**reivindicar el origen:** revendiquer l'origine

# Dosier de documentos

## 4 El éxito de la Quinceañera

vidéo : 02

*Quinceañera en Los Ángeles*, BBC News Mundo, 2018

**LÉXICO DEL VÍDEO:** cumplir con: (ici) réaliser • chiquita (Am.) = pequeña • evento: événement • allegados: proches

**Anticipa** **a. Observa** los fotogramas.
¿Qué está haciendo la chica?
¿A qué celebración te recuerda?

**b. Observa** el vestido. ¿Cómo lo calificarías? ¿Te gusta?

elegante · de mujer · recargado · de boda · femenino · de princesa · bonito · feo

**Prepara la tarea** **c. Mira** el vídeo y **responde.**

1. ¿Cuánto tiempo lleva su familia preparando la celebración?
2. ¿Desde cuándo sueña Mónica con esta fiesta?
3. ¿Qué elementos de la fiesta menciona Mónica? ¿Cuál es el más importante para ella?

**Prepara la tarea** **d. Vuelve a mirar** el vídeo.

1. Mónica vive en Estados Unidos. ¿Por qué celebra esta tradición mexicana?
2. ¿Es muy común la celebración de la Quinceañera en EE. UU.? **Justifícalo.**

**e. Cread** un foro de discusión con vuestras opiniones sobre esta fiesta. **Podéis usar** un documento colaborativo.

• A mí me parece exagerado celebrar…
- Pues yo creo que es…

### Gramática ► p. 137 Activ.

• ***Estar* + gérondif** ► p. 169 Précis
La chica está rezando.

• **La durée** ► p. 172 Précis
desde + date ou moment
desde que + verbe conjugué
desde hace + quantité de temps
Desde los seis años.
Desde que era pequeña.
Desde hace nueve años.

• ***Llevar* + période de temps + gérondif** ► p. 169 Précis
Lleva toda la vida esperando.

### Léxico ► p. 137 Activ.

prof. : 09
élève : 09

**la bebida:** la boisson
**la boda:** le mariage
**el padrino:** le parrain
**el pastel:** le gâteau
**el vestido:** la robe
**las zapatillas = los zapatos:** les chaussures
**emocionante:** émouvant(e)
**recargado(a):** chargé(e)
**costar** [ue] **/ gastar dinero:** coûter / dépenser de l'argent
**rezar:** prier
**soñar** [ue] **con:** rêver de

Banco de actividades p. 137



# LAS FIESTAS

## ACTIVIDADES Y ELEMENTOS

- la banda de música
- el conjunto de música
- la bebida
- la boda
- el cementerio
- el desfile
- los dulces
- el evento
- el pastel
- el regalo
- el sombrero de charro
- el vestido elegante / femenino / recargado / de princesa
- las zapatillas

- bailar en la calle
- invitar a la familia
- llevar un traje de
- romper la piñata
- tocar un instrumento

## EN MÉXICO

- el Cinco de Mayo
- el Día de Muertos
- el (la) mariachi
- la Quinceañera

## LAS ACTITUDES

- la alegría ≠ la tristeza
  - alegre ≠ triste
- celebrar (en honor a)
- conmemorar
- costar dinero
- gastar dinero
- emocionante
- estar orgulloso(a) de
  - el orgullo
- fomentar la integración
- hacer (algo) suyo
- participar en
- pasarlo bien
- reivindicar el origen

**¡Crea tu propio mapa mental!**
**En parejas, distribuid** las palabras de este mapa en las categorías: "mariachi", "Día de Muertos", "Cinco de Mayo" y "Quinceañera".

# Palabras para construir

## 1 Construcciones para hablar de fiestas

**a. Combina estos verbos con las palabras de abajo.**
**Puedes buscar ideas en la unidad.**
**Puedes repetir algunas palabras.**

invitar a | participar en | tocar | vestirse de | estar orgulloso(a) de | soñar con

la familia | el desfile | pertenecer a un grupo | princesa | todo el mundo | la guitarra y la trompeta | mariachi | ningún instrumento | la fiesta

(!) En espagnol, de nombreux verbes s'emploient obligatoirement avec une préposition, qui n'est pas toujours la même qu'en français.
Il n'y a pas de secret : il faut apprendre ces cas par cœur !

**b. Escribe seis frases sobre fiestas usando seis construcciones diferentes.**

# Haz oír tu voz

## La sílaba tónica

prof. : 10
élève : 10

**a. Escucha las palabras y clasifícalas en una tabla como esta.**
**¿En qué columna hay más palabras?**

1. popular
2. guitarra
3. México
4. mariachi
5. mujer
6. Quinceañera
7. romper
8. piñata
9. alegría
10. pastel
11. gastar
12. éxito

| ○ ○ ○ ● | ○ ○ ● ○ | ○ ● ○ ○ |
|---|---|---|
| po - pu - lar | gui - ta - rra | Mé - xi - co |
| … | … | … |

(!) En espagnol, tous les mots ont une **syllabe tonique** que l'on prononce de façon plus appuyée que les autres et qui peut se trouver à différents endroits du mot.

Entraînez-vous à bien la prononcer et votre espagnol s'améliorera nettement !

prof. : 11
élève : 11

**b. Escucha estos versos de la canción *México lindo*.**
**Subraya las sílabas tónicas.**

México lindo y querido,
si muero lejos de ti,
que digan que estoy dormido
y que me traigan aquí.

**c. Recita los versos anteriores de memoria.**
**Marca con una palmada las sílabas tónicas.**

FICHA Grille autoév.

FICHA Grille éval.

# Una exposición sobre fiestas mexicanas

Mediación

**Vamos a montar una exposición sobre fiestas mexicanas en el instituto.**

1. Entre todos, **vais a crear** diferentes paneles para explicar diferentes fiestas mexicanas.

2. **Dividid** la clase en grupos.
Cada grupo **elige** una fiesta o un aspecto de una fiesta mexicana de la unidad, o bien podéis informaros sobre otras fiestas.
Un grupo **creará** el panel de introducción.

los mariachis | la Quinceañera | el Día de Muertos | el Cinco de Mayo | las piñatas | ...

3. **Explicad** en qué consiste la fiesta y sus elementos en diferentes párrafos.

4. **Buscad** fotografías y dibujos para ilustrar la explicación.
¡También **podéis poner** una canción o un vídeo!

¡Consulta la **ficha de metodología** para obtener consejos para buscar información en internet y organizar el texto de tu panel!
**www.espacelangues.emdl.fr/puravida**

FICHA Métho-do.

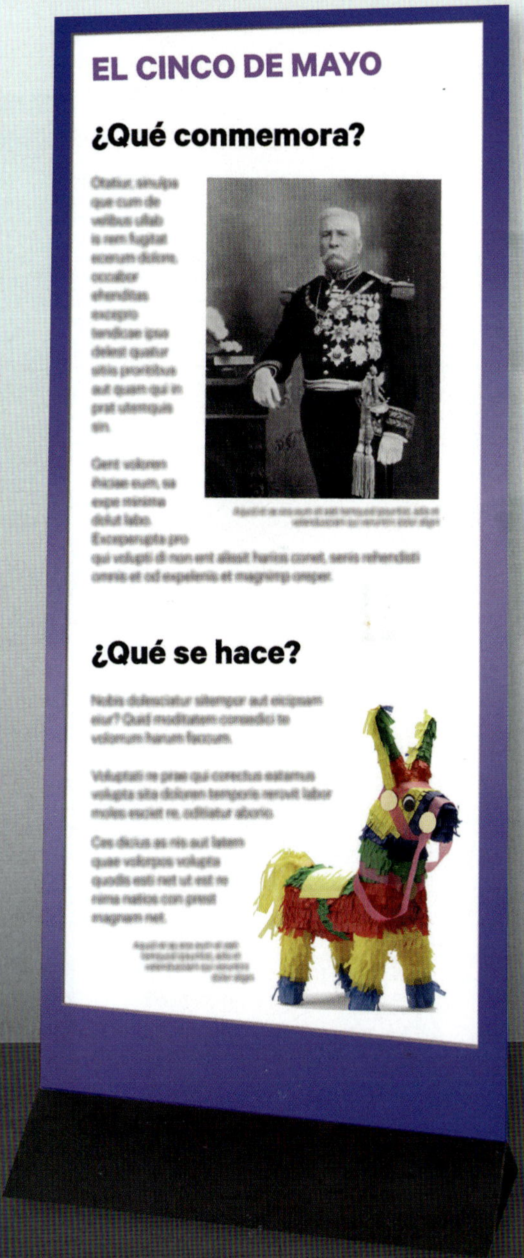


**AYUDA**

**Para explicar el motivo de la fiesta**
Es una fiesta que conmemora...
En esta fiesta, los ... recuerdan / recrean...

**Para describir qué se hace y desde cuándo**
Los participantes llevan... / se visten de...
Todo el mundo...
Los ... celebran la fiesta desde... / desde hace...

# 2 Viajes de ida y vuelta

## Viajar a otros países: ¿descubrimiento de otras culturas o de uno(a) mismo(a)?

**GRAMÁTICA**

- *La traduction de « on »*
- **No... ni..., ni...**
- *Le vouvoiement*
- *Le présent du subjonctif*
- *L'expression du conseil*
- *L'impératif et l'impératif négatif*

**LÉXICO**

- Los viajes
- Construcciones para hablar de movimiento: **ir a, irse de...**

**PRONUNCIACIÓN**

- Los hiatos y los diptongos

**TAREA FINAL**

**Crear un blog para estudiantes que quieren vivir un año en Hispanoamérica**

**A**

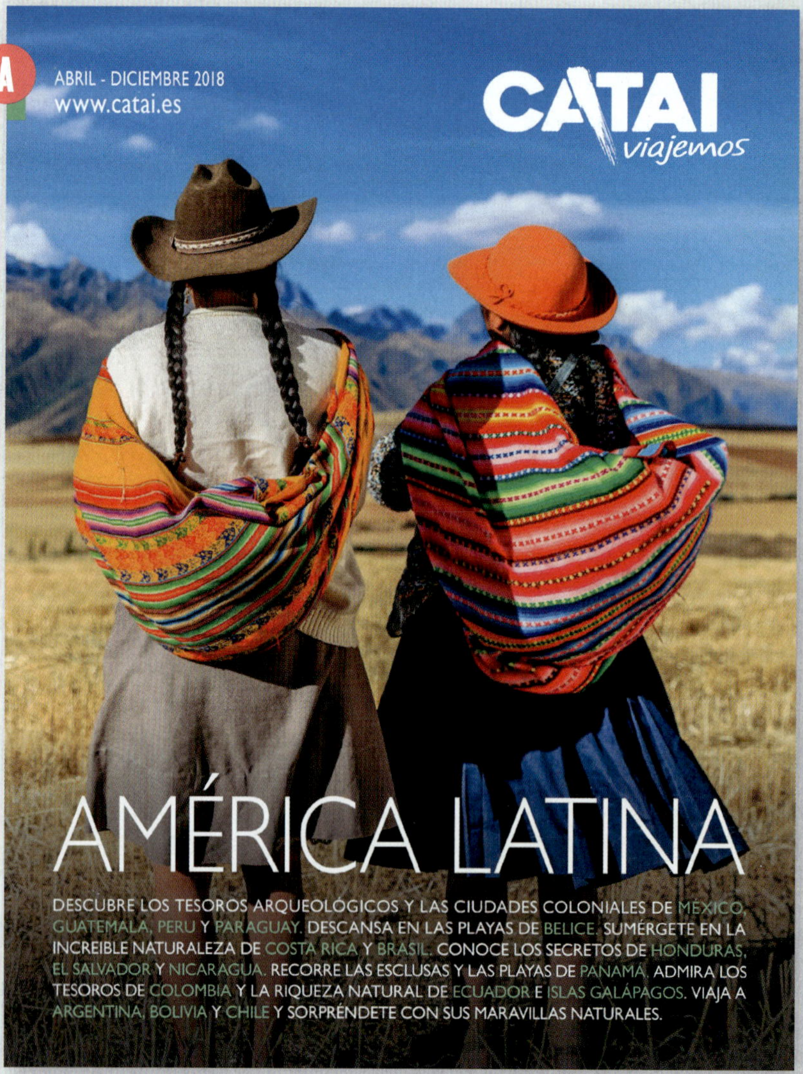


Catálogo de la agencia de viajes Catai, 2018

B

Portada de la revista *Altaïr*, 2011

C

Portada de la revista *BesTRIP*, 2017

## ¡EMPECEMOS!

**a. Observa las imágenes y comenta.**
**¿Qué tipo de documentos son?**
**¿A qué personas pueden interesarles?**

**b. Lee estas opiniones de unos viajeros.**
**¿Qué documento es más adecuado para cada uno?**

1. Me gusta viajar porque compartes experiencias con la gente con la que viajas.
2. Para mí viajar te hace ver el mundo de una manera diferente, porque conoces otras formas de vivir y entender la vida.
3. Lo que más me gusta de viajar es descubrir paisajes y monumentos que no encontrarías en tu país.

Prepara la tarea

**c. Imagina que vas de viaje a Hispanoamérica.**
**¿Qué crees que puede aportarte la experiencia?**

Puede aportarme...
Podré...

**Léxico** ▸ p. 138 Activ. prof.: 12 élève: 12

**el paisaje:** le paysage
**la revista:** la revue
**el viaje:** le voyage
└ **el (la) viajero(a):** le (la) voyageur(euse)
**distinto = diferente**
**compartir experiencias:** partager des expériences
**conocer / descubrir otras costumbres:** découvrir d'autres traditions
**divertirse** [ie]**:** s'amuser
**entender** [ie] **= comprender**
**hablar en / con:** parler en / avec

## 1 Experiencias en la mochila

**a. Mira el vídeo y toma nota de cinco actividades que hicieron los participantes de este viaje.**

Los chicos fueron en barca...

**b. ¿Qué estilo (poético, informativo...) tienen estas expresiones del vídeo?**

el abrazo del sol | los fulgores de la tierra | la elegancia de las montañas

**c. Elige la frase que mejor resume lo que dice la chica y razona tu respuesta.**

1. Lo importante es saber adónde viajamos.
2. Viajar nos hace recordar lo que realmente importa.

**d. ¿Te gustaría participar en la Ruta Inti? ¿Por qué?**

(No) Me gustaría..., porque...

vidéo : 03

*Ruta 2018: Bolivia y Perú*, Ruta Inti, programa formativo para jóvenes de todo el mundo, 2018

**LÉXICO DEL VÍDEO:** la almohada: l'oreiller • el tiempo se quema de a pocos: le temps brûle petit à petit • la maraña: l'emmêlement • la hiedra: le lierre

## 2 Un turismo diferente

Lo que me lleva[1] a Amantaní [...] es el interés por conocer una forma diferente de hacer turismo, en la que, al menos en teoría, todos los miembros de una comunidad participan del negocio[2] y se reparten los beneficios. En Amantaní, una de las islas habitadas más grandes del lago Titicaca, no hay hoteles, ni restaurantes, ni se espera[3] que haya en un futuro. Los habitantes de la isla, en colaboración con las autoridades [...], decidieron que su vida tradicional no sería alterada por nuevas construcciones, ni por el turismo de masas, que cada vez llega en mayor número a las costas del Titicaca. Estarían encantados de recibir turistas, por supuesto, pero quienes quieran conocer su isla, deberán compartir sus casas, sus cocinas y su estilo de vida. [...]

Por la tarde me uno[4] al resto de visitantes [...] y emprendemos el camino hacia la cima[5] de la isla. [...] Arriba, en la cumbre[6], coronada por el templo inca del Pachatata, un soberbio crepúsculo hace olvidar el esfuerzo de la subida. A la bajada aún nos espera otra sorpresa. Cuando hay un grupo numeroso de turistas, los habitantes de Amantaní tienen la costumbre de organizar una fiesta en el local comunal de la plaza. Y para asistir, les ofrecen ropas tradicionales isleñas. [...] Cuando la fiesta termina y cada uno regresa a su casa en la solemne oscuridad de una isla en la que no existe la luz eléctrica, nos damos cuenta de que estamos enamorados de Amantaní y de sus gentes.

1. m'amène 2. à l'affaire 3. on ne s'attend pas non plus 4. je me joins 5. jusqu'au sommet 6. au sommet

"Pasajeros de otro tiempo", Paco Nadal, *Altaïr*, 2017

**a. Lee el primer párrafo y responde.**

1. ¿Por qué no hay hoteles ni restaurantes en Amantaní?
2. ¿Dónde se alojan los turistas?

**b. Lee el segundo párrafo. ¿Qué hicieron los turistas en Amantaní ese día?**

**c. Di por qué es diferente el turismo en Amantaní.**

Es diferente porque los turistas tienen que...

**d. Da tu opinión. ¿Por qué crees que a un(a) turista puede interesarle ir a un sitio como Amantaní?**

Prepara la tarea

**e. Escribe un párrafo para concluir el artículo de Paco Nadal.**

Mi viaje a Amantaní fue una experiencia...

## 3 Fuera de ruta

PÉDAGOGIE DIFFÉRENCIÉE — FICHA Pédago. diff.

prof.: 13 élève: 13

*Manuel viaja por Centroamérica. En el Petén (Guatemala) conoce a Celeste, una maestra guatemalteca.*

–Yo no conozco otros países, nunca salí de aquí y apenas tampoco del Petén. Una vez viajé a la ciudad, a Guate, y también visité el lago de Atitlán. Dicen que es el lago más bonito del mundo. No sé. Creo que mi país debe de ser de los más lindos de la Tierra.

–Yo también lo creo. Me quedaría siempre aquí si fuera posible.

–¿Y cómo es el suyo, Manuel? Siempre pensé que España debe de ser muy linda.

–Es muy distinta. Sí, hay ciudades, monumentos, muchas cosas modernas. No sé, Celeste. A mí me parece aburrido, cansado, como un trasto viejo[1] de anticuario: bello y tal vez valioso, pero inútil.

–¿No ama usted su patria? [...]

–Eso de la patria es un concepto que no alcanzo[2] a sentir.

–Yo sí siento el amor por mi tierra. No podría nunca amar otro sitio como amo el Petén.

–Eso sí lo comprendo, Celeste.

–Y cuénteme un poco: ¿cómo es aquello, dónde nació usted?

–Soy de Madrid, la capital. Verá, no sé qué decirle, me parece que casi he olvidado cómo es. Un lugar donde uno no mira el cielo más que de cuando en cuando[3], donde uno corre de un lado a otro entre millares de personas y huele a humo[4] por todas partes. Algo inhumano.

–¿Y esto le parece humano?

–Tal vez sea también inhumano, claro. Pero aquí me siento vivo y allí no tenía tiempo para sentir casi nada.

1. une vieillerie 2. je ne parviens pas 3. de temps en temps 4. on sent la fumée

*Trilogía de Centroamérica*, Javier Reverte, 2015

Portada de una guía turística sobre Guatemala, 2018

**Gramática** ► p. 138 Activ.

- **La traduction de « on »** ► p. 171 Précis
  verbe à la 3e personne pluriel
  uno(a) + 3e personne singulier
  Dicen que es muy lindo.
  Uno corre de un lado a otro.
- ***No… ni…, ni*** ► p. 173 Précis
  No hay hoteles ni restauranes, ni se espera que haya.
- **Le vouvoiement** ► p. 157 Précis
  usted + 3e personne singulier
  ustedes + 3e personne pluriel
  ¿No ama usted su patria?

**Anticipa** **a. Observa la portada de la guía.**
**¿Te gustaría visitar Guatemala? ¿Por qué?**

**b. Lee el texto y responde.**

1. ¿Qué opina Celeste de Guatemala? ¿Y de España?
2. ¿Coincide con la visión de Manuel?
   Para Manuel, Guatemala también es...
   En cambio, España le parece...
3. ¿Por qué a Manuel le parece "inhumano" el lugar donde nació?

**c. Y a ti, ¿te parece inhumano el lugar donde vives? ¿Por qué?**

**d. ¿Crees que viajar puede cambiar la visión que tenemos del lugar donde vivimos? Razona tu respuesta.**
Cuando uno(a) viaja, puede darse cuenta de que...

**Léxico** ► p. 138 Activ. prof.: 14 élève: 14

**la contaminación:** la pollution
**una experiencia auténtica**
**el lago:** le lac
**aburrido(a):** ennuyeux(euse)
**lindo(a) = bonito(a)**
**alojarse:** se loger
**alterar ≠ conservar**
**convivir con:** cohabiter avec
**ir en barca**
**ir con prisas:** être pressé(e)
**pescar:** pêcher
**subir una montaña:** gravir une montagne

# Dosier de documentos

## 4 Lejos de casa

Cuando abro la bandeja de entrada[1] de mi correo electrónico, siempre hay alguna pregunta referida a cómo irse de Erasmus. [...] En mi caso, puedo hablar sobre el año que viví en Chile y mi acertada elección[2]. Para empezar, no se puede meter a todos los países en dos sacos: los que valen y los que no. Podéis imaginar las barbaridades que escuché cuando decidí hacer la maleta e irme a Latinoamérica. Muchos, incluso en la actualidad, no comprenden qué mueve a una europea a irse a esa parte del mundo. Evidentemente, no han puesto sus pies en ese maravilloso continente. [...]

Aprendí un montón de cosas que no se aprenden de otra manera. Estudié Sociología, me parecía un absurdo estudiar otras culturas, instituciones sociales y formas de ver el mundo sin salir de mi casa o de mi facultad europea. Quería conocer más allá de los libros o las películas que llegan aquí. A nivel personal, mi personalidad es completamente diferente. Gané seguridad en mí misma, supe cómo afrontar situaciones nuevas y me moví en nuevos círculos. [...] El abrigo[3] que dan los latinoamericanos con su hospitalidad y su compañerismo[4] no lo verás en ningún otro lado. Siempre encontré una mano amiga[5].

[A alguien que esté pensando hacer un Erasmus le diría que] es una experiencia que siempre recordará con cariño[6], a pesar de los días malos. [...] Si al final te decides, no estés solo con la gente de tu país de origen. Relaciónate con locales, busca grupos en internet y anímate a socializar. Un Erasmus no es solo irte de fiesta con los tuyos. Busca piso con otros estudiantes, ni siquiera Eramus para que puedas conocer bien el país que ahora es tu hogar[7].

1. la boîte de réception 2. la justesse de mon choix 3. (ici) le refuge 4. la camaraderie 5. une main secourable 6. dont il gardera toujours un souvenir ému 7. ton foyer

Laura O. Sánchez, senenderezo.com, 2018

Erasmus+ 2019-20, becas para alumnos que quieren estudiar en el extranjero, Universidad de Extremadura, 2018

**Gramática** ► p. 138 Activ.

- **Le présent du subjonctif** ► p. 165 Précis
  BUSCAR > (él) busque
  COMER > (él) coma
  DECIDIRSE > (él) se decida
  irrégulier : HACER > (él) haga
- **Le conseil** ► p. 166 Précis
  recomendar que + subj.
  Le recomienda que se relacione con locales.
- **L'impératif** ► p. 167 Précis
  ANIMARSE > anímate (tú)
  CONOCER > conoce (tú)
  DESCUBRIR > descubre (tú)
  Anímate a socializar.
- **L'impératif négatif** ► p. 167 Précis
  no + subjonctif
  No estés solo.

**Anticipa** **a. Mira el cartel y lee la información. ¿Qué es el programa Erasmus+? ¿Qué puede aportar este programa según la imagen?**

**b. Lee el texto y responde.**

1. ¿Por qué se fue Laura de Erasmus?
2. ¿Cuáles fueron los beneficios personales de su experiencia?
3. ¿Qué destaca Laura de su experiencia con la gente de Latinoamérica?
4. ¿Qué recomienda Laura a un(a) futuro(a) estudiante de Erasmus?

Le recomienda que... / Anímate a...

**Prepara la tarea** **c. Imagina que vas a pasar un año en Chile con una beca Erasmus+. ¿Qué es lo que más y lo que menos te gustaría de la experiencia?**

Me gustaría conocer...
No me gustaría estar...

**Léxico** ► p. 138 Activ. prof.: 15 élève: 15

**animarse a:** se décider à
**buscar piso:** chercher un appartement
**echar de menos a alguien:** manquer à qqn, s'ennuyer de qqn
**relacionarse con:** nouer des liens avec
**salir de casa:** partir de chez soi
**ganar seguridad:** gagner en confiance
**hacer amigos:** se faire des amis
**irse de fiesta:** faire la fête
**mejorar:** améliorer

Banco de actividades p. 138



# LOS VIAJES

## ESTUDIAR EN OTRO PAÍS

la hospitalidad
el compañerismo
afrontar situaciones nuevas
alojarse
animarse a
buscar piso
echar de menos
ganar seguridad
hacer amigos

integrarse
irse de [ Erasmus / fiesta ]
mejorar en una lengua
recordar con cariño
relacionarse con locales
salir de casa
socializar
vivir [ solo(a) / lejos ]

## VISITAR OTRO PAÍS

### LOS LUGARES

el atardecer
el cielo
la contaminación
la costa
el crepúsculo
la isla
el lago
la montaña
el paisaje
aburrido(a)
distinto(a) = diferente
(in)humano(a)
(in)útil
lindo(a) = bonito(a)
maravilloso(a)
viejo(a)

### LAS EXPERIENCIAS

aprender
bañarse en [ un lago / el mar ]
compartir experiencias
conocer [ un país / otras costumbres ]
convivir con
descubrir otros países
divertirse

entender estilos de vida distintos
hablar [ con la gente / en español ]
ir en barca
pescar
salir de la rutina
sentirse vivo(a)
viajar por

**¡Crea tu propio mapa mental!**
**Personalízalo** para adaptarlo a tus experiencias en viajes o a algún viaje que te gustaría hacer. **Busca** las palabras que necesites y **añádelas** a tu mapa.

# Palabras para construir

→ Banco de actividades p. 138

## 1 Construcciones para hablar de movimiento

**a. Observa** las series de palabras. ¿Cómo las traducirías al francés?

- ir(se) › a › estudiar a otro país › vivir en otro país
  › Chile › Latinoamérica
- irse › de › Erasmus
  › fiesta
- salir › de › casa › tu país
- volver › a › casa › tu país
- vivir › en › un país extranjero › otra ciudad
- viajar › a › un país extranjero › Perú
  › por › Latinoamérica

Souvenez-vous que les prépositions ne sont pas toujours les mêmes en espagnol et en français. Par exemple : **vivir en** > **vivre à**.

**b. Utiliza** cuatro de las construcciones anteriores para **escribir** cuatro frases sobre ti.

# Haz oír tu voz

## Los hiatos y los diptongos

prof. : 16
élève : 16

**a. Escucha** estas palabras.
**Marca** la vocal tónica en cada caso.

| | | | |
|---|---|---|---|
| 1. sonreír | 3. día | 5. teoría | 7. país |
| 2. esfuerzo | 4. diario | 6. fiesta | 8. cielo |

prof. : 16
élève : 16

**b. Vuelve a escuchar** las palabras.
¿Las vocales marcadas se pronuncian en una sola sílaba o en sílabas diferentes?

| | | | |
|---|---|---|---|
| 1. sonreír | 3. día | 5. teoría | 7. país |
| 2. esfuerzo | 4. diario | 6. fiesta | 8. cielo |

**c.** ¿Qué palabras de la actividad **b** llevan acento gráfico? ¿Tiene relación con su pronunciación?
**Lee** el texto de la caja y **comprueba** tu deducción.

prof. : 17
élève : 17

**d. Escucha** y **repite** esta frase.

*A María le gustaría ir de viaje a otros países:*
*vivir nuevas experiencias de día e ir de fiesta de noche.*

Si deux voyelles qui se suivent se prononcent en une seule syllabe, on parle de **diphtongue**. Si elles se prononcent en deux syllabes distinctes, on parle de **hiatus**.

- Les combinaisons des voyelles **a**, **e** et **o** constituent toujours des hiatus : **a-é-re-o**, **ko-a-la**.
- Les combinaisons des voyelles **a**, **e**, **o** + **i** ou **u** constituent généralement des diphtongues : **e-le-gan-cia**, **sue-ño**, **se-den-ta-rio**.
- Si le **i** ou le **u** portent un accent écrit, c'est qu'il y a un hiatus et qu'il faut prononcer les voyelles en deux syllabes différentes : **dí-a**, **ba-úl**.

FICHA Grille autoév. FICHA Grille éval.

# Un blog para estudiantes de Erasmus+

Mediación

**Vamos a publicar un blog con consejos para estudiantes que quieren vivir un año en un país hispanoamericano.**

1. En parejas, **escoged** un país latinoamericano.
   **Buscad** información sobre él.
   Para eso, podéis **escribir** en un buscador de internet "qué visitar" o "qué hacer" + el nombre del país.

2. **Imaginad** que habéis ido a estudiar al país elegido.
   **Escribid** una entrada para el blog contando vuestra experiencia.
   **Debéis indicar**:
   - por qué elegisteis ese lugar,
   - cuáles fueron los beneficios personales,
   - cuál fue vuestra relación con la gente del país,
   - qué recomendáis a futuros estudiantes de Erasmus.

3. **Cread** el blog y **añadid** las entradas de todas las parejas.
   **Publicad** el blog para que vuestros compañeros de otras clases de español o de otros institutos puedan leerlo.

4. **Leed** las entradas de vuestros compañeros.
   ¿En qué país os gustaría estudiar?
   **Dejad un comentario** en la entrada correspondiente.

FICHA Métho-do.

¡Consulta la **ficha de metodología** con consejos para escribir una entrada de blog!
**www.espacelangues.emdl.fr/puravida**

**AYUDA**

Ahora soy una persona más / menos...
Aprendí...
Hice...
Si quieres ir a..., te recomiendo que...
Relaciónate con...
Anímate a...
No estés solamente con...
Trata de...

## Épreuve 2

FICHA Méthodo. BAC CE

FICHA Méthodo. BAC EE

**Période**
› classe de Première
3e trimestre

**Durée totale**
› 1 heure 30

**Note globale**
› sur 20 :
10 points → CE
10 points → EE

**Niveaux visés**
› B1-B2 (LVA)
› A2-B1 (LVB)

VERS LE NOUVEAU BAC

### Partie 1 › COMPRÉHENSION DE L'ÉCRIT

***La fiesta latina de la Quinceañera se establece en España***

**Lee atentamente varias veces el texto que te dará tu profesor(a). Haz un resumen de su contenido en español. Debes comentar los siguientes puntos:**

1. ¿Quién es y qué hace el personaje principal del texto (nombre, edad, origen familiar, dónde vive…)?
2. ¿Cómo se celebra la fiesta? ¿Qué le sorprende al autor?
3. ¿Qué efecto busca el autor en las primeras tres frases del texto?

### Partie 2 › EXPRESSION ÉCRITE

**Traitez le sujet suivant en espagnol. Répondez en 120 mots au moins (environ 12 lignes).**

**Observa la imagen de Alejandra el día de su fiesta de Quinceañera. Lee estos comentarios sobre el artículo anterior. ¿Con cuál te sientes más idendificado(a)? Explica por qué.**

1. **Sandra:** ¡Me encanta la fiesta de la Quinceañera! Me gustaría ir a una para ver lo guapa que está la chica. Y creo que es importante celebrar el paso de niña a mujer.
2. **Marina:** ¡Qué exageración! No entiendo por qué gastan tanto dinero en la Quinceañera. Y menos para vestirse como mujeres, si todavía son niñas.
3. **Rafa:** No me gusta el vestido, pero hay que respetar las costumbres. Con la Quinceañera, muchos emigrantes mantienen el contacto con su cultura de origen.

Alejandra Zapata celebra su Quinceañera en Getafe (España), *El País*, 2017

## Épreuve 1

FICHA Méthodo. BAC CO

FICHA Méthodo. BAC EE

**Période**
- classe de Première
  2e trimestre

**Durée totale**
- 1 heure

**Note globale**
- sur 20 :
  10 points → CO
  10 points → EE

**Niveaux visés**
- B1 (LVA)
- A2-B1 (LVB)

VERS LE NOUVEAU BAC

### Partie 1 > COMPRÉHENSION DE L'ORAL

***Emigrar de Venezuela a México para trabajar***

Écoutez l'enregistrement trois fois, puis rendez compte de ce que vous avez compris en français.

prof. : 80 — 01:30 — Revista digital *El Toque*, 2016

### Partie 2 > EXPRESSION ÉCRITE

Traitez l'un des deux sujets suivants au choix. Répondez en espagnol, en 120 mots au moins (environ 12 lignes).

**Sujet 1** ¿Qué ventajas tiene vivir un tiempo en otro país? Escribe un artículo con consejos para jóvenes que van a pasar un año en el extranjero.

**Sujet 2** Imagina que eres la chica venezolana que has escuchado en la audición. Escribe un correo electrónico a tu mejor amigo(a) y cuéntale cómo es tu vida en tu nueva ciudad: cómo te sientes, qué actividades haces, a quién has conocido...

## Épreuve 3 > 1er temps > CO + CE + EE | 2nd temps > EO + IO

FICHA Méthodo. BAC EO

**Période**
- classe de Terminale
  2e trimestre

**Durée du 2nd temps**
- 5 minutes EO
- 5 minutes IO

**Note globale**
- sur 20 :
  même nombre de points pour la compréhension (CO + CE) et l'expression (EE + EO/IO)

**Niveaux visés**
- B2 (LVA)
- B1 (LVB)

### 2nd temps > Partie 1 > EXPRESSION ORALE

Argumenta cuál de estos dos documentos ilustra mejor el eje Identidades e intercambios.

1

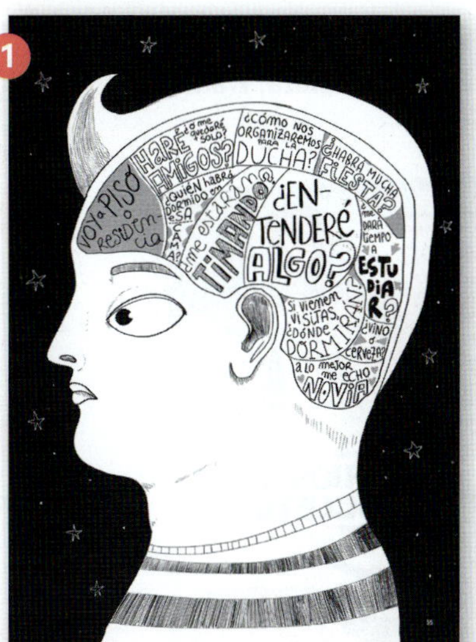


Amaia Arrazola y Raquel Piñeiro, *Cosas que nunca olvidarás de tu Erasmus*, 2015

2 *"El turismo representa el medio por excelencia para preservar la identidad y poner en justo valor el patrimonio nacional."*

Enrique de la Madrid, político y periodista mexicano

VERS LE NOUVEAU BAC

# Más documentos para disfrutar

## Unidad 1. ¡Esto es México!

### CANCIONES

***Cielito lindo***, Quirino Mendoza y Cortés, 1882, versión de Tito Guízar

***México lindo y querido***, Chucho Monge, 1945, versión de Jorge Negrete

***Cucurrucucú Paloma***, Tomás Méndez, 1954, versión de Lola Beltrán

***Volver, volver***, Fernando Z. Maldonado, 1973, versión de Chavela Vargas

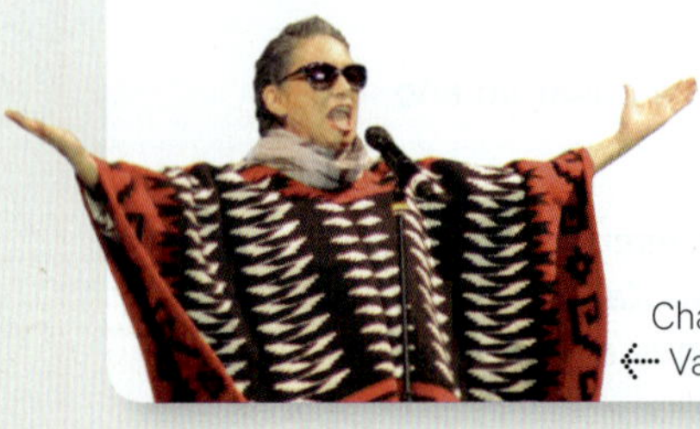

Chavela Vargas

### POEMA

***Viene la muerte echando rasero***, Asención Aguilar Galván, 2015. Poema musicado en el álbum *Balas y Chocolate* de Lila Downs

### NOVELA

***Quinceañera***, Armando Ramírez, 1987

### ARTÍCULOS

**"La Barbie Frida Kahlo provoca polémica: ¿a favor o en contra?"**, *Yorokobu,* Eduardo Bravo, 2018

**"La explotación comercial de Frida Kahlo"**, *Yorokobu,* E. Bravo, 2018

### PELÍCULAS

***Día de muertos***, Carlos Gutiérrez Medrano, 2019

***Quinceañera***, Richard Glatzer y Wash Westmoreland, 2006

### PROGRAMA DE RADIO

**"El Día de Muertos, tradición mexicana"**, *Pasaporte cultural*, UC radio, 2017

La Catrina, representación de la muerte en México

## Unidad 2. Viajes de ida y vuelta

### CANCIONES

***Latinoamérica***, Calle 13, 2010

***Pasajera en trance***, Charly García y Pedro Aznar, 1994

### LITERATURA

***Pachamama: relatos de una vuelta al mundo I. Sudamérica***, Iván Clemente y Erika Campdepadrós, 2016

Colección **Descubre,** Editorial Difusión

**"Viajar"**, *Corazón de metal*, poema deGabriel Gamar, 1978

### PELÍCULAS

***7 días en La Habana***, Benicio del Toro y otros, 2012

***Qué tan lejos***, Tania Hermida, 2006

***Diarios de motocicleta***, Walter Salles, 2004

### CÓMICS

***Los viajes de Juan Sin Tierra***, Javier de Isusi, tetralogía, 2004-2010

***Cosas que nunca olvidarás de tu Erasmus***, Amaia Arrazola y Raquel Piñeiro, 2015

### VIÑETA

***El poder de un viaje***, Piktoline, 2017

### DOCUMENTAL

***Sin mapa***, Marc De Beaufort y Alexandra Posada, 2009

# FICCIONES Y REALIDADES

EJE 2

## 3 ¿Amar u odiar a Pablo Escobar?

**TAREA FINAL**

Participar en un debate de un programa de televisión sobre Pablo Escobar

## 4 Realismo mágico

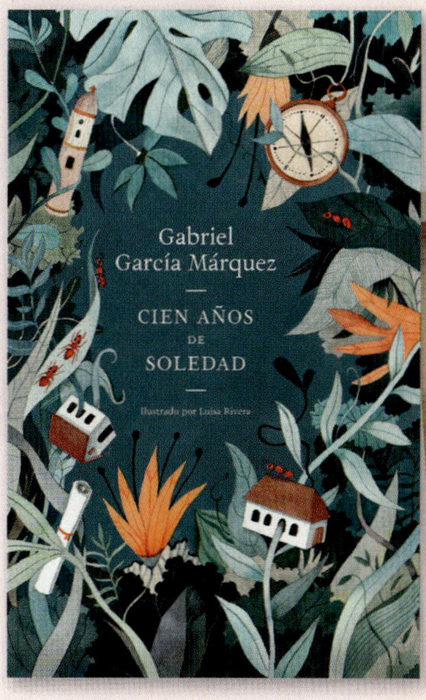

**TAREA FINAL**

Participar en un concurso de relatos que incluyan elementos de realismo mágico

# 3 ¿Amar u odiar a Pablo Escobar?

## ¿Qué representa la figura de Pablo Escobar en Colombia y en el mundo?

**GRAMÁTICA**

- *Le passé simple*
- **A** *+ COD de personne*
- *La traduction de « devenir »*
- *Le passé composé*
- *L'expression de l'opinion :* **creer que** *+ indicatif,* **no creer que** *+ subjonctif*

**LÉXICO**

- Héroe y villano
- Verbos para hablar de cambios y para hablar de la justicia

**PRONUNCIACIÓN**

- La pronunciación de **u**

**TAREA FINAL**

**Participar en un debate de un programa de televisión sobre Pablo Escobar**

A

Portada del libro *Amando a Pablo, odiando a Escobar*, 2017

B

Mural dedicado a Pablo Escobar en un barrio de Medellín (Colombia)

## ¡EMPECEMOS!

Anticipa **a.** ¿Conoces a Pablo Escobar?
Di qué cosas sabes de él.
Pablo Escobar era...

**b.** ¿Crees que es un personaje popular en Colombia?
¿Y en el mundo?
Justifica tu respuesta con los documentos.
Yo creo que en Colombia es... porque...

Prepara la tarea **c.** Observa el mural dedicado a Pablo Escobar (documento B).
¿Se muestra una visión positiva o negativa del narcotraficante?
Razona tu respuesta.
Se muestra una visión... porque...

**d.** Observa la portada del libro (documento A).
¿Te gustaría leerlo? ¿Por qué?
Parece un libro...
(No) Me gustan las historias...

**Léxico** ► p. 139 Activ. prof.: 18 élève: 18

**el ángel:** l'ange
**el cielo**
**el (la) criminal**
**la estrella:** la star
**la flor**
**el (la) narcotraficante:** le (la) trafiquant(e) de drogue
**el paraíso:** le paradis
**el (la) villano(a):** le (la) méchant(e)
**aburrido(a):** ennuyeux(euse)
≠ **entretenido(a):** divertissant(e)
**buscado(a):** recherché(e)
= **perseguido(a):** poursuivi(e)
**famoso(a):** célèbre
**traficar con:** faire du trafic de

# Dosier de documentos

## 1 El rey de los capos

Esta es la historia de un hombre
que lo buscaba la ley.
Por traficar con la droga,
de los narcos era el rey. [...]
Fue el personaje más duro
del Cartel de Medellín.
Era el hombre más buscado
hasta que llegó a su fin.
La suerte lo traicionó[1]
a Pablo el 2 de diciembre.
Ya lo tenían chequeado[2]
por una llamada urgente.
A la casa le cayeron
por encima del tejado[3].
Lo acribillaron a tiros[4],
como lo tenían planeado.
Llanto, tristeza y dolor
por todo el mundo se vio.
Antioquia perdió al amigo,
Colombia entera lloró.
Las obras buenas que hizo
quedaron para la historia.
Y a Pablo Escobar Gaviria
que Dios lo tenga en la gloria.

1. La chance abandonna 2. Ils l'avaient déjà localisé 3. du toit 4. Ils le criblèrent de balles

← Fragmento del narcocorrido *El rey de los capos*, de Furia norteña, 2011

prof.: 19 élève: 19

El rey de los capos
02:59 Furia norteña, 1998

↑ *Pablo Escobar muerto*, Fernando Botero, 2016

**Anticipa** **a. Fíjate** en el cuadro y **descríbelo**.
¿Por qué crees que es tan grande la figura de Pablo Escobar? **Haz hipótesis**.

**b. Escucha** y **lee** la canción.
¿Son ciertos estos hechos sobre Pablo Escobar según la letra de la canción? **Justifica** tu respuesta.

1. Era una persona blanda y compasiva.
2. Murió en un tiroteo.
3. Su muerte causó alegría en el país.

**Prepara la tarea** **c.** ¿La canción critica o elogia a Pablo Escobar? **Justifica** tu respuesta.

**d. Di** qué elementos de la canción están representados en la pintura de Botero.

## 2 ¿El Robin Hood colombiano?

PÉDAGOGIE DIFFÉRENCIÉE — FICHA Pédago. diff.

prof.: 20

Los fantasmas de Pablo Escobar
01:50 *Días Extraños*, Santiago Camacho, 2017

**LÉXICO DE LA AUDICIÓN:** la cara: le visage • la gente que arriesga su vida: les gens qui risquent leur vie • hacerse un hueco: se faire une place • esa red de negocios: ce réseau d'affaires • el barrio: le quartier

**a. Escucha** el programa de radio y **responde**.

1. ¿La devoción a la figura de un delincuente es algo nuevo para los antropólogos?
2. ¿Por qué quería Pablo Escobar el apoyo de las clases pobres?
3. ¿Qué hizo para conseguir este apoyo?

**Prepara la tarea** **b. En grupos, dad vuestra opinión.**
¿Creéis que es apropiado usar el mito de Robin Hood para referirse a Pablo Escobar? **Justificad** vuestras respuestas.

- (No) me parece apropiado porque...
- Es cierto que los dos..., pero...

## 3 De asesino a icono popular

Del capo de capos se dice que llegó a controlar el 80 % del negocio mundial de la cocaína, [...] convirtió a Medellín en la ciudad más peligrosa del mundo y se estima que fue responsable de al menos 4 000 asesinatos. "El Patrón", como era conocido popularmente, puso a temblar al Gobierno colombiano con despiadados[1] actos narcoterroristas, como la voladura[2] de un avión de Avianca que acabó con la vida de 107 personas, la bomba en el Departamento Administrativo de Seguridad (DAS), que dejó 70 muertos, y la explosión de más de 40 carros bomba[3], entre muchos más. Su crueldad no tenía límites.

Hoy, casi un cuarto de siglo después de su muerte y a pesar de su sangriento legado[4], la imagen del jefe del Cartel de Medellín [...] se ha transformado en una leyenda popular. [...] Su nombre se ha convertido en toda una industria de entretenimiento que genera millonarias ganancias en Colombia y otros países. Muchos se siguen lucrando con[5] películas, telenovelas[6] y series, y otros vendiendo artículos como camisetas, sacos[7], cuadros, llaveros[8] y hasta los llamados *narcotours*[9], en una clara muestra de que el peligroso y popular narcotraficante es más popular que nunca.

1. cruels 2. le plastiquage 3. voitures piégées 4. son héritage sanglant 5. à tirer profit de 6. feuilletons télévisés à l'eau de rose 7. (Am.) chaquetas 8. porte-clés 9. *tours* turísticos para recorrer lugares relacionados con Pablo Escobar en Colombia

"De Kuwait a Australia, el nombre de Pablo Escobar impulsa toda una industria de entretenimiento", Catalina Ruiz, *El Nuevo Herald*, 2017

Camisetas de Pablo Escobar de un mercadillo en la calle en Medellín (Colombia)

**Anticipa** **a. Observa la imagen.**
**¿Qué otras personas famosas suelen aparecer en camisetas?**
**¿Por qué crees que la gente lleva estas camisetas?**
Se hacen camisetas con la cara de...
La gente las lleva porque...

**b. Lee el primer párrafo del texto (ls. 1-10).**
**Enumera los actos de Pablo Escobar que justifican esta afirmación: "Su crueldad no tenía límites".**

**c. Lee el resto del texto. ¿Cómo ha evolucionado la imagen del narcotraficante? ¿Por qué?**
Su imagen se ha transformado en... porque...

**Prepara la tarea** **d. Da tu opinión. ¿Te parece bien que los criminales se conviertan en ídolos populares?**
Yo creo que para mucha gente los criminales representan...

**Prepara la tarea** **e. Con los documentos que has trabajado hasta ahora, haz dos listas de argumentos, una a favor de Pablo Escobar y otra en contra.**

**Gramática** ► p. 139 Activ.

- **Le passé simple** ► p. 162 Précis
  BUSCAR > (él) buscó
  NACER > (él) nació
  VIVIR > (él) vivió
  irréguliers:
  DAR > (él) dio ; HACER > (él) hizo
  MORIR > (él) murió ; SER > (él) fue
  Fue el personaje más duro del Cartel de Medellín.
- ***A* + COD de pers.** ► p. 175 Précis
  La suerte traicionó a Pablo.
- **La traduction de « devenir » et le passé composé (I)** ► pp. 161, 170 Précis
  se ha transformado en
  Su imagen se ha transformado en una leyenda.

**Léxico** ► p. 139 Activ. prof.: 21 élève: 20

**el ansia de poder:** la soif de pouvoir
**el capo = el jefe de la mafia**
**el logro:** la réussite
**el negocio:** l'affaire
**duro(a) ≠ blando(a)**
**peligroso(a):** dangereux(euse)
**cometer un crimen / acto terrorista**
**estar de moda:** être à la mode
**hacerse rico(a):** faire fortune
**no tener [ie] límites**
**regalar:** offrir
**sentirse [ie] atraído(a) por:** se sentir attiré(e) par
**tenerle [ie] cariño a alguien:** avoir de l'affection pour qqn
**al margen de la ley:** hors-la-loi

## 4 *Narcos* a debate

La serie de televisión *Narcos*, de Netflix, ha generado controversia por su temática y por el enfoque desde el que la desarrolla. [...] Con Alberto Rey, responsable del blog *Asesino en Serie*, [y] Ramón Calandria, colaborador habitual de *Diagonal*, tratamos de analizar si estas críticas están justificadas o no. [...]

**¿Creéis que *Narcos* es un acercamiento[1] televisivo correcto a la problemática del narcotráfico en Colombia [...]?**

**Ramón Calandria:** Creo que es insuficiente para conocer la historia de los carteles de la droga. [...] No se puede explicar la popularidad de Escobar con un par[2] de escenas en las que reparte dinero. [...] No hay que pedir una visión romántica de Escobar, con la que coquetea[3] la serie, sino que echo de menos[4] que la serie se hubiese preguntado cómo se desarrolla y reproduce la vida en ese contexto, en el que la muerte está tan presente.

**Alberto Rey:** Simplemente diré que yo me creo lo que me cuenta *Narcos*, que al final es lo importante, supongo. Si bien las series pueden hacer labor didáctica[5] de manera circunstancial, no es ni mucho menos[6] su principal función. Es mucho mejor una serie que tergiverse[7] la realidad, pero lo haga contando una buena historia, que lo contrario, una serie absolutamente fiel a los hechos reales que relata, pero penosa[8] como producto narrativo y visual. La primera, al menos, generará debate.

1. (ici) une approche 2. deux ou trois 3. flirte 4. je regrette 5. avoir une fonction pédagogique 6. c'est loin d'être 7. déforme 8. affligeante

"*Narcos* a debate", José Durán Rodríguez, *Diagonal*, 2015

**Gramática** ► p. 139 Activ.

- **Le passé composé (II)** ► p. 161 Précis
  haber + participe passé
  La serie ha generado controversia por su temática.
- **L'expression de l'opinion** ► p. 166 Précis
  creer que + indicatif
  no creer que + subjonctif
  (no) parecer bien que + subj.
  Creo que es insuficiente para conocer la historia.
  No creo que sea suficiente para conocer la historia.

**Anticipa** a. **Observa** la imagen. ¿Has visto la serie *Narcos*? ¿De qué crees que trata?

**Prepara la tarea** b. **Lee** la entrevista.
**Resume por escrito** la opinión de cada entrevistado.
Ramón Calandria cree que...
Alberto Rey no cree que...

c. ¿Estás de acuerdo con esta frase? **Justifica** tu respuesta.
"Es mucho mejor una serie que tergiverse la realidad, pero lo haga contando una buena historia, que lo contrario."
(No) Estoy de acuerdo, porque...
(No) me parece bien que...

**Léxico** ► p. 139 Activ. prof.: 22 élève: 21

**la escena:** la scène
**la realidad**
**la serie de televisión**
**contar [ue] fielmente:** raconter fidèlement
**enganchar:** captiver
**estar de acuerdo en parte**
**mostrar [ue]:** montrer
**reflejar:** révéler, refléter
**ser fiel a los hechos:** être fidèle aux événements

# Palabras para recordar

Banco de actividades p. 139



## HÉROE Y VILLANO

### LA VISIÓN POSITIVA

**EL PATRÓN**

- el capo
- buscado(a) = perseguido(a)
- duro(a) ≠ blando(a)
- peligroso(a)
- ganar dinero
- enfrentarse al sistema
- ser inteligente
- tener ambiciones
- tener ansias de poder

**EL BENEFACTOR**

- ayudar a los pobres
- construir casas / campos de fútbol
- regalar
- ser generoso(a)

**EL ICONO POPULAR**

- el ángel
- el cielo
- la devoción
- el santo (la santa)
- convertirse en una leyenda
- ser famoso(a)
- ser una estrella
- tenerle cariño a alguien

### LA EXPLOTACIÓN COMERCIAL

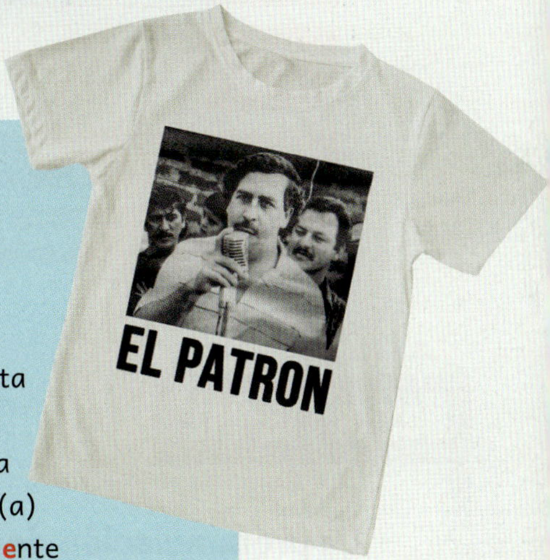


- el ídolo
- la escena
- el llavero
- la película
- el saco = la chaqueta
- la serie
- la telenovela
- entretenido(a)
- contar fielmente ≠ tergiversar la realidad
- estar de moda
- enganchar
- mostrar
- reflejar
- sentirse atraído(a) por

### LA VISIÓN NEGATIVA

- el (la) criminal = el (la) delincuente
- la crueldad
  - cruel
- el narcotraficante
  - traficar con drogas
- la violencia
- arriesgar la vida
- asesinar = matar
- cometer un crimen / un acto terrorista
- no tener límites
- vivir al margen de la ley

**¡Crea tu propio mapa mental!**
**Elige** las veinte palabras que te parecen más importantes para describir a Pablo Escobar. **Distribúyelas** utilizando nuevas categorías.

# Palabras para construir

## 1 Verbos para hablar de cambios

**a. Observa las series de palabras.**
**¿Qué verbo usarías en francés?**

- convertirse / transformarse → en → un icono popular → una leyenda
- llegar a ser → un icono popular → una leyenda
- hacerse → popular → rico(a)
- volverse → despiadado(a) → cruel

## 2 Verbos para hablar de la justicia

**a. Observa las series de palabras.**
**Escribe frases sobre Pablo Escobar con estas palabras.**

- ser → un(a) delincuente → un(a) asesino(a)
- cometer → un crimen → un asesinato
- respetar / cumplir → la ley → las normas
- ir → en contra de → la ley → las normas
- vivir → al margen de → la ley → las normas

! Pour mieux mémoriser des mots ou des expressions, imaginez-vous en train de les utiliser dans un contexte précis (par exemple, la tâche finale de l'unité !). On apprend en effet beaucoup plus facilement les termes qui vont nous être utiles dans un futur proche.

# Haz oír tu voz

## La pronunciación de *u*

prof. : 23
élève : 22

**a. Escucha estas palabras y repítelas.**

| | | | |
|---|---|---|---|
| 1. popular | 3. delincuente | 5. muerte | 7. conseguir |
| 2. figura | 4. cuadro | 6. estatuilla | 8. enfoque |

**b. Completa estas frases con la opción correcta en cada caso.**

1. La **u** del español se pronuncia... **a.** como la *u* en francés. / **b.** como la *ou* en francés.
2. Las combinaciones **ua**, **ue**, **ui** se pronuncian... **a.** en una sola sílaba (**cua**-**dro**). / **b.** en dos sílabas (**cu**-**a**-**dro**).
3. En las combinaciones **que**, **qui**, **gue** y **gui**, la **u**... **a.** sí se pronuncia. / **b.** no se pronuncia.

! En espagnol, la lettre **u** se prononce comme l'ensemble **ou** en français (« jour »).

Dans les ensembles **ua**, **ue** et **ui** (**cuadro**), le **u** et la voyelle qui l'accompagne ne forment qu'une seule syllabe.

Dans les ensembles **gue**, **gui**, **que** et **qui** (**chaqueta**), le **u** ne se prononce pas.

FICHA Grille autoév.
FICHA Grille éval.

# Un debate sobre Pablo Escobar

**Vamos a participar en un debate de un programa de televisión sobre Pablo Escobar.**

1. El tema del debate será:
"La industria de entretenimiento debería dejar de usar la imagen de Pablo Escobar".

2. **Haced grupos** de siete personas.
**Haced una lista** de argumentos a favor y en contra del tema del debate.
**Podéis repasar** la unidad para ayudaros.

3. **Dentro de cada grupo**, **repartíos** los papeles de esta manera:
   - Alumnos a favor (3 personas)
   - Alumnos en contra (3 personas)
   - Moderador(a) (1 persona)

4. El (la) moderador(a) tendrá estas tareas en el debate:
   - **presentar** el debate a los espectadores,
   - **regular los turnos de palabra** para que todos los participantes puedan intervenir en orden,
   - **asegurarse de** que todos se expresan en español,
   - **concluir** el debate,
   - **despedir** a los telespectadores.

5. ¡**Podéis grabar** el debate en vídeo y **subirlo a la web** del instituto!

¡Consulta la **ficha de metodología** para conocer cómo participar en un debate! **www.espacelangues.emdl.fr/puravida** FICHA Métho-do.

**AYUDA**

**Para dar tu opinión**
(No) Creo que...
Pienso que...
En mi opinión...

**Para expresar acuerdo**
Yo opino lo mismo que...
Yo estoy de acuerdo con...

**Para matizar una opinión**
Estoy de acuerdo en parte, pero...
Es cierto que..., pero...

**Para expresar desacuerdo**
No estoy de acuerdo con...
Yo no lo veo así.

# 4 Realismo mágico

## ¿Cuál es la relación entre la ficción y la realidad en el realismo mágico?

**GRAMÁTICA**

- *Les temps du passé : imparfait et passé simple*
- ***Al** + infinitif*
- *Le conditionnel*
- *L'expression de la concession*

**LÉXICO**

- El realismo mágico
- Hablar de historias de ficción
- El verbo **pasar**

**PRONUNCIACIÓN**

- Cómo mejorar la pronunciación

**TAREA FINAL**

**Participar en un concurso de relatos que incluyan elementos de realismo mágico**

A

↑ Ilustración de Hernando Nossa, 2007

B

↑ Ilustración de Patricia Gutiérrez, 2018

C

Portada de *Cien años de soledad*, Gabriel García Márquez, 2017

D

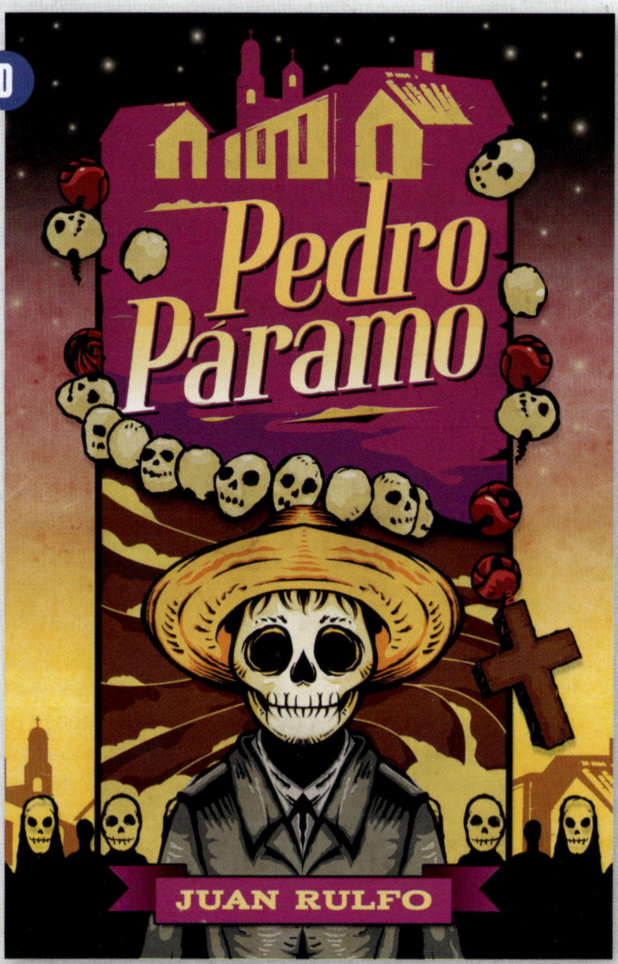


Portada de *Pedro Páramo*, Juan Rulfo, 2017

## ¡EMPECEMOS!

FICHA Image

**a. Observa** las ilustraciones A y B.
¿Crees que representan un mundo real o fantástico? ¿Por qué?

**b. Observa** los documentos C y D.
**Relaciona** cada portada con una de las ilustraciones de la izquierda.
**Justifica** tu elección con dos razones.

**c. Lee** estas dos sinopsis.
¿A qué novela (documentos C y D) pertenece cada una? **Justifícalo**.

1. En la novela se cuenta cómo el protagonista va en busca de su padre hasta un pequeño pueblo mexicano, un lugar vacío (*vide*), misterioso, sin vida.
2. En el libro se narra la historia de la familia Buendía a lo largo de varias generaciones en el fantástico pueblo de Macondo.

**d.** Y tú, ¿cuál de estos dos libros leerías? **Explica** por qué.
Yo leería..., porque parece una novela... / me gusta(n)...

**Léxico** ► p. 140 Activ. prof.: 24 élève: 23

**la calavera:** la tête de mort
**el cuervo:** le corbeau
**el esqueleto:** le squelette
**el (la) gigante(a):** le (la) géant(e)
**la novela:** le roman
**el paisaje seco:** le paysage sec
**el pez:** le poisson
**el pueblo:** le village
**la vegetación**
**dar miedo:** faire peur
**estar desnudo(a):** être nu(e)
**ser entretenido(a):** être amusant(e)
**volar [ue]:** voler

## 1 Remedios, la bella

PÉDAGOGIE DIFFÉRENCIÉE

FICHA Pédag. diff.

prof.: 25 élève: 24

Una tarde de marzo [...] Fernanda quiso doblar en el jardín sus sábanas de bramante[1], y pidió ayuda a las mujeres de la casa. Apenas habían empezado, cuando Amaranta advirtió que Remedios, la bella, estaba transparentada por una palidez intensa.

–¿Te sientes mal? –le preguntó.

Remedios, la bella, que tenía agarrada[2] la sábana por el otro extremo, hizo una sonrisa de lástima[3].

–Al contrario –dijo–, nunca me he sentido mejor.

Acabó de decirlo, cuando Fernanda sintió que un delicado viento de luz le arrancó[4] las sábanas de las manos y las desplegó[5] en toda su amplitud. Amaranta sintió un temblor misterioso [...] y trató de agarrarse de la sábana para no caer, en el instante en que Remedios, la bella, empezaba a elevarse. Úrsula, ya casi ciega[6], fue la única que tuvo serenidad para identificar la naturaleza de aquel viento irreparable, y dejó las sábanas a merced de la luz, viendo a Remedios, la bella, que le decía adiós con la mano, entre el deslumbrante aleteo[7] de las sábanas que subían con ella [...] y se perdieron con ella para siempre en los altos aires donde no podían alcanzarla[8] ni los más altos pájaros de la memoria.

1. draps de toile de Brabant 2. avait empoigné
3. commisération 4. arracha 5. les déplia 6. aveugle
7. l'éblouissant battement d'ailes 8. la rejoindre

*Cien años de soledad*, Gabriel García Márquez, 1967

Helena Pérez García, 2015

**a. Lee el texto y responde.**

1. ¿Por qué Amaranta le preguntó a Remedios si se sentía bien?
2. ¿Cómo se sentía Remedios?
3. ¿Qué le pasó a Remedios después de hablar?
4. ¿Cómo reaccionó Úrsula?

**b. Di qué elementos mágicos hay en el episodio.**

**c. Observa la ilustración y responde.**

1. ¿Cuál de las chicas es Remedios, la bella? **Justifícalo** con el texto.
2. ¿Crees que está sorprendida por lo que le está pasando? **Justifícalo** con la ilustración y con el texto.

Prepara la tarea

**d. Haz un resumen por escrito del episodio. Debes indicar lo siguiente.**

qué estaban haciendo | cómo reaccionaron | qué pasó de repente | qué pasó al final

Un día, unas mujeres estaban...
Cuando...
Al sentir el viento, ...
Entonces / De repente vieron...
Al final...

## 2 El secreto del realismo mágico

vidéo: 04

↑ *Realismo mágico*, Histeria de la literatura, 2018

**LÉXICO DEL VÍDEO:** *opus nigrum* = (aquí) gran obra • la cosmovisión: la vision du monde • reflejaría: refléterait • de la nada comienza a flotar: commence soudain à flotter • no es concebido como: n'est pas conçu comme • no suceden a cada rato: n'arrrivent pas tout le temps • un hecho: un fait

"Si tuviera que dar un consejo a un joven escritor, le diría que escriba sobre algo que le haya sucedido. Pablo Neruda tiene una línea en un poema que dice: "Dios me libre de inventar[1] cosas cuando estoy cantando". Siempre me divierte que el mayor elogio[2] para mi trabajo provenga de quienes creen que despliego[3] la imaginación, mientras que la verdad es que no hay ni una sola línea en todo mi trabajo que no tenga una base en la realidad".

1. Dieu me garde d'inventer 2. éloge 3. je déploie

↑ Gabriel García Marquez, 1981

**a. Piensa** en libros, cómics, películas o series que te gusten. ¿Te gustan más las historias realistas o fantásticas? ¿Por qué?

Yo prefiero... porque...

**b. Mira** el vídeo.
**Corrige** las afirmaciones que no son verdad.

1. El realismo mágico es un género literario poco importante para la literatura.
2. En el realismo mágico, la realidad y lo mágico están muy bien diferenciados.
3. El realismo mágico y la fantasía son lo mismo.
4. En el realismo mágico, los hechos fantásticos son presentados como algo cotidiano o normal.

**c. Lee** la cita de Gabriel García Márquez. Según él, ¿qué debería hacer un(a) joven escritor(a)?

Debería escribir...

**d.** Según García Márquez, ¿qué se valora más en sus obras? ¿Él está de acuerdo? ¿Por qué?

Prepara la tarea

**e. Imagina** que vas a escribir un relato. ¿Sobre qué lo escribirías? ¿Seguirías el consejo de Gabriel García Márquez? **Razona** tu respuesta.

Lo seguiría, porque...
No lo seguiría, porque necesitaría...

### Gramática
► p. 140 Activ.

- **Les temps du passé** ► pp. 162, 163 Précis
  imparfait de l'indicatif, passé simple
  Amaranta advirtió que Remedios estaba pálida.
- ***Al* + infinitif** ► p. 171 Précis
  Al sentir el viento, Remedios empezó a elevarse.
- **Le conditionnel (I)** ► p. 164 Précis
  DAR > daría, darías, daría...; SER > sería, serías, sería...; VIVIR > viviría, vivirías, viviría...
  irrégulier : HABER (HAY) > habría
  Seguiría los consejos para escritores porque...

### Léxico
► p. 140 Activ.

prof.: 26
élève: 25

**la palidez:** la pâleur
└**pálido(a):** pâle
**el relato:** le récit
**la sábana:** le drap
**casual:** fortuit(e)
**maravilloso(a):** merveilleux(euse)
**comenzar** [ie] = **empezar** [ie]
**elevarse:** s'élever
**pasarle (algo a alguien):** passer (qqch à qqn)
**romper:** casser, briser
**suceder** = **pasar**
**unirse:** s'unir, se rejoindre

## 3 Cuando la magia es real

El realismo mágico [...] constituye el primer movimiento puramente latinoamericano dentro de la literatura, pues hasta entonces[1] los autores se veían influenciados por las tendencias literarias europeas.

El realismo mágico define el continente americano como una realidad mágica, maravillosa, muy alejada de la sobria[2] realidad europea. Aunque esta identificación latinoamericana con lo maravilloso resulte sorprendente, la visión maravillosa de América no es algo nuevo, pues existen crónicas de los conquistadores europeos que presenciaban maravillados[3] el mundo insólito que ofrecía el nuevo continente. [...]

Podríamos decir que los autores del realismo mágico muestran una unión, una pertenencia[4] a una tierra madre (América Latina) muy similar, pero a su vez son conscientes y defensores de las particularidades de sus naciones. [...] Por lo tanto, es posible pensar que la literatura contribuyó y se convirtió[5] en medio de difusión de una identidad latinoamericana por encima de las discrepancias[6] entre los distintos países del continente.

1. jusque-là 2. sobre 3. (ici) observaient émerveillés 4. appartenance 5. s'est transformée 6. au-delà des divergences

*La identidad latinoamericana y el realismo mágico*, María Ramírez, Trabajo de Fin de Grado, 2017

vidéo : 05

*Ecuador, ama la vida*, Turismo Ecuador, 2012

**LÉXICO DEL VÍDEO:**
su origen: son origine • en cada rincón: dans chaque recoin • brotan: jaillissent • cascadas de sueños: cascades de rêves

**a. Lee el texto y responde.**

1. ¿Qué visión de América muestra el realismo mágico?
   Muestra un lugar...
2. ¿Es una visión novedosa?
   **Explica** por qué.
3. ¿Qué relación tuvo el realismo mágico con la identidad latinoamericana?
   **Justifícalo.**

**b. Mira el vídeo y responde.**

1. ¿Qué tipo de documento es?
2. ¿Cómo se presenta Ecuador?

Prepara la tarea

**c. Vuelve a mirar el vídeo.**
**Toma nota de las imágenes que muestran "una realidad mágica, maravillosa, muy alejada de la sobria realidad europea".**

**d. ¿Crees que es una buena campaña publicitaria? ¿Por qué?**
Sí, porque hace pensar en...
No, porque hace creer que...

**Gramática** ► p. 140 Activ.

- **Le conditionnel (II)** ► p. 164 Précis
  verbes irréguliers : PODER > 1e pers. podría, podríamos
  Podríamos decir muchas cosas.
- **La concession** ► p. 174 Précis
  aunque + indicatif / subjonctif
  Aunque esta identificación resulte sorprendente, no es algo nuevo.

**Léxico** ► p. 140 Activ.

prof. : 27 élève : 26

**la ballena:** la baleine
**el cielo:** le ciel
**el hogar:** le foyer
**la máscara:** le masque
**la raya:** la raie
**la selva:** la jungle, la forêt
**el traje:** le costume
**extraño(a):** étrange
**bailar:** danser
**estar alejado(a) de:** être éloigné(e) de
**nadar:** nager

Banco de actividades p. 140



# EL REALISMO MÁGICO

## LA LITERATURA

- el cuento
- el (la) escritor(a)
- la novela
  - el (la) novelista
- el poema
  - el (la) poeta
- el relato
- dar miedo
- imaginar
  - la imaginación
- inventar
- narrar
- ser entretenido(a)

## LA VISIÓN DEL MUNDO

- casual
- cotidiano(a)
- extraño(a)
- fantástico(a)
- insólito(a)
- mágico(a)
- maravilloso(a)
- misterioso(a)
- romper la lógica
- sorprendente

## LAS HISTORIAS

### LOS ELEMENTOS

- la ballena
- la calavera
- el cuervo
- el esqueleto
- el (la) gigante
- el paisaje seco
- el pez
- el pueblo
- la selva
- la vegetación
- el viento

### LOS SUCESOS

- agarrar
- arrancar
- elevarse
- estar desnudo(a)
- perderse
- sentirse bien / mal
- subir hasta el cielo
- volar
- suceder = pasar
- pasarle algo a alguien

**¡Crea tu propio mapa mental!**
**Organiza** un mapa mental con las categorías: "los animales", "los paisajes" y "los personajes". **Pon** un máximo de veinte palabras en total.

# Palabras para construir

## 1 Hablar de historias de ficción

**a. Observa las series de palabras y escribe una frase sobre:**

1. El último libro que has leído para en el instituto.
2. La última película que has visto en el cine.
3. La serie que estás siguiendo actualmente o la última que has visto.

novela / relato / serie / película
- fantástico(a) › policíaco(a) › romántico(a)
- de › ciencia ficción › terror › amor › humor
- entretenido(a) › aburrido(a)
- que › engancha › da miedo › hace reír

## 2 El verbo *pasar*

**a. Observa las series de palabras. ¿Cómo las traducirías al francés?**

- pasar › mucho › poco › tiempo › en casa › leyendo
  - tres horas › dos días › en casa › leyendo
- pasar › una cosa › algo
- pasarle › una cosa › algo › a › Ana
- pasarlo › bien › mal

(!) Souvenez-vous qu'un même verbe peut avoir plusieurs sens différents. Lorsque vous apprenez un nouveau verbe, regardez avec quels mots on l'utilise le plus souvent et retenez ces combinaisons. Vous mémoriserez bien plus facilement !

# Haz oír tu voz

## Cómo mejorar la pronunciación

**a. Lee esta cita en voz alta fijándote en la puntuación. ¿Qué palabras o frases te resultan más difíciles?**

Si tuviera que dar un consejo a un joven escritor, le diría que escriba sobre algo que le haya sucedido. Pablo Neruda tiene una línea en un poema que dice: "Dios me libre de inventar cosas cuando estoy cantando".

prof.: 28
élève: 27

**b. Escucha la cita.
Fíjate en cómo se pronuncian las palabras o frases difíciles para ti. Luego, repítelas imitando la audición.**

**c. Ahora, grábate y escúchate.
¿Tu pronunciación ha mejorado?**

(!) Quand on apprend une langue étrangère, il n'est pas nécessaire de savoir prononcer tous les sons à la perfection.

Si vous avez vraiment du mal à reproduire un son, ne vous inquiétez pas. Cherchez une façon de le prononcer qui se rapproche de l'authentique et, surtout, n'ayez pas honte de votre accent !

FICHA Grille autoév.

FICHA Grille éval.

# Un concurso de relatos

**Vamos a participar en un concurso de relatos que incluyan elementos del realismo mágico.**

**1.** En parejas, **vais a escribir** un relato con elementos del realismo mágico.
En vuestro relato **podéis**:

- continuar la historia de Remedios, la bella (p. 48)
- inspiraros en el vídeo de la página 50
- continuar la historia del ejemplo
- imaginar una historia nueva

**2.** **Imaginad** la situación y **haced** un esquema de vuestra historia.

¿Qué personaje(s) hay? ¿Cómo son? ¿Dónde está(n)? ¿Qué les pasa? ...

**3.** **Pensad** en el elemento mágico que queréis integrar en la historia: ¿Por qué ocurre? ¿Qué sentido tiene en vuestro universo literario?

**4.** **Redactad** el relato siguiendo las recomendaciones de la ficha de metodología.

**5.** **Leed** todos los relatos y ¡**votad** el más original, el más interesante y el más divertido!

FICHA Métho-do.

¡Consulta la **ficha de metodología** con consejos para darle coherencia a vuestro relato!
**www.espacelangues.emdl.fr/puravida**

El hombre que conocía todos los secretos del Amazonas

Antonio tenía más de 150 años y vivía solo en medio del Amazonas desde que era pequeño.

Antonio creía que conocía todos los secretos de la selva, pero un día, de repente, vio...

**AYUDA**

**Para situar en el tiempo**
un día...
al día siguiente...
al acabar de...
cuando acabó de...

**Para organizar las ideas**
entonces...
luego...
de repente...
al final...

**Para introducir diálogos**
–le preguntó–
–le respondió–
–dijo–
–añadió–
–gritó–

## Épreuve 2

FICHA Méthodo. BAC CE

FICHA Méthodo. BAC EE

**Période**
› classe de Première
3e trimestre

**Durée totale**
› 1 heure 30

**Note globale**
› sur 20 :
10 points → CE
10 points → EE

**Niveaux visés**
› B1-B2 (LVA)
› A2-B1 (LVB)

VERS LE NOUVEAU BAC

### Partie 1 › COMPRÉHENSION DE L'ÉCRIT

***Pablo Escobar habla de sus inicios***

**Lee atentamente varias veces el texto que te dará tu profesor(a). Haz un resumen de su contenido en español. Tu resumen debe incluir las respuestas a estas preguntas:**

1. ¿Qué episodio de la vida de Pablo Escobar se cuenta en el fragmento?
2. ¿Quiénes hablan? ¿La conversación es real o ficticia?
3. ¿Crees que la autora se posiciona sobre la figura de Pablo Escobar o no? Argumenta tu respuesta con ejemplos del texto.

### Partie 2 › EXPRESSION ÉCRITE

**Traitez l'un des deux sujets suivants au choix. Répondez en espagnol, en 120 mots au moins (environ 12 lignes).**

**Sujet 1** **Escribe un episodio de la vida de Popeye, un empleado de Escobar, basándote en el texto que has leído. Menciona lo que piensa de su patrón.**

**Sujet 2** **Existen numerosos libros, películas y series sobre Pablo Escobar. Explica por qué este personaje interesa tanto y comenta esta frase. "Las obras sobre personas como Pablo Escobar no deberían inventar nada sobre su vida, si no, la gente se forma una idea equivocada de quiénes fueron".**

## Épreuve 3 › 1er temps | 2nd temps

FICHA Méthodo. BAC EO

**Période**
› classe de Terminale
2e trimestre

**Durée du 2nd temps**
› 5 minutes EO
› 5 minutes IO

**Note globale**
› sur 20 :
même nombre de points pour la compréhension (CO + CE) et l'expression (EE + EO/IO)

**Niveaux visés**
› B2 (LVA)
› B1 (LVB)

### 2nd temps › Partie 1 › EXPRESSION ORALE

**Argumenta cuál de estos dos documentos ilustra mejor el eje <u>Ficciones y realidades</u>.**

1

↑ Fotografía del barrio de Medellín llamado "Pablo Escobar"

2 *"Es difícil decir con seguridad si series como* Narcos *o* El patrón del mal *son causa o consecuencia sobre la fascinación por Escobar."*

Arturo Wallace, periodista nicaragüense

VERS LE NOUVEAU BAC

## Épreuve 1

FICHA Méthodo. BAC CO

FICHA Méthodo. BAC EE

**Période**
- classe de Première 2e trimestre

**Durée totale**
- 1 heure

**Note globale**
- sur 20 :
  10 points → CO
  10 points → EE

**Niveaux visés**
- B1 (LVA)
- A2-B1 (LVB)

VERS LE NOUVEAU BAC

### Partie 1 > COMPRÉHENSION DE L'ORAL

***El realismo mágico explicado por una* booktuber**

Regardez la vidéo trois fois, puis rendez compte de ce que vous avez compris en français.

vidéo : 15

*Realismo mágico*, Histeria de la literatura, 2018

### Partie 2 > EXPRESSION ÉCRITE

Traitez le sujet suivant en espagnol. Répondez en 120 mots au moins (environ 12 lignes).

Imagina que has vivido una experiencia paranormal. Escribe un relato contando dónde estabas, cuándo fue y qué pasó. Utiliza algún recurso de realismo mágico.

## Épreuve 3 > 1er temps > | 2nd temps >

FICHA Méthodo. BAC EO

**Période**
- classe de Terminale 2e trimestre

**Durée du 2nd temps**
- 5 minutes EO
- 5 minutes IO

**Note globale**
- sur 20 :
  même nombre de points pour la compréhension (CO + CE) et l'expression (EE + EO/IO)

**Niveaux visés**
- B2 (LVA)
- B1 (LVB)

### 2nd temps > Partie 1 > EXPRESSION ORALE

Argumenta cuál de estos dos documentos ilustra mejor el eje Ficciones y realidades.

1 *"La literatura es mentira, pero de esa mentira sale una recreación de la realidad; recrear la realidad es, pues, uno de los principios fundamentales de la creación."*

Juan Rulfo, escritor mexicano

2 *"Los cuentos que estoy escribiendo ahora son una mezcolanza de realidad y de ficción, de memoria y de invención [...]. Y de veras hay momentos en que no sé si me sucedió o me lo inventé o me lo inventé hace tanto tiempo que ya creo que me sucedió."*

Gabriel García Márquez, escritor colombiano, Premio Nobel de Literatura

VERS LE NOUVEAU BAC

# Más documentos para disfrutar

## Unidad 3. ¿Amar u odiar a Pablo Escobar?

### SERIES

***Narcos***, Netflix, temporadas 1 y 2, 2015-2016

***El patrón del mal***, Caracol Televisión, 2012

***El Chapo***, Netflix, 2017

### CANCIONES

***Pablo Escobar***, Jorge Santa Cruz, 2013

***La última bala***, Yuri Buenaventura, 2013

### ARTE URBANO

Mural ***Bienvenidos al barrio Pablo Escobar***, en Medellín (Colombia)

### REVISTA

**"Pablo Escobar y el cártel de Medellín: 40 años de dolor y narcocultura"**, 20 minutos, 2016

### PELÍCULA

***María llena eres de gracia***, Joshua Marston, 2004

### ARTE

***La muerte de Pablo Escobar***, Botero, 1999

***El patrón***, Carlos Castro, 2006

### FOTOGRAFÍA

Fotografía realizada tras la **detención de Pablo Escobar**, Policía Nacional Colombiana, 1977

## Unidad 4. Realismo mágico

### CÓMIC

***Gabo, memorias de una vida mágica***, Ó. Pantoja, M. Bustos, F. Camargo y T. Córdoba, 2013

### NOVELAS

***Cien años de soledad***, Gabriel García Márquez, 1967

***El reino de este mundo***, Alejo Carpentier, 1949

***Pedro Páramo***, Juan Rulfo, 1955

***Como agua para chocolate***, Laura Esquivel, 1989

### CANCIÓN

***Macondo***, Daniel Camino Díez Canseco, 1969, versión de Los Hispanos

### CAMPAÑA

***Colombia, realismo mágico***, Gobierno de Colombia, carteles publicitarios y vídeos promocionales del turismo en Colombia, 2013

### ARTÍCULO

**"Fantasía y creación artística en América Latina y el Caribe"**, Voces. Arte y literatura, García Márquez, 1998

### ARTE

**Murales de la Biblioteca Nacional de Bogotá**, Óscar González (Guache) y Andrew Pisacane (Gaia), 2017, basados en la obra de Gabriel García Márquez *Cien años de soledad*

EJE 3

# ARTE Y PODER

## 5 Goya, testigo de su tiempo

**TAREA FINAL**

Crear una audioguía para una exposición sobre Goya en el instituto

## 6 ¡Arte urbano al poder!

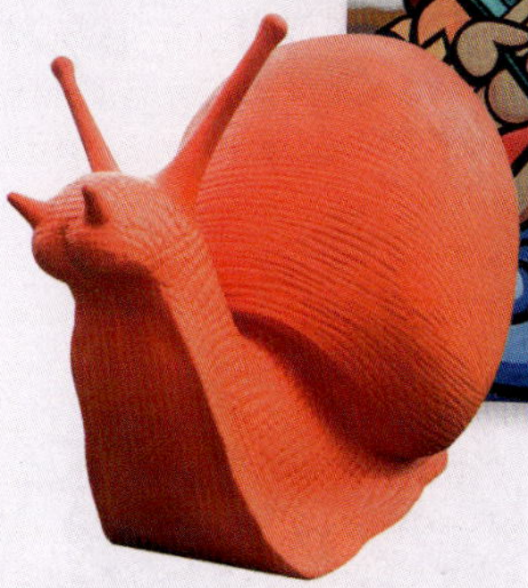

**TAREA FINAL**

Imaginar un festival de arte urbano, con Chile como país invitado, y a crear el folleto

# 5 Goya, testigo de su tiempo

## Goya: ¿un artista al servicio del poder o crítico con él?

**GRAMÁTICA**

- *Le présent de l'indicatif : les verbes à diphtongue*
- *Le vouvoiement*
- *Le futur*
- *La traduction de « il y a »*
- *Les indéfinis :* **ningún, ninguno(a), nadie...**

**LÉXICO**

- Goya y su tiempo
- Construcciones para describir imágenes

**PRONUNCIACIÓN**

- La pronunciación de **ñ** y **gn**

**TAREA FINAL**

**Crear una audioguía para una exposición sobre Goya en el instituto**

A

Francisco de Goya, 1814

B

Francisco de Goya, 1825

C

Francisco de Goya, 1800

*** NOTA CULTURAL ***

**Francisco de Goya** (1746-1828) es uno de los pintores españoles más universales. En sus obras retrató a la nobleza y al pueblo y también hechos históricos, como la **guerra de la Independencia** española (1808-1914) contra las tropas napoleónicas.

## ¡EMPECEMOS!

**a. Lee** la nota cultural y **observa** las obras. ¿Qué retrata Goya en cada una?

**b.** ¿Qué obra te llama más la atención? ¿Por qué?

**c. Relaciona** cada obra con su título.

1. La familia de Carlos IV
2. Los fusilamientos del 3 de mayo
3. Diversión de España

Prepara la tarea

**d. En grupos**, un(a) alumno(a) **describe** una de las obras y sus compañeros **deben adivinar** cuál es. **No podéis decir** las palabras **fusilamiento, toro** o **familia**.

llevar ropa elegante | tener los brazos abiertos | estar vivo(a) / muerto(a) | llevar un bebé en brazos

**Léxico** ► p. 141 Activ. prof.: 29 élève: 28

**la plaza de toros:** l'arène
**el retrato:** le portrait
**el rey (la reina):** le roi (la reine)
**el (la) soldado:** le (la) soldat(e)
**embestir a [i]:** charger, attaquer
**estar a punto de disparar:** être sur le point de tirer
**estar de pie:** être debout
**estar en el suelo:** être par terre
**mirar al (a la) espectador(a)**
**delante de:** devant
**detrás de:** derrière

# Dosier de documentos

## 1 Goya, el retratista de moda

PÉDAGOGIE DIFFÉRENCIÉE | FICHA Pédago. diff.

1. **honor que me hace:** vous me faites honneur
2. **te traigo:** je t'amène

↑ *Goya, lo sublime terrible*, El Torres y Fran Galán, 2018

**Anticipa**

**a.** En la época de Goya, los retratistas eran muy valorados.
¿Por qué crees que era así?
**Haz una hipótesis.**

> Tal vez sea porque...
> Puede que sea porque...

**b. Lee** el cómic.
¿Por qué crees que quiere quedar bien Goya?

> Quiere quedar bien porque...
> para...

**c. Escucha** el programa de radio y **responde**.

1. ¿Tenía Goya buena relación con el poder? **Justifícalo**.
2. ¿Qué clases sociales podían encargarle retratos en aquella época? ¿Por qué?

**d. Di** si esta afirmación es correcta. **Justifica** tu respuesta con la audición.

> *“Con los retratos, Goya conseguía mantener una vida sencilla y sin lujos.”*

**e. Da tu opinión.**
¿Crees que los artistas actuales (pintores, cantantes, escritores, etc.) también necesitan tener buena relación con el poder?
¿Por qué?

**f. En parejas, imaginad** las dos viñetas siguientes del cómic.
Un(a) alumno(a) **escribe** las intervenciones de Goya y otro(a), las intervenciones de María Teresa.

- ¿Por qué no viene usted un día a mi casa a...
- ¡Claro! Puedo ir...

prof.: 30

Goya y su relación con el poder y la Iglesia
01:58 — *Historia del arte*, Cadena Ser, 2018

**LÉXICO DE LA AUDICIÓN:** **su anhelo:** son désir • **alcanza el título:** il obtient le titre • **lo tenía muy difícil:** c'était très difficile pour lui • **retraso:** retard • **grata:** agréable • **muy por encima:** très au-dessus

## 2 Crítico con el poder

FICHA Image

La obra de Francisco de Goya nos muestra una doble faz en la que se simultanean[1] tradición e innovación. Frente a los aspectos más conservadores, acordes con las obras de encargo, fieles a los gustos de su tiempo, otros van a mostrar el genio surgido de la voluntad creadora, ya en el camino del Romanticismo a la Modernidad. [...]

Al mismo tiempo que Goya triunfa en la Corte, comienza a grabar de forma autónoma y autodidacta, al margen del lenguaje académico. Y contrariamente al éxito de sus pinturas, parece que sus grabados[2] apenas alcanzaron el éxito deseado, quedando relegados durante años al olvido[3]. [...]

Los *Caprichos* [...] colocan[4] a Goya en la esfera de la Ilustración [...]. Mostrará en sus estampas la crítica y censura de la mala educación de los hijos, los vicios, los matrimonios de conveniencia, la práctica del cortejo[5], la práctica de la prostitución, las supersticiones y los abusos de la Iglesia y del poder político. Los *Desastres [de la guerra]* van a plasmar[6] la visión particular de la violencia generada durante la guerra de la Independencia, en la que la sinrazón[7] y los abusos marcaron por igual a todos los combatientes, así como de las resultas del conflicto sobre una población hambrienta[8] [...]. De este modo, romperá con la versión oficial y propagandística que el resto de los grabadores mostraban en sus estampas, situándose en un terreno ideológico próximo al de sus amigos liberales.

1. se combinent 2. gravures 3. oubli 4. placent 5. la cour (séduction) 6. exprimer 7. folie 8. affamée

J. M. Matilla, Museo Nacional del Prado, 2000

Estampa de la serie *Caprichos*, Francisco de Goya, 1797-1799

**Gramática** ► p. 141 Activ.

- **Les verbes à diphtongue** ► p. 160 Précis
  COMENZAR > comienza
  MOSTRAR > muestra
  La obra de Francisco de Goya nos muestra una doble faz.
- **Le vouvoiement** ► p. 157 Précis
  ¿Puede usted venir a mi casa?
- **Le futur** ► p. 164 Précis
  JUGAR > jugaré, jugarás, jugará...
  SER > seré, serás, será...
  VIVIR > viviré, vivirás, vivirá...
  Goya criticará el poder social.

Prepara la tarea

**a. Observa la estampa y responde.**

1. ¿Qué personajes representan el asno y el mono?
2. ¿Qué características se asocian a estos animales?
   El asno simboliza... y el mono...
3. ¿Qué diferencias ves entre el retrato que hace el mono y su modelo?
   En el retrato, el asno (no) tiene..., pero, en la realidad...

Prepara la tarea

**b. ¿Qué quiere criticar el autor? Justifica tu respuesta.**

**c. Lee el texto y corrige las frases falsas.**

1. Las obras más innovadoras de Goya eran muy valoradas en su época.
2. En los *Caprichos* Goya retratará una sociedad española idealizada.
3. En los *Desastres* mostrará las razones por las que empezó la guerra.
4. En los *Desastres* dará el mismo mensaje que los grabadores de su tiempo.

**d. ¿Crees que los *Caprichos* afectaron a la relación que Goya tenía con el poder? ¿Por qué?**

**Léxico** ► p. 141 Activ. prof.: 31 élève: 29

**el apoyo:** le soutien
**la ignorancia**
**la imitación**
**la nobleza = la aristocracia**
**la oreja:** l'oreille
**alcanzar el éxito:** réussir
**convertirse [ie] en:** devenir
**encargar:** commander
└ **recibir un encargo:** recevoir une commande
**llevar peluca:** porter une perruque
**quedar bien:** faire bonne impression
**relacionarse con:** fréquenter

# Dosier de documentos

## 3 Reportero de una guerra

Prepara la tarea

**a. Lee el título del vídeo y observa la imagen. Descríbela con estas u otras palabras.**

salvar a | mirar a | tener miedo | llorar

En primer plano hay...
Al fondo vemos / se ve...

**b. Mira el vídeo.**
**¿Qué cualidades atribuye Goya a estos personajes? Justifícalo.**

1. el cura y el alcalde 2. la mujer

El cura y el alcalde son... porque...

vídeo: 06

"Yo lo vi", *Desastres de la guerra*, Museo Goya, 2018

**LÉXICO DEL VÍDEO:** despavorido: affolé • para que no se extravíen: pour qu'ils ne se perdent pas • las caballerías: les montures • el caserío: la ferme • la loma: la colline

## 4 Un artista libre

prof.: 32 élève: 30

*Goya presenta unos bocetos[1] para la basílica del Pilar (Zaragoza), que su cuñado Francisco Bayeu critica.*

"Escuchad, Bayeu. No hay, en este mundo, ningún ser humano [...] que pueda decirme a mí lo que he de hacer[2], y lo que no he de hacer. [...] No hay nada como pintar siguiendo solamente los dictados de la libertad, es decir, ningún dictado, ningún postulado, ninguna tesis irrebatible o irrefutable. No, Bayeu, no sois quién para decirme que mi pintura no es buena, o recta[3], o clásica. No admito esos calificativos para lo que hago, para mi arte. Vos[4] pintáis de una manera, yo lo hago de otra muy distinta. Vos solo os ocupáis de rememorar[5], una y otra vez, como si de un estribillo se tratara[6], lo clásico: el dibujo, la perfección en el color, la simetría en los rasgos[7], la perspectiva... Pero, ¿quién os ha mandado ser juez y árbitro [...] de mi pintura? ¿Quién os da derecho a rechazar[8] mis bocetos? Nadie me forzará jamás a hacer aquello que en pintura no quiera hacer. NO hay poder humano sobre esta tierra que pueda otorgarse tal derecho[9]".

1. croquis 2. ce que je dois faire 3. (ici) correcte 4. Vous (forme ancienne de vouvoiement en espagnol) 5. (ici) répéter 6. à la manière d'un refrain 7. traits 8. refuser 9. s'octroyer un tel droit

*Goya, el ocaso de los sueños*, A. M. Romero Coloma, 2007

Anticipa

**a. ¿Qué es para ti un(a) "artista libre"?**

**b. Lee el texto y responde.**

1. ¿Qué critica Bayeu en la obra de Goya?
2. ¿Está de acuerdo Goya? Justifícalo.
3. ¿Cómo es la obra de Bayeu, según Goya?

**c. Da tu opinión: ¿Crees que los artistas actuales están más cerca de Bayeu o de Goya? Razona tu respuesta.**

### Gramática

► p. 141 Activ.

**• La traducción de « il y a »**
► p. 171 Précis

En primer plano hay cuatro personajes.

No hay nadie que pueda decir lo que he de hacer.

**• Les indéfinis** ► p. 157 Précis

ningún, ninguno(a/os/as), nadie, nada

No hay nada como seguir los dictados de la libertad, es decir, ningún dictado, ninguna tesis irrefutable.

Nadie me forzará jamás a hacer lo que no quiero hacer.

### Léxico

► p. 141 Activ.

prof.: 33 élève: 31

**el alcalde (la alcaldesa):** le (la) maire
**la avaricia**
└ **avaricioso(a)**
**la cobardía:** la lâcheté
└ **cobarde:** lâche
**el cura:** le curé
**la valentía:** le courage
└ **valiente:** courageux(euse)
**clásico(a) ≠ innovador(a)**
**coger** (Esp.)**:** prendre
**huir:** fuir
**estar obligado(a) a**
**expresar:** exprimer
**al fondo:** au fond
**en primer / segundo plano:** au premier / deuxième plan

Banco de actividades p. 141



# GOYA Y SU TIEMPO

## EL PODER

### LA SOCIEDAD

el alcalde (la alcaldesa)
el burgués (la burguesa)
└ la burguesía
el (la) campesino(a)
el cura
el (la) noble = el (la) aristócrata
└ la nobleza = la aristocracia
el pueblo
el rey (la reina)
el (la) soldado
llevar peluca

### LAS RELACIONES

el apoyo
la libertad de expresión ≠ la censura
alcanzar el éxito
convertirse en
desarrollar
encargar
└ recibir un encargo
estar obligado(a) a
quedar bien ≠ mal con
relacionarse con
romper con
tener una buena ≠ mala relación con

## EL ARTE

### LA CRÍTICA

el abuso de poder
la avaricia
└ avaricioso(a)
la cobardía ≠ la valentía
└ cobarde ≠ valiente
la ignorancia
└ ignorante
la mala educación
la población hambrienta
la superstición
el vicio
la violencia de la guerra

### LA OBRA ARTÍSTICA

el dibujo
la escena
el retrato
└ el (la) retratista
clásico(a)
creativo(a)
innovador(a)

criticar
└ la crítica
expresar
imitar
└ la imitación
pintar
└ el (la) pintor(a)
simbolizar

**¡Crea tu propio mapa mental! Busca** en la unidad las palabras y las expresiones que sirven para hablar de pinturas y dibujos, y **crea** otra rama del mapa.

# Palabras para construir

## 1 Construcciones para describir imágenes

**a. Observa las combinaciones de palabras.**
**Continúalas con una palabra de la unidad.**

estar > en > la calle > el campo > …
delante de > los hombres > la casa > …
detrás de > la familia > la gente > …
de > rodillas > …
sentado(a) > tumbado(a) > …
corriendo > llorando > …

llevar > (una) peluca > (un) sombrero > …

mirar > a > un personaje > …

(!) Lorsque vous apprenez un mot, apprenez aussi les termes avec lesquels il apparaît le plus souvent. On mémorise en effet bien mieux un groupe de mots que des mots isolés.

**b. Escoge una de las obras de la unidad.**
**Escribe frases sobre la obra con las construcciones anteriores.**

# Haz oír tu voz

## La pronunciación de *ñ* y *gn*

**a. Lee estas palabras en voz alta.**
**¿Has pronunciado todas las letras destacadas de la misma manera?**

1. española
2. niño
3. año
4. magnífico
5. ignorancia
6. signo

(!) En espagnol, les lettres **gn** et **ñ** ne se prononcent pas de la même façon.

L'ensemble **gn** se prononce en deux syllabes distinctes : **mag-nífico**, **ig-norar**…

La lettre **ñ** se prononce comme les lettres **gn** en français (**niña**, **España**).

prof. : 34
élève : 32

**b. Escucha las palabras anteriores.**
**Comprueba si las has pronunciado bien.**

prof. : 35
élève : 33

**c. Escucha y repite este trabalenguas.**
**¿Quién consigue decirlo sin equivocarse?**

La araña pequeña de Ignacio
vive en un magnífico armario,
pero el niño Ignacio ignora
por qué la araña cada mañana llora.

FICHA Grille autoév.

FICHA Grille éval.

# Una audioguía para una exposición

Mediación

**Vamos a crear una audioguía para una exposición sobre Goya en el instituto.**

1. **En parejas**, **entrad** en www.museodelprado.es. **Escribid** "Francisco de Goya" en el buscador de la página.
2. **Escoged** la obra que más os guste. **Describid** la escena por escrito. **Tenéis que hablar** de lo siguiente.
   - qué hay en primer plano
   - qué hay al fondo
   - qué hacen los personajes
   - cuál es la actitud de los personajes
3. **Indicad** también qué quiere transmitir Goya en la obra, cuál es su mensaje.
4. **Grabaos** leyendo vuestra descripción. ¡**No olvidéis practicar** antes vuestra pronunciación!
5. **Juntad** todas las grabaciones. **Cread** la audioguía de la exposición.
6. **Imprimid** los cuadros. **Exponedlos** en la clase.
7. ¡**Podéis invitar** a los alumnos de español del instituto a visitar vuestra exposición!

¡Consulta la **ficha de metodología** para obtener ideas para saber cómo crear una audioguía!
**www.espacelangues.emdl.fr/puravida**

FICHA Métho-do.

**AYUDA**

**Para dirigirse al oyente**
En este cuadro se puede ver...
Observen el personaje...
Si se fijan en...

**Para situar los elementos**
en primer / segundo plano
al fondo
delante de ≠ detrás de
al lado de
encima de ≠ debajo de
a la derecha ≠ a la izquierda

**Para interpretar el cuadro**
quiere denunciar...
simboliza...
critica a...

# 6 ¡Arte urbano al poder!

## El arte urbano en Chile: ¿una herramienta a favor o en contra del poder?

**GRAMÁTICA**
- **No solo…, sino que…**
- *L'expression de la volonté :* **querer** + *infinitif* / **querer que** + *subjonctif*
- *L'expression du but :* **para** + *inf.* / **para que** + *subj.*
- *L'expression de la cause*

**LÉXICO**
- El arte urbano
- Construcciones para hablar del permiso y la prohibición

**PRONUNCIACIÓN**
- La pronunciación de **au**

**TAREA FINAL**

**Imaginar un festival de arte urbano, con Chile como país invitado, y a crear el folleto**

A

*Paseo Bandera*, obra de Dasic Fernández, Santiago de Chile, 2017

B

Mural de la Brigada Ramona Parra, Santiago de Chile, 2012

## ¡EMPECEMOS!

Anticipa

**a.** **Di** qué tipo de obras artísticas se pueden encontrar en las calles y las plazas de una ciudad.
**Explica** qué entiendes por arte urbano.
Se pueden encontrar…

**b.** **Describe** y **comenta** los documentos A y B con estas palabras.

el suelo | colorido(a) | gratis | mural | reivindicar | mensaje

Las dos obras son…
La obra de la imagen A está en…

**c.** **Señala** las diferencias entre las dos obras.
Después, **comenta** con tus compañeros cuál te gusta más y por qué.
El mural es más…
Me parece más interesante…

**Léxico** ▸ p. 142 Activ.

prof.: 36
élève: 34

- el arte urbano = el arte callejero
- la escultura
- el grafiti
- el mural
- colorido(a) = de muchos colores
- gratis = gratuito(a)
- decorar
- embellecer: embellir
- reivindicar
  - └ reivindicativo(a)
- transformar
  - └ transformador(a)
- transmitir un mensaje

# Dosier de documentos

## 1 Valparaíso, museo sin techo

prof.: 37
élève: 35

Lo supe desde el momento en que puse un pie en la ciudad: Valparaíso no iba a pasar desapercibida[1]. [...] Me entró derechito por los ojos[2] y se instaló en mi cuerpo ni bien di los primeros pasos. Revuelta[3], colorida, bohemia, rebelde. Así fue mi primera impresión de la ciudad de los 42 cerros[4] e infinitos murales. [...]

Nunca comprendí por qué algunos gobiernos (y algunos ciudadanos también) se empecinan en[5] catalogar el *Street art* como vandalismo. Bien entendido, el arte callejero es un instrumento de transformación positiva que sirve no solo para dar identidad a una ciudad, sino que además revaloriza su patrimonio. Los murales de Valparaíso son el ejemplo perfecto: en el año 2003, la Unesco declaró el casco histórico[6] de la ciudad Patrimonio Cultural de la Humanidad. [...]

Los murales convirtieron al casco histórico de Valparaíso en un museo sin techo[7], accesible para cualquier persona que camine por sus calles. No hay que trasladarse[8] a ningún sitio, ni pagar ninguna entrada, ni tener conocimiento de nada para poder disfrutar de estas obras de arte que se encuentran en todas las esquinas[9]. Los grafitis están ahí, para que todos puedan apreciarlos libremente e interactuar con las obras, sin importar las clases sociales. Es un arte "nacido en las calles", que permite que aquellos que de otra forma no tendrían acceso al arte lo descubran.

Puede que a simple vista muchos murales retraten paisajes cotidianos, arbitrarios o fundados en el gusto del autor. Pero si se mira más de cerca, es muy sencillo encontrar obras que pronuncian una dura crítica a la sociedad, mensajes políticos, reflexiones históricas [...], y que golpean de lleno[10] al espectador. Es como si las paredes hablaran, literalmente. [...]

1. inaperçue 2. elle m'a tapé dans l'œil tout de suite 3. sens dessus dessous 4. collines 5. s'obstinent à 6. la vieille ville 7. toit 8. se déplacer 9. les coins de rue 10. frappent de plein fouet

↑ Calle de Valparaíso, 2016

← *Murales de Valparaíso (o por qué enamorarse de una pared)*, losviajesdenena.com, 2015

**a. Lee el texto y responde.**
**Justifica tus respuestas con frases del texto.**

1. ¿Qué sensación le produjo la ciudad a la autora?
2. ¿Por qué dice que Valparaíso es un "museo sin techo"?
3. ¿Qué ventajas tiene el arte callejero?
4. ¿La autora está a favor o en contra del arte callejero?

**b. Explica esta frase del texto: "es como si las paredes hablaran".**

Yo creo que quiere decir que los murales transmiten...

Prepara la tarea

**c. Observa la fotografía de Valparaíso e interpreta.**

1. ¿Qué representa el mural?
2. ¿Qué crees que aportan al barrio el mural y la pintura de las escaleras?

## 2 El grafiti ante la ley

**Anticipa** **a.** **¿Te has fijado alguna vez en los grafitis de tu localidad?**
**Comenta qué sensación te producen.**
Me producen / dan sensación de...

vídeo : 07

*Proyecto de ley regulará graffitis: ¿Arte callejero o contaminación visual?*, 24horas.cl, 2018

**b.** **Mira el vídeo.**
**¿Quién expresa cada una de estas opiniones: el vecino o el artista?**

1. Los murales hacen la ciudad más bonita.
2. Los rayados no son arte.
3. Los artistas buscan la perfección, no solo expresarse.
4. Las multas no van a eliminar los grafitis ilegales.

**c.** **Vuelve a ver el vídeo.**
**Completa el resumen del proyecto de ley.**

El proyecto de ley dice que los propietarios de los inmuebles pueden .... a los artistas para realizar sus obras. Si los artistas pintan sin tener .... , pueden recibir una pena de presidio o una .... .

**LÉXICO DEL VÍDEO:** iluminaria pública: éclairage public • se le otorgará facultades a los municipios: on conférera des pouvoirs aux communes • dueño = propietario • presidio: prison • va mal enfocado a: malavisé

**d.** **¿Y tú? ¿Crees que esta ley soluciona el problema?**
**Coméntalo en clase.**

**Gramática** ► p. 142 Activ.

- ***No solo..., sino que...*** ► p. 173 Précis

  El arte callejero sirve no solo para dar identidad a una ciudad, sino que además revaloriza su patrimonio.

- **La volonté** ► p. 165 Précis

  buscar / querer + infinitif
  buscar / querer que + subjonctif

  El proyecto de ley busca regular el arte.

  El grafitero busca que su grafiti altere el entorno.

## 3 Artistas de éxito

PÉDAGOGIE DIFFÉRENCIÉE — FICHA Pédago. diff.

prof. : 38

Entrevista a Inti Castro, artista chileno
02:24
*Crónica cultural*, RFI español, 2015

**LÉXICO DE LA AUDICIÓN:** oriundo de: originaire de • lo que está ocurriendo: ce qui se passe • involucrar: impliquer • adquiere: acquiert • institucionalizado: institutionnalisé

**Prepara la tarea** **a.** **Escucha la entrevista al grafitero Inti Castro y responde.**

1. ¿Dónde vive el artista?
2. ¿Qué está haciendo en las afueras de París?
3. ¿Qué temas le interesaron en la India?
4. ¿Qué trata de representar en sus obras?

**b.** **Escucha de nuevo la entrevista y responde.**
**Justifica tus respuestas.**

1. ¿Cree el artista que hay un auge del arte callejero?
2. ¿Con qué relaciona el artista el arte apoyado por instituciones?
   - libertad para crear
   - hacerse conocido(a)
   - arte marginal
   - intenciones comerciales
   - trabajar por intereses económicos
   - arte contracultural
3. ¿Cree el artista que con el apoyo institucional tiene más libertad para hacer lo que quiera o menos? ¿Por qué?

**Léxico** ► p. 142 Activ.

prof. : 39
élève : 36

**el auge:** l'essor
**el desorden**
**la ley:** la loi
**la pared:** le mur
**el rayado:** le tag
**la suciedad:** la saleté
**el vandalismo**
**legal ≠ ilegal**
**autorizar = dar permiso ≠ prohibir**
**expresarse:** s'exprimer
**poner una multa:** mettre une amende
**regular**
**revalorizar el patrimonio**

## 4 Intervenir la ciudad

¡BIENVENIDOS NUEVAMENTE A
**HECHO EN CASA ENTEL!**

Te invitamos a explorar la ciudad celebrando la llegada de la primavera y la biodiversidad de nuestro país, a través de cinco intervenciones de arte urbano que nos recuerdan la importancia de proteger el medioambiente, reciclar antes que desechar y aprovechar materiales que, con ingenio y creatividad, podemos transformar en arte.

Disfruta y recorre las intervenciones en esta sexta versión de #HechoEnCasaEntel junto a tus amigos y familia. Sorpréndete con la calle transformada en el jardín de nuestra casa. Un regalo de #HechoEnCasaEntel para la ciudad.

Más información en www.hechoencasa.cl

Disfruta Comparte Cuida

#HechoEnCasaEntel

HECHO EN CASA

Folleto y obras del Festival Hecho En Casa Entel, Santiago de Chile, 2018

prof.: 40

Entrevista al director artístico del festival Hecho En Casa
01:42 *Aire Fresco*, Duna FM, 2018

**LÉXICO DE LA AUDICIÓN:** nos dimos cuenta: nous avons réalisé • el celular pegado a la mano: le téléphone scotchée à la main • la Vega (Chile): mercado central de Santiago de Chile • llevarse un buen momento: passer un bon moment • el pato: le canard • se plantee la pregunta: se pose la question

**a. Lee el folleto sobre el festival Hecho En Casa y contesta. Justifica tus respuestas con palabras del texto.**
1. ¿Qué invita a hacer este festival?
2. ¿Con qué temas están relacionadas las intervenciones artísticas?
3. ¿Por qué se dice que el festival es un "regalo para la ciudad"?

**b. Observa la fotografía y escucha la primera parte de la entrevista. ¿Qué elemento de la imagen se menciona?**

Prepara la tarea

**c. Escucha la entrevista entera y responde: ¿verdadero o falso? Corrige las afirmaciones falsas.**
1. Hicieron el festival porque les parecía entretenido, por diversión.
2. El festival sirve para que la gente reflexione sobre el arte.
3. Con las intervenciones, la gente siente que el arte es algo ajeno, extraño.

**d. En grupos, escribid un texto colaborativo en línea comparando una exposición en un museo y un festival de arte urbano.**

**Gramática** ► p. 142 Activ.

- **Le but** ► pp. 165, 175 Précis

para + infinitif
para que + subjonctif

El festival sirve para revisitar la ciudad y reflexionar.

Lo hacemos para que la gente tome los espacios públicos.

- **La cause** ► pp. 173, 175 Précis

porque + verbe conjugué
por + nom

Lo hicimos porque vimos que era necesario.

Lo hicimos por la gente.

**Léxico** ► p. 142 Activ.

prof.: 41
élève: 37

**el festival artístico**
**la intervención artística**
**la llama:** le lama
**el pájaro carpintero:** le pivert
**ajeno(a):** étranger(ère)
**sacar el arte a la calle:** amener l'art dans la rue
**tomar el espacio público:** prendre possession de l'espace public

Banco de actividades p. 142

# EL ARTE URBANO

## LAS OBRAS Y LOS ARTISTAS

### LA CLASIFICACIÓN

la escultura
∟ el (la) escultor(a)
el grafiti
∟ el (la) grafitero(a)
la instalación (urbana = callejera)
la intervención artística
el mural
∟ el (la) muralista
el rayado

### LA DESCRIPCIÓN

alegre
bonito ≠ feo
colorido(a)
crítico(a)
decorar ≈ embellecer
∟ decorativo(a)
institucionalizado ≠ marginal
moderno(a) ≠ antiguo(a)
reivindicar
∟ reivindicativo(a)
transformar
∟ transformador(a)

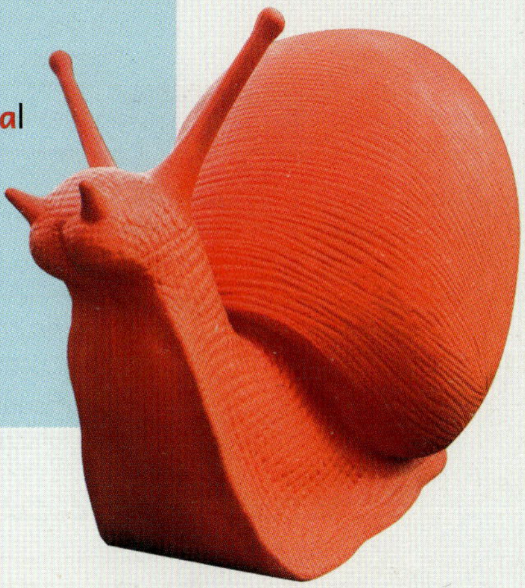

## LA FUNCIÓN SOCIAL

dar identidad a la ciudad
expresarse
reflejar la realidad
revalorizar el patrimonio
sacar el arte a la calle
tomar los espacios públicos
transmitir un mensaje

## LOS LUGARES

la calle
el casco histórico
la ciudad
el espacio público
la exposición
el festival artístico
el museo
el muro ≈ la pared

## LA REGULACIÓN

la ley
el vandalismo
dar permiso = permitir = autorizar
poner una multa = multar = sancionar
prohibir
regular
tener permiso

**¡Crea tu propio mapa mental!** Elige una obra de arte urbano de tu pueblo o ciudad y crea su mapa mental. Puedes utilizar las mismas categorías de este mapa o proponer otras.

# Palabras para construir

Banco de actividades p. 142

## 1 Construcciones para hablar del permiso y la prohibición

**a. Observa** estas construcciones.
¿Cuáles sirven para hablar de lo que se puede hacer?
¿Y cuáles para hablar de lo que no se puede?

estar → prohibido / permitido → hacer / pintar → un rayado / un grafiti

dar / conceder / pedir / tener → permiso → para → pintar → un grafiti

poner → una multa / una sanción → por → hacer → un rayado

**b. Busca** en la unidad el verbo correspondiente a estas construcciones.

| | | |
|---|---|---|
| poner | una multa | multar |
| poner | una sanción | … |
| poner | una prohibición | … |
| dar | una autorización | … |
| dar | permiso | … |

> ! Comme vous pouvez le voir, certaines actions peuvent s'exprimer avec un verbe ou avec une expression !

# Haz oír tu voz

## La pronunciación de *au*

prof.: 42 élève: 38

**a. Lee** estas palabras en voz alta.
Luego, **escúchalas**. ¿Las has pronunciado todas de la misma manera?

1. autor
2. obra
3. otra
4. autorizar
5. auténtico
6. bonita
7. moderna
8. causar

prof.: 43 élève: 39

**b. Escucha** y **repite** estas frases.
**Fíjate** en la pronunciación de las vocales destacadas.

La autora de esta obra auténtica vive en Australia.

Las obras autorizadas por el Gobierno aumentan año tras año.

> ! En espagnol, on prononce toujours les deux voyelles de la diphtongue **au** : __au__tor, __au__torizar...

FICHA Grille autoév.

FICHA Grille éval.

# Un festival de arte urbano

**Vamos a imaginar un festival de arte urbano en nuestra ciudad, con Chile como país invitado, y a crear el folleto.**

1. En grupos, **decidid** a qué tema vais a dedicar el festival. Puede ser uno de los temas que han aparecido en la unidad (la educación, la igualdad social, la biodiversidad, etc.) u otro que os interese a vosotros.

2. **Buscad** en internet a artistas o colectivos artísticos de Chile a los que queráis invitar al festival y **elegid** cuatro o cinco.

3. **Pensad** en los lugares de la ciudad donde queréis instalar las obras.

4. **Cread** el folleto con estos apartados:
   - nombre del festival, lugar y fecha;
   - texto de bienvenida, explicando el tema y los objetivos del festival;
   - textos de presentación de los artistas;
   - imágenes de las obras de los artistas
   - y un plano de la ciudad con la localización de cada obra.

5. **Compartid** vuestro folleto con el resto de la clase.

6. Entre todos, **elegid** el festival más reivindicativo, el más divertido y el más original.

¡Consulta la **ficha de metodología** para conocer la estructura que debe tener el folleto!
**www.espacelangues.emdl.fr/puravida**

FICHA Métho-do.

**AYUDA**

Es un festival pensado para...
Este festival busca...
Hemos tenido esta iniciativa porque...
Es un colectivo de artistas / un artista que...
Las obras expresan / reflejan / transmiten el mensaje de...

## Épreuve 1

FICHA Méthodo. BAC CO

FICHA Méthodo. BAC EE

**Période**
- classe de Première 2e trimestre

**Durée totale**
- 1 heure

**Note globale**
- sur 20 :
  10 points → CO
  10 points → EE

**Niveaux visés**
- B1 (LVA)
- A2-B1 (LVB)

VERS LE NOUVEAU BAC

### Partie 1 > COMPRÉHENSION DE L'ORAL

***Goya y su relación con el poder y la Iglesia***

prof. : 81

01:35 *Historia del arte*, Cadena SER, 2018

**Écoutez l'enregistrement trois fois, puis rendez compte de ce que vous avez compris en français. Vous devez répondre aux questions suivantes :**

1. Qui entend-on dans ce document ? De quel thème est-il question ?
2. Pour les artistes de l'époque, était-il important d'avoir une bonne relation avec l'Église ? Pourquoi ?
3. Quelle relation Goya entretenait-il avec l'Église ?
4. Quel aspect de l'artiste les locuteurs valorisent-ils le plus ?

### Partie 2 > EXPRESSION ÉCRITE

**Traitez le sujet suivant en espagnol. Répondez en 120 mots au moins (environ 12 lignes).**

**"Para un artista es imprescindible adaptarse a lo que quieren sus clientes". Comenta la frase anterior. Utiliza ejemplos de la relación de Goya con el poder para exponer tus argumentos.**

## Épreuve 3 > 1er temps > CO + CE + EE | 2nd temps > EO + IO

FICHA Méthodo. BAC EO

**Période**
- classe de Terminale 2e trimestre

**Durée du 2nd temps**
- 5 minutes EO
- 5 minutes IO

**Note globale**
- sur 20 :
  même nombre de points pour la compréhension (CO + CE) et l'expression (EE + EO / IO)

**Niveaux visés**
- B2 (LVA)
- B1 (LVB)

### 2nd temps > Partie 1 > EXPRESSION ORALE

**Argumenta cuál de estos dos documentos ilustra mejor el eje Arte y poder.**

1

↑ *San Gregorio, el Grande*, Francisco de Goya, 1796-1799

2

↑ *Tú que no puedes*, Francisco de Goya, 1797-1799

VERS LE NOUVEAU BAC

## Épreuve 2

FICHA Méthodo. BAC CE

FICHA Méthodo. BAC EE

**Période**
› classe de Première 3e trimestre

**Durée totale**
› 1 heure 30

**Note globale**
› sur 20 :
10 points → CE
10 points → EE

**Niveaux visés**
› B1-B2 (LVA)
› A2-B1 (LVB)

VERS LE NOUVEAU BAC

### Partie 1 › COMPRÉHENSION DE L'ÉCRIT

*La iglesia convertida en un parque para patinadores*

**Lee atentamente varias veces el texto que te dará tu profesor(a). Haz un resumen de su contenido en español. Tu resumen debe incluir las respuestas a estas preguntas:**

1. ¿Por qué compró Ernesto Fernández Rey la iglesia de Santa Bárbara? ¿Qué decidió hacer con ella al final?
2. ¿Cómo se hizo la reconstrucción del edificio? ¿Quién la hizo?
3. ¿Cómo se consiguió pintar el interior del templo?

### Partie 2 › EXPRESSION ÉCRITE

**Traitez le sujet suivant en espagnol. Répondez en 120 mots au moins (environ 12 lignes).**

**Observa la imagen e imagina que visitas este lugar. Escribe una entrada para un blog sobre arte urbano. Debes indicar:**

1. Tu impresión al entrar en la iglesia.
2. Tu opinión sobre lo que les aporta este lugar a los jóvenes del pueblo.
3. Tus comentarios sobre el valor de este lugar: ¿te parece una manifestación artística o simplemente un lugar de diversión para jóvenes?

↑ Iglesia de Santa Bárbara en Llanera (Asturias)

# Más documentos para disfrutar

## Unidad 5. Goya, testigo de su tiempo

### CÓMICS

***Goya, lo sublime terrible***, El Torres y Fran Galán, 2018

***Goya***, José Antonio Moratha Bedoya, 2014

### CANCIÓN

***Por encima del bien y del mal***, Robe, 2016. En el videoclip oficial se reinterpretan las escenas de los cuadros más conocidos de Francisco de Goya.

### CORTOMETRAJE

***Los fusilamientos de Goya***, Juan Antonio Porto, 2009

### PELÍCULAS

***Goya en Burdeos***, Carlos Saura, 1999

***Volavérunt***, Bigas Luna, 1980

***Goya, historia de una soledad***, Nino Quevedo, 1971

Busto de Goya, galardón de los prestigiosos Premios Goya de cine español

### RECURSO INTERACTIVO

***Goya, un artista crítico***, Obra Social "La Caixa", 2014, recurso interactivo en la web de EduCaixa

### DISEÑO

**Aguja Goyesca**, concurso de diseñadores de moda inspirado en la obra y la vida de Francisco de Goya

### ARTE

***Testigo ocular***, Equipo Crónica, serie Los fusilamientos, 1974

***Retrato oficial de la Junta militar***, Fernando Botero, 1971

## Unidad 6. ¡Arte urbano al poder!

### NOVELA

***El francotirador paciente***, Arturo Pérez-Reverte, 2013

### ARTE URBANO

Murales del **artista chileno Inti Castro** y del **artista mexicano Saner** en edificios de diferentes ciudades del mundo

*La Madre Secular II*, mural de Inti en París

**Museo a Cielo Abierto de San Miguel**, conjunto de murales en Santiago de Chile que pretenden rescatar la memoria local

**Proyecto Pachuca se pinta**, murales hechos por los ciudadanos de la ciudad de Pachuca (México) en colaboración con el colectivo de artistas Germen Crew

### PELÍCULAS

***Los hongos***, Óscar Ruiz Navia, 2014

***No***, Pablo Larraín, 2012

***Noviembre***, Achero Mañas, 2003

Barrio Palmitas en Pachuca (México)

### DOCUMENTALES

***Tuga, desorden en la vía pública***, Claudio Martínez, 2016

***México: Muralismo, movimiento creador de conciencia e identidad***, teleSUR, 2014

### CANCIÓN

***Las casitas del barrio alto***, poema de Pablo Neruda, 1971, musicado por Víctor Jara

# TERRITORIO Y MEMORIA

EJE 4

## 7 Fiestas históricas

TAREA FINAL

Explicar las fotos de fiestas que hemos tomado en un país hispanohablante

## 8 Un museo en construcción

TAREA FINAL

Crear un juego de preguntas y respuestas sobre la historia de Barcelona y jugar una partida

# 7 Fiestas históricas

## ¿Qué les aporta a los hispanohablantes celebrar fiestas históricas?

**GRAMÁTICA**

- *L'impératif et l'impératif négatif*
- **Por / Para**
- **Seguir / Estar** + *gérondif*
- *L'imparfait de l'indicatif*

**LÉXICO**

- Las fiestas históricas
- Construcciones para situar eventos y para hablar de ropa

**PRONUNCIACIÓN**

- La pronunciación de vocal + **n** y vocal + **m**

**TAREA FINAL**

**Explicar las fotos de fiestas que hemos tomado en un país hispanohablante**

A

↑ La plaza del Zócalo (Ciudad de México) en la celebración del Día de la Independencia de México, 2017

B

↑ Fiesta de Moros y Cristianos en la ciudad de Alcoy (España), 2017

C

Celebración del Inti Raymi en el sitio arqueológico de Sacsayhuamán (Perú), 2018

## ¡EMPECEMOS!

**a. Observa** la imagen A y **describe** el ambiente.
¿Cómo sabes que es una fiesta importante para los mexicanos?
**Fíjate** en los colores.
En la plaza hay...

Prepara la tarea
**b. Describe** las escenas de las imágenes B y C.
¿De qué van vestidos los participantes?
A lo mejor van vestidos de...

**c. Di** en cuáles de estas imágenes se ven recreaciones históricas.
**Justifícalo.**
La imagen... puede ser una recreación... porque los participantes...

Prepara la tarea
**d. Imagina** que puedes ir a una de estas tres fiestas.
¿Cuál elegirías? ¿Por qué?
Yo elegiría ir a la fiesta de...

**Léxico** ▸ p. 143 Activ. prof.: 44 élève: 40

**los colores de la bandera:** les couleurs du drapeau
**los fuegos artificiales:** le feu d'artifice
**el emperador (la emperatriz):** l'empereur (l'impératrice)
**el (la) moro(a):** persona de origen magrebí o árabe
**la recreación:** la reconstitution
**festivo(a):** festif(ive)
**cargar:** porter
**llevar un traje de ≈ ir vestido(a) de:** porter un costume de
**pasarlo bien:** s'amuser

# Dosier de documentos

## 1 El grito de la independencia

PÉDAGOGIE DIFFÉRENCIÉE — FICHA Pédago. diff.

Cartel de las fiestas patrias de Sahuayo (México), 2017

Los mexicanos salen a las calles y a las plazas públicas cada 15 de septiembre a gritar su independencia. [...] El verde, el blanco y el rojo salpican[1] la decoración de las casas, en las que suena música mexicana y se come comida mexicana.

El festejo[2] recrea la noche en la que Miguel Hidalgo llamó desde la parroquia[3] del pueblo de Dolores (Guanajuato, centro de México) a que los habitantes se levantaran en armas[4] contra la Corona española, lo que marcó el inicio del movimiento independentista en 1810. La fiesta nacional se celebra desde 1812, un año después del fusilamiento de Hidalgo, y prácticamente de forma ininterrumpida desde 1825 hasta la actualidad.

"La celebración es importante porque es parte de nuestra identidad, pero creo que eso se ha perdido y el grito es ahora solo un pretexto para irte de fiesta, para irte a la peda[5]", cuenta Elena, de 28 años. "Mexicanos, unámonos como patria para erradicar la injusticia. El arte es una forma de hacerlo. México, sensibilízate y cree en el arte", urge la estudiante de artes escénicas a sus compatriotas.

"Mexicanos, tenemos mucho futuro y no tenemos que depender de otros países para crecer. Acabemos con la discriminación contra los indígenas y hagamos algo por nuestro país, nuestra economía, por nuestra sociedad... Eso diría al pueblo mexicano, al que pertenezco", explica David Joshua, de 19 años. Para el estudiante de Administración, lo más importante de la conmemoración es la unión familiar y conectarse con las personas que han dejado[6] su tierra, pero no han olvidado sus raíces. "No tienes que estar en México para sentirte mexicano, para tener esa emoción por tu país", agrega.

**1.** parsèment **2.** les festivités **3.** paroisse **4.** prennent les armes **5.** faire une beuverie **6.** ont quitté

"El grito de independencia es solo un pretexto para irte de fiesta", Elías Camhaji, *El País*, 2017

**Anticipa** **a. Observa** el cartel y **di** qué símbolos de la cultura mexicana ves.

**b. Lee** el artículo hasta la línea 14. **Encuentra** a Miguel Hidalgo en el cartel. **Justifica** tu elección.

**Prepara la tarea** **c. Explica** por qué la fiesta del día de la independencia se llama "El grito".

**d. Lee** la segunda parte del texto. **Anota** las opiniones a favor y en contra de la celebración de esta festividad.

**e.** Y tú, ¿qué les pedirías a tus compatriotas? **Escribe** un "grito" para las fiestas nacionales de tu país.

¡Compatriotas! ¡Luchemos para / por...

## 2 Moros y cristianos

prof.: 45

La fiesta de Moros y Cristianos de Alcoy
02:34 *Entrevista con Raúl López, Alcoy, 2018*

**LÉXICO DE LA AUDICIÓN:** la agrupación = el grupo • tuvo lugar: a eu lieu • actuaciones = espectáculos • derrota: il gagne • te apuntan: ils t'inscrivent • encaja: s'emboîte • cuadra, cabo, cabo batidor: diferentes grupos y personajes representados en los desfiles

*** NOTA CULTURAL ***

La fiesta de **Moros y Cristianos** conmemora la época de las guerras entre musulmanes y cristianos en la península ibérica, que tuvieron lugar entre los siglos VIII y XV d. C.

Cartel de la fiesta de Moros y Cristianos, Ayuntamiento de Elda, 2018

Anticipa **a. Observa el cartel.**
**¿Cuál de los soldados es el moro y cuál es el cristiano?**
**Explica qué elementos permiten deducirlo.**

la cruz | la medialuna | la lanza | el sable | el vestido

Prepara la tarea **b. Escucha la entrevista.**
**Señala las afirmaciones incorrectas.**

1. Es la primera vez que Raúl participa en la fiesta.
2. Su amigo y él forman parte de una agrupación (filà).
3. Los espectadores pueden ver al mismo tiempo la entrada de los moros y de los cristianos.
4. San Jorge ayuda a los cristianos a vencer a los moros.
5. Los organizadores de la fiesta deciden quién tiene que hacer de moro y quién de cristiano.

**c. Vuelve a escuchar y corrige las afirmaciones incorrectas.**

**d. ¿Por qué le gusta tanto a Raúl la fiesta de Moros y Cristianos?**
Raúl es aficionado a esta fiesta por...

**e. En tu opinión, ¿por qué se sigue celebrando esta fiesta hoy en día?**
**Explícalo por escrito con estos argumentos.**

ser típico(a) de | sentimiento de comunidad | fomentar la convivencia | la tradición

Yo creo que la fiesta se sigue celebrando porque...

**Gramática** ► p. 143 Activ.

- **L'impératif** ► pp. 159, 167 Précis
  LUCHAR: luchemos (nosotros)
  VENDER: vendamos (nosotros)
  UNIRSE: unámonos (nosotros)
  Unámonos para erradicar la injusticia.
- ***Por / Para*** ► p. 165, 175 Précis
  por + nom
  para + inf. / para que + subj.
  Luchemos por la paz.
  Luchemos para lograr la paz.
  Luchemos para que haya paz.
- ***Seguir* + gérondif** ► p. 169 Précis
  ¿Por qué se sigue celebrando esta fiesta?

**Léxico** ► p. 143 Activ. prof.: 46 élève: 41

**la convivencia:** la vie en communauté
**el desfile:** le défilé
**el grito:** le cri
**las raíces:** les racines
**la tropa:** la troupe
**acabar con:** mettre fin à
**fomentar:** promouvoir
**formar parte de:** faire partie de
**luchar:** lutter
**ser aficionado(a) a:** être amateur(trice) de
**vencer:** vaincre

## 3 La celebración del Inti Raymi

vídeo: 08

*Fiestas del Inti Raymi*, TV Cultura y Patrimonio, Ecuador, 2015

*Recreación del Inti Raymi inca*, Sacsayhuamán, Perú, 2017

El Inti Raymi o 'fiesta del sol' fue instaurado por el Inca Pachacútec[1]. Él creía que cada 24 de junio –en el solsticio de invierno, día más corto, noche más larga– el sol se alejaba[2] pidiendo que le rindieran tributo[3] a través de ceremonias, ofrendas, cánticos y alabanzas[4].

La preparación antigua contaba con tres días de anticipación en los que se comía maíz crudo y hierbas. Ese día, el Inca soberano[5] y familiares esperaban descalzos[6] la salida del sol en la plaza (actual plaza de armas de Cuzco). Según el sacerdote[7] contemporáneo Bartolomé de las Casas:

"Todos estaban allí muy callados[8], esperando que saliese el Sol. [...] A medida que se levantaba el Sol, su canto era más alto y más alto. El Inka lo dirigía con su propia voz. [...] Estaban todos descalzados y con grande atención mirando al Oriente, y en asomando el Sol se ponían todos de cuclillas[9] [...] con los brazos abiertos y las manos alzadas".

1. emperador del imperio Inca 2. s'éloignait 3. rendent hommage 4. louanges 5. souverain 6. pieds nus 7. prêtre 8. silencieux 9. accroupis

"¿Quieres saber más del Inti Raymi?", Centro Cultural Linaje Peruano, Perú, 2018

**Anticipa** **a. Observa las dos imágenes.**
**¿Qué están haciendo? ¿Qué crees que están celebrando?**
**Fíjate en sus gestos y en sus caras.**

**Prepara la tarea** **b. Mira el vídeo y responde.**
1. ¿En qué zona de América es importante la fiesta del Inti Raymi?
2. ¿Qué significa "Inti Raymi"?
3. ¿Qué les aporta a los ecuatorianos celebrar esta fiesta actualmente?

**c. Lee el texto y responde.**
1. ¿Qué creencia tenía el Inca Pachacútec?
2. ¿Qué partes del texto se ilustran en la imagen de la derecha?

**d. Da tu opinión. ¿Crees que la descripción de Bartolomé de las Casas ha ayudado a celebrar la fiesta actual en Perú?**

*** NOTA CULTURAL ***

El **imperio Inca** se extendió por la zona de los Andes en los siglos XIV y XV, y desapareció con la llegada de los españoles. Entre estos, estaba el sacerdote **Bartolomé de las Casas**, testigo de las costumbres y las creencias de los incas.

**Gramática** ► p. 143 Activ.

- ***Estar* + gérondif** ► p. 169 Précis
  Está ayudando a vestirse a la chica.
- **L'imparfait de l'indicatif** ► p. 163 Précis
  ESTAR > (ellos) estaban
  COMER > (ellos) comían
  SALIR > (ellos) salían
  Ese día esperaban la salida del sol en la plaza.

**Léxico** ► p. 143 Activ. prof.: 47 élève: 42

**la festividad = la celebración**
**el orgullo:** la fierté
**el ritual**
**andino(a) = de los Andes**
**solemne:** solennel
**hacer honor a**
**perderse** [ie]
**rescatar = salvar:** sauver
**recuperar**
**respetar:** respecter
**sobrevivir:** survivre

Banco de actividades p. 143



# FIESTAS HISTÓRICAS

## LOS SENTIMIENTOS

- el orgullo
- las raíces
- conectarse
- fomentar la convivencia
- formar parte de
- pertenecer a

## CELEBRAR

### LA FIESTA

- el ambiente festivo
- la festividad = la celebración
- pasarlo bien
- ser aficionado(a) a
- tener lugar en

## LAS TRADICIONES

- la ceremonia
- el ritual
- hacer honor a
- olvidar
- perderse
- recuperar
- rescatar = salvar
- ser típico(a) de
- sobrevivir

## LAS RECREACIONES

- el (la) cristiano(a)
- el desfile
- el emperador (la emperatriz)
- el (la) moro(a)
- la ofrenda
- la tropa
- ir vestido(a) de
  ≈ llevar un traje de
- luchar
- vencer

## LAS FIESTAS PATRIAS

- la bandera
- el (la) compatriota
- los fuegos artificiales
- el grito
- la patria
- el pueblo

**¡Crea tu propio mapa mental!** **Piensa** en otra fiesta que conozcas y **añade** las palabras necesarias a este mapa. Luego, **elimina** algunas hasta quedarte con 20.

# Palabras para construir

Banco de actividades p. 143

## 1 Construcciones para situar eventos

**a. Observa estas combinaciones de palabras.**
**Escribe dos frases diciendo cuándo y dónde tienen lugar dos fiestas que conozcas.**

| | | |
|---|---|---|
| tener lugar | en | la plaza del Zócalo / la calle / el centro social |
| | | el pueblo de Elda / Alcoy / España |
| | | junio / verano / 2019 |
| | el | 21 de junio / sábado que viene |
| | a | las 15.30 / la una |

(!) Avec les verbes **estar**, **encontrarse**, **tener lugar**... on emploie la préposition **en** pour situer dans l'espace et dans le temps. Si on veut indiquer un jour, on n'utilise pas de préposition. Si on veut inidiquer une heure, on utilise la préposition **a** et l'article défini.

## 2 Construcciones para hablar de ropa

**a. Observa estas combinaciones de palabras.**
**Escribe dos frases con estas combinaciones sobre dos fiestas que conozcas.**

| | | | | |
|---|---|---|---|---|
| ir vestido(a) | de | inca / moro(a) / cristiano(a) | | |
| | con | un traje | de | inca / moro(a) / cristiano(a) |
| llevar | | un vestido / un traje / un disfraz | de | inca |
| ir disfrazado(a) | de | astronauta / príncipe (princesa) | | |

# Haz oír tu voz

## La pronunciación de vocal + *n* y vocal + *m*

prof.: 48 élève: 43

**a. Escucha y repite estas palabras.**
**¿Has pronunciado de la misma manera las letras destacadas?**

1. emperador
2. bandera
3. vencer
4. independencia
5. conmemorar
6. recreación
7. nación
8. ambiente

prof.: 49 élève: 44

**b. Escucha y repite este trabalenguas.**

Los incas preparan la celebración con antelación
y ya están cantando al sol con gran emoción.

(!) En espagnol, lorsqu'un mot comprend l'ensemble « voyelle + **n** » ou « voyelle + **m** » (ex. : **independencia**), vous devez prononcer les deux lettres séparément. La voyelle doit s'entendre clairement.

FICHA Grille autoév. | FICHA Grille éval.

# Un pase de diapositivas de un viaje

**Mediación**

**Vais a imaginar que habéis conocido una fiesta histórica en un viaje a un país hispano y vais a explicar las fotos que habéis tomado.**

1. En parejas, **investigad en internet** qué otras fiestas históricas se celebran en el mundo hispanohablante. **Elegid** una que os llame la atención.

2. **Buscad** respuesta a estas preguntas:
   - ¿Qué celebra o conmemora la fiesta?
   - ¿En qué consiste?
   - ¿Cuándo y dónde tiene lugar?
   - ¿Cuál es su origen histórico?
   - ¿Hay alguna recreación histórica? ¿Cómo es?

3. **Elegid** cuatro fotografías que ilustren parte de la información que vais a explicar. **Escribid** un pie de foto para cada una. **Preparad** una presentación de diapositivas con un programa como PowerPoint o similar.

4. **Escribid** un guion con los aspectos más importantes. Recordad que tenéis que **explicar** cómo fue la fiesta, si os gustó, qué os interesó más...

5. Entre los dos, **presentad** vuestra fiesta a la clase. Podéis poner una regla: al final de la presentación, ¡os tienen que **hacer tres preguntas**!

Barriletes del Día de Muertos en Guatemala

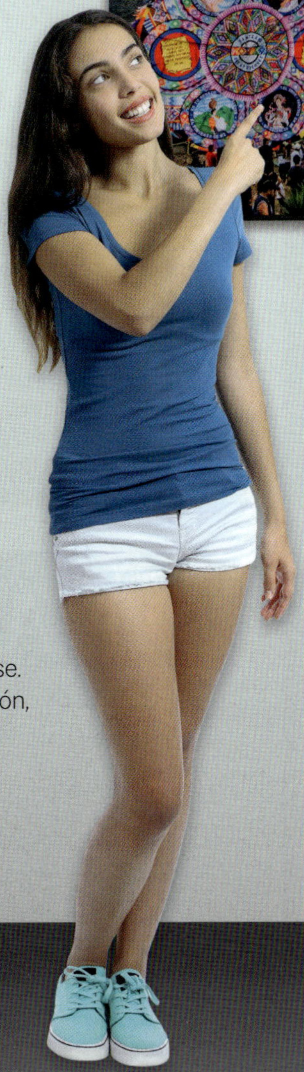

¡Consulta la **ficha de metodología** para obtener ideas para buscar información y para preparar la presentación de diapositivas!
**www.espacelangues.emdl.fr/puravida**

FICHA Métho-do.

**AYUDA**

**Para captar la atención**
¿Sabíais que...?
¿Habéis oído hablar de...?
¿Os suena...?

**Para hablar en pasado**
Ese día asistimos a...
La fiesta tuvo lugar en...
Nos llamó la atención...
Había unas cometas...
Los participantes iban vestidos...

**Para pasar de una idea a otra**
Primero...
Luego / Después...
Además...
A continuación...
Al final...

# 8 Un museo en construcción

## La historia de Barcelona: ¿pasado remoto o presente vivo?

**GRAMÁTICA**
- *Le passé simple*
- *Le plus-que-parfait*
- *Les subordonnées relatives*
- *La voix passive*

**LÉXICO**
- La historia de la ciudad
- Construcciones para expresar la repetición

**PRONUNCIACIÓN**
- La entonación de preguntas y respuestas

**TAREA FINAL**

**Crear un juego de preguntas y respuestas sobre la historia de Barcelona y jugar una partida**

A

Cartel de la serie *La catedral del mar*, ambientada en la basílica de Santa María del Mar de Barcelona, 2018

B

Entrada para un concierto en Santa María del Mar, 2018

C

Turistas y locales frente a la basílica de Santa María del Mar, 2018

## ¡EMPECEMOS!

**a. Observa las imágenes.**
**¿Para qué se utiliza esta iglesia, además de para su función religiosa?**

Prepara la tarea

**b. Observa el estilo arquitectónico en las imágenes B y C.**
**Di cuál es la afirmación correcta.**

Santa María del Mar es una iglesia construida...

1. en el siglo XX, es contemporánea.
2. en la Edad Media, es de estilo gótico.
3. en la época romana.

**c. Observa el cartel de la serie (documento A).**
**Descríbelo y haz una hipótesis: ¿de qué puede tratar la serie?**

*Se ve a un hombre que...*
*La serie puede tratar de...*

**d. Busca en internet el tráiler de la serie y resume de qué trata.**

**e. ¿Crees que los barceloneses viven en contacto con su historia?**
**Explica por qué basándote en los documentos.**

**Léxico** ▸ p. 144 Activ. prof.: 50 élève: 45

**la construcción**
└ **construir**
**la piedra:** la pierre
**el (la) protagonista:** le héros (l'héroïne)
**cargar:** porter
**estar ambientado(a) / situado(a) en:** se passer / se situer en
**ser testigo de:** être témoin de
**ser una manera de:** être une façon de
**tratar de:** traiter de
**visitar**

# Dosier de documentos

## 1 La Ribera: un barrio en transformación

PÉDAGOGIE DIFFÉRENCIÉE — FICHA Pédago. diff.

↑ La calle de l'Esparteria (oficio de los fabricantes de cestos y zapatillas de fibras vegetales), en el barrio de la Ribera, 2018

prof.: 51 élève: 46

El barrio de la Ribera de Mar de Barcelona, donde se estaba construyendo la iglesia en honor de la Virgen María, había crecido como un suburbio de la Barcelona carolingia, cercada[1] y fortificada por las antiguas murallas romanas. En sus inicios[2] fue un simple barrio de pescadores, descargadores de barcos y todo tipo de gente humilde. Ya entonces existía allí una pequeña iglesia, llamada Santa María de las Arenas, emplazada en un lugar donde supuestamente había sido martirizada santa Eulalia en el año 303. La pequeña iglesia de Santa María de las Arenas recibió ese nombre por hallarse[3] edificada precisamente en las arenas[4] de la playa de Barcelona, pero la misma sedimentación que había hecho impracticables los puertos de los que había gozado la ciudad alejó[5] la iglesia de los arenales que configuraban la línea costera hasta hacerle perder su denominación original. Pasó entonces a llamarse Santa María de la Mar, porque si bien la costa se alejó de ella, no ocurrió lo mismo con la veneración de todos los hombres que vivían del mar.

Allí, en la misma calle de la Mar, se instalaron los plateros; las demás calles recibieron su nombre de los cambistas, algodoneros, carniceros y panaderos, vinateros y queseros, sombrereros, espaderos y multitud de otros artesanos. También se levantó allí una alhóndiga[6] donde se alojaban los mercaderes extranjeros de visita en la ciudad, y se construyó la plaza del Born, a espaldas de Santa María, donde se celebraban justas[7] y torneos. Pero no solo los ricos artesanos se sintieron atraídos por el nuevo barrio de la Ribera; también muchos nobles se trasladaron[8] allí.

1. entourée 2. à ses débuts 3. se trouver 4. sable 5. éloigna 6. mercado y almacén de grano 7. joutes 8. déménagèrent

↑ *La catedral del mar*, Ildefonso Falcones, 2006

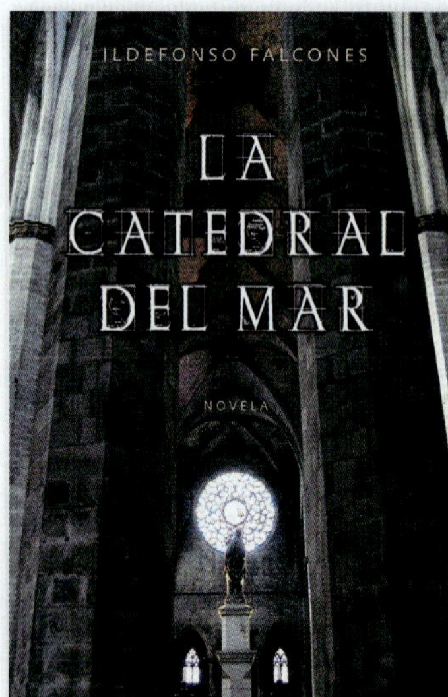


**Anticipa** **a. Mira la imagen y lee la información que la acompaña.**
**¿Por qué crees que esta calle se llama así? Haz una hipótesis.**

Quizá se llama calle de l'Esparteria porque...

**Prepara la tarea** **b. Lee el texto y responde.**

1. ¿Qué civilizaciones vivieron en el barrio de la Ribera de Mar?
2. ¿Por qué la iglesia llevaba el nombre de Santa María de las Arenas?

Porque se construyó en un lugar donde...

**c. Explica quién había vivido antes de los artesanos en la Ribera.**

**d. Lee la nota cultural.**
**¿Crees que el público actual se interesa por la historia medieval de Barcelona? Justifica tu respuesta.**

**✱ NOTA CULTURAL ✱**

***La catedral del mar*** es una **novela** española que cuenta la historia de un chico que participó en la construcción de la iglesia de Santa María del Mar. El libro ha vendido más de un millón de ejemplares y ha inspirado una **serie** de televisión de mucho éxito.

## 2 Un proyecto intergeneracional

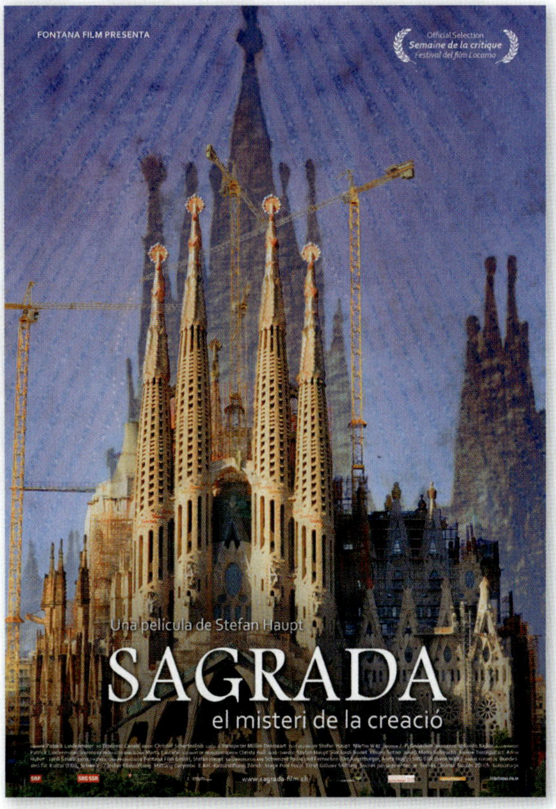


Cartel del documental
*El misteri de la creació*
(El misterio de la creación), 2012

prof.: 52

Audioguía: Sagrada Familia
02:17 Play and Tour, 2016

**LÉXICO DE LA AUDICIÓN:** la obra cumbre: l'œuvre phare • a la que dedicó: a laquelle il consacra • un extenso solar: un grand terrain • atrevido: osé • colocar la primera piedra: poser la première pierre • la discrepancia: la divergence • se reanudan las obras: les travaux reprennent

Anticipa **a. Observa la imagen.**
**Comenta si te gusta esta iglesia y por qué.**

rara | fantástica | solemne | impresionante | recargada | elegante | exagerada | misteriosa

A mí me parece una iglesia...

Prepara la tarea **b. Escucha la audioguía y responde.**

1. ¿Por qué Gaudí se encargó de las obras de la Sagrada Familia?
   Porque Francesc de Paula había...
2. ¿Gaudí pretendía acabar el templo en vida? Razona tu respuesta.
3. ¿Qué pasó con el proyecto después de su muerte?
   Después de la muerte de Gaudí, otros arquitectos...

**c. Completa estas frases sobre la historia de la Sagrada Familia.**

1. El Eixample es el barrio de Barcelona donde...
2. Francesc de Paula es el arquitecto que...
3. Joan Martorell es quien...

**d. Lee esta cita de Gaudí procedente de la audioguía.**
**¿A qué "huella" se refiere? ¿Sucedió lo que él deseaba? Justifícalo.**

*"Dejemos una vigorosa muestra de nuestra huella y que las generaciones futuras sientan el estímulo de continuarla."*

### Gramática

► p. 144 Activ.

- **Le passé simple (irréguliers) (I)**
  ► p. 162 Précis
  SER > 3e pers. fue, fueron
  SENTIR > 3e pers. sintió, sintieron
  En sus inicios, la Ribera fue un barrio de pescadores.
- **Le plus-que-parfait**
  ► p. 163 Précis
  imparfait de haber + participe passé
  El barrio había crecido como un suburbio de la ciudad.
- **Les subordonnées relatives**
  ► p. 172 Précis
  donde, que, quien
  La iglesia se construyó en un lugar donde había sido martirizada Santa Eulalia.
  Francesc de Paula, que / quien había iniciado el proyecto, presentó la dimisión.

### Léxico

► p. 144 Activ. prof.: 53 élève: 47

**el (la) artesano(a)**
**el barrio:** le quartier
**la década:** la décennie
**la gente humilde:** les gens humbles
**la huella:** l'empreinte
**el (la) pescador(a):** le (la) pêcheur(euse)
**raro(a):** étrange
**empezar** [ie] = **iniciar:** commencer ≠ **acabar**
**encargar:** charger
**hacerse cargo de:** se charger de
**presentar la dimisión**
**quemarse:** brûler
**recordar** [ue] = **acordarse de** [ue]

## 3 Fábricas de creación

La fábrica textil Fabra i Coats fue fundada en 1897 por Ferran Puig i Gibert con el nombre de *El Vapor de Fil* (El Vapor de Hilo)

Niños jugando en el patio de Fabra i Coats en una edición del festival Dau Barcelona, dedicado a los juegos, 2017

Cartel de la inauguración de la Fabra i Coats como fábrica de creación en 2012

*** NOTA CULTURAL ***

La **Fabra i Coats** fue una de las **fábricas textiles** más importantes de España y estuvo en funcionamiento desde 1897 hasta 2005. En 2012, después de su rehabilitación, volvió a abrir sus puertas convertida en una **"fábrica de creación"**, un espacio dedicado a festivales, talleres, exposiciones y residencias de artistas.

Anticipa **a. Observa** las imágenes. ¿Qué crees que es una "fábrica de creación"?

**b. Lee** la información de las imágenes y la nota cultural. **Comprueba** tu respuesta.

Mediación **c. Imagina** que eres el (la) monitor(a) de los niños de la fotografía. **Preséntales** el lugar donde se encuentran.

Estáis en un lugar que una vez fue...

**d. Explica** por qué la rehabilitación de la Fabra i Coats es un proyecto para la memoria.

**e. Imaginad** que vais a Barcelona y queréis visitar la Fabra i Coats. **En grupos**, **buscad** actividades en la web de la fábrica. **Poneos de acuerdo** por correo electrónico sobre qué actividad queréis hacer.

**Gramática** ► p. 144 Activ.

- **Le passé simple (irréguliers) (II)** ► p. 162 Précis
  ESTAR > estuvo
  La Fabra i Coats estuvo en funcinamiento hasta 2005.
- **La voix passive** ► p. 170 Précis
  ser + part. passé + por + agent
  La fábrica fue fundada en 1897 por Ferran Puig.

**Léxico** ► p. 144 Activ. prof.: 54 élève: 48

**la fábrica:** l'usine
**el taller:** l'atelier
**acercar a:** familiariser avec
**convertir:** transformer
**dar información sobre:** donner des informations sur
**mantener** [ie] **el recuerdo**
**volver** [ue] **a:** faire qqch. à nouveau

Banco de actividades p. 144



# LA HISTORIA DE LA CIUDAD

## LA MEMORIA

- la huella
- acercar a
- estar en contacto con
- mantener el recuerdo
- recordar = acordarse de
- ser testigo de

## LA TRANSFORMACIÓN

- la construcción
  - └ construir
- las obras
- la rehabilitación
  - └ rehabilitar
- cambiar
- convertir en ≈ transformar en
- encargar
- hacerse cargo de
- empezar = iniciar ≠ acabar
- interrumpir
- reanudar
- quemarse

## LOS LUGARES Y LA GENTE

- el (la) arquitecto(a)
- el (la) artesano(a)
- el barrio
- la calle
- el edificio
- la fábrica
- la gente humilde
- la iglesia ≈ la catedral ≈ el templo
- el (la) noble
- el (la) pescador(a)
- la piedra
- el taller

## LOS LIBROS, LAS SERIES...

- la década
- la Edad Media
- la época romana
- el (la) protagonista
- el público
- el siglo
- dar información sobre
- estar ┌ ambientado(a) en
  - └ situado(a) en
- tratar de

**¡Crea tu propio mapa mental!**
**Organiza** un mapa mental con las categorías "Santa María del Mar", "Sagrada Familia" y "Fabra i Coats", y **escribe** las palabras que has aprendido en cada parte de la unidad.

# Palabras para construir

## 1 Construcciones para expresar la repetición

**a. Observa** las series y **añade** un elemento más a cada una.
Para la tercera fila, **busca** palabras en la unidad.

volver a > empezar > construir > abrir > ...

empezar > construir > abrir > ... > de nuevo

reconstruir > reabrir > rehacer > ...

Pour exprimer la répétition, on peut employer indifféremment **volver a...** et **... de nuevo**. En revanche, le préfixe **re-** ne peut s'utiliser que devant certains verbes (ex. : **reconstruir**).

**b. Completa** una tabla como esta.

| | | |
|---|---|---|
| volver a habilitar | | |
| | abrir de nuevo | |
| | | reescribir |

**c. Escribe** tres frases, con una palabra de cada columna.

# Haz oír tu voz

## La entonación de preguntas y respuestas

prof.: 55 élève: 49

**a. Escucha** y **fíjate** en la entonación de estas frases.
Luego, **léelas** en voz alta imitando la melodía.

**1** ¿Cuándo se empezó a construir la Sagrada Familia?

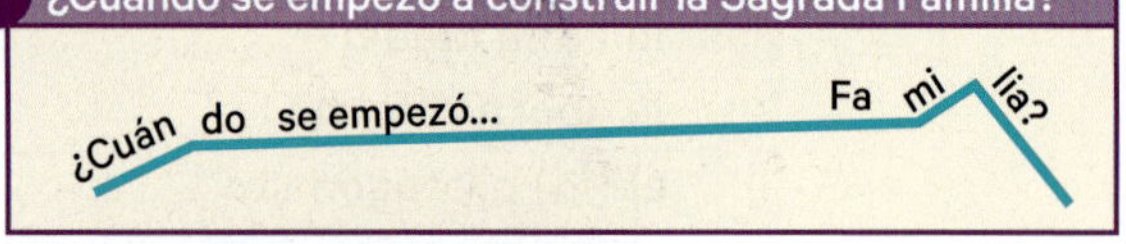


En el siglo XIX.

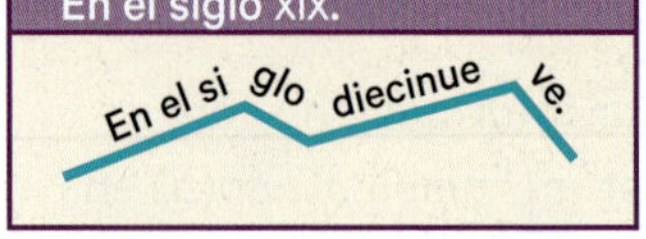


**2** ¿La Sagrada Familia está terminada?

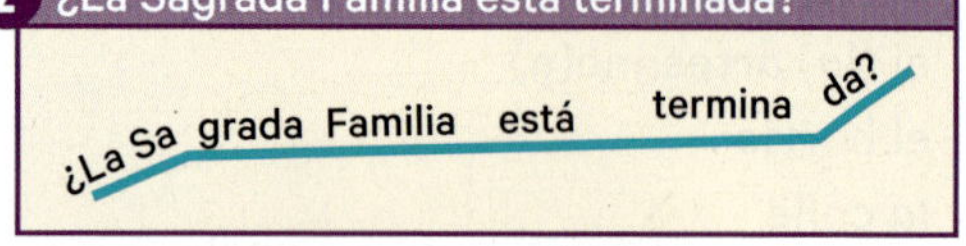


No, no está terminada.

prof.: 56 élève: 50

**b. Vas a escuchar** seis frases.
**Indica** si son preguntas (P) o respuestas (R).

prof.: 56 élève: 50

**c. Vuelve a escuchar** las frases y **escríbelas** en tu cuaderno.
**Añade** los signos de interrogación en las preguntas y un punto final en las respuestas.

N'oubliez pas qu'en espagnol, il faut placer un point d'interrogation au début et à la fin des phrases interrogatives (¿ ?) !

FICHA Grille autoév. FICHA Grille éval.

# Un juego de mesa sobre Barcelona

**Vamos a crear un juego de preguntas y respuestas sobre la historia de Barcelona y a jugar una partida.**

1. En grupos de seis, **cread 12 tarjetas**.
Cada tarjeta tendrá una pregunta sobre uno de estos temas: la basílica de Santa María del Mar (SM), la Sagrada Familia (SF), la fábrica Fabra i Coats (FC) u otro tema relacionado con Barcelona (O).
Tiene que haber **cuatro tarjetas por tema**.

2. **Escribid** preguntas con tres posibles respuestas: solo una será la correcta.

3. **Dibujad un tablero** como el de la imagen.
**Podéis crear** casillas "vuelve a tirar", casillas "trampa" *(gage)* y casillas "premio" *(chance)*.

4. **Escribid las reglas** del juego.

   Se hacen equipos de dos personas. Cuando un equipo tiene el turno, tira el dado y avanza...

5. Hay una regla de oro: ¡solo se puede hablar en español!

6. **Intercambiad** vuestro tablero y vuestras tarjetas con otro grupo.
**Leed** las reglas y... ¡ya **podéis jugar** una partida!

**AYUDA**

**Para gestionar los turnos**
¿A quién le toca?
Nos toca a nosotros.
Tira el dado.
Vuelve a tirar.
Avanza una casilla.
Perdéis el turno.

**Para corregir las respuestas**
No lo sé.
¡Es correcto!
No es correcto.
La respuesta es...

¡Consulta la **ficha de metodología** para obtener más ideas sobre cómo escribir las reglas del juego y cómo jugar!
**www.espacelangues.emdl.fr/puravida**
FICHA Métho-do.

## Épreuve 2

FICHA Méthodo. BAC CE

FICHA Méthodo. BAC EE

**Période**
› classe de Première 3e trimestre

**Durée totale**
› 1 heure 30

**Note globale**
› sur 20 :
10 points → CE
10 points → EE

**Niveaux visés**
› B1-B2 (LVA)
› A2-B1 (LVB)

VERS LE NOUVEAU BAC

### Partie 1 › COMPRÉHENSION DE L'ÉCRIT

***La fiesta de Cartagineses y Romanos se celebra cada año en Cartagena***

**Lee atentamente varias veces el texto que te dará tu profesor(a). Haz un resumen de su contenido en español. Tu resumen debe incluir las respuestas a estas preguntas:**

1. ¿Cómo y cuándo surgió esta celebración?
2. ¿Qué hechos históricos rememora? ¿Por qué?
3. ¿En qué consiste la fiesta?
4. ¿Qué aceptación ha tenido?

### Partie 2 › EXPRESSION ÉCRITE

**Traitez le sujet suivant en espagnol. Répondez en 120 mots au moins (environ 12 lignes).**

**¿Con cuál de los siguientes comentarios sobre el artículo anterior estás más de acuerdo? Justifica tu opinión.**

1. Estas fiestas son importantes porque nos ayudan a recordar nuestra historia y refuerzan nuestra identidad.
2. El objetivo principal de estas fiestas es atraer turistas.
3. Estas celebraciones son solo un pretexto para ir de fiesta.

## Épreuve 3 › 1er temps › | 2nd temps ›

FICHA Méthodo. BAC EO

**Période**
› classe de Terminale 2e trimestre

**Durée du 2nd temps**
› 5 minutes EO
› 5 minutes IO

**Note globale**
› sur 20 :
même nombre de points pour la compréhension (CO + CE) et l'expression (EE + EO/IO)

**Niveaux visés**
› B2 (LVA)
› B1 (LVB)

### 2nd temps › Partie 1 › EXPRESSION ORALE

**Argumenta cuál de estos dos documentos ilustra mejor el eje Territorio y memoria.**

1

↑ Fiesta de Cartagineses y Romanos, recreación de la batalla de Qart Hadast, 2017

2 *"El solitario mexicano ama las fiestas y las reuniones públicas. Todo es ocasión para reunirse. Cualquier pretexto es bueno para interrumpir la marcha del tiempo y celebrar con festejos y ceremonias hombres y acontecimientos. Somos un pueblo ritual."*

Octavio Paz, escritor mexicano, Premio Nobel de Literatura

VERS LE NOUVEAU BAC

## Épreuve 1

FICHA Méthodo. BAC CO

FICHA Méthodo. BAC EE

**Période**
- classe de Première 2e trimestre

**Durée totale**
- 1 heure

**Note globale**
- sur 20 :
  10 points → CO
  10 points → EE

**Niveaux visés**
- B1 (LVA)
- A2-B1 (LVB)

VERS LE NOUVEAU BAC

### Partie 1 > COMPRÉHENSION DE L'ORAL

***El restaurante Els 4 Gats, un vestigio del modernismo***

**Regardez la vidéo trois fois, puis rendez compte de ce que vous avez compris en français, en répondant aux questions suivantes :**

1. Expliquez ce qu'est « Els 4 Gats » et où il se trouve.
2. Quand a-t-il été créé et quelle importance avait-il alors d'un point de vue culturel ?
3. Quelle importance culturelle a-t-il maintenant ?
4. Que peut-on faire aujourd'hui à « Els 4 Gats » ?

vidéo : 16

*Els 4 Gats*, Perlas de Barcelona, 2016

### Partie 2 > EXPRESSION ÉCRITE

**Traitez l'un des deux sujets suivants au choix. Répondez en espagnol, en 120 mots au moins (environ 12 lignes).**

**Sujet 1** Imagina que has estado en Barcelona y has visitado el restaurante Els 4 Gats. Escribe un comentario en una red social de reseñas de ocio. Describe el local y valora tu experiencia (qué has hecho y si te ha gustado).

**Sujet 2** Imagina que una multinacional quiere comprar el restaurante Els 4 Gats para reformarlo y convertirlo en una tienda de ropa. ¿Crees que es normal que se produzcan estas transformaciones? ¿Te parece que el local debería preservarse como era originalmente? Escribe una carta a un periódico exponiendo tu opinión sobre cuál debería ser la función de este local.

# Más documentos para disfrutar

## Unidad 7. Fiestas históricas

### NARRATIVA

***Vamos de fiesta***, Clara Villanueva y Josefina Fernández, 2016

***Aires de fiesta latina***, Clara Villanueva y Josefina Fernández, 2008

### POEMA

***Las fiestas de mi pueblo***, Carmelo Sancho Liarte, 2010

### CAMPAÑAS

***Fiesta de moros y cristianos. De interés turístico internacional***, Alcoy Turismo, 2018

***Spot carnaval de Oruro 2019***, Roncon Music, 2019

### REPORTAJE

**"En Bolivia se celebra el día de la Pachamama"**, teleSUR, 2011

### PELÍCULA

***Coco***, Lee Unkrich y Adrián Molina, 2017

### DOCUMENTAL

***Las fallas de Valencia***, producción de Adarve Producciones para el Ayuntamiento de Valencia, 2017

↑ Mujeres vestidas de falleras (traje tradicional de las fallas de Valencia)

## Unidad 8. Un museo en construcción

### LITERATURA

***Los mares del sur***, Manuel Vázquez Montalbán, 1952

### SERIES

***La catedral del mar***, Antena 3, 2018

***Pepe Carvalho***, RTVE, 1999-2004

### CAMPAÑA TURÍSTICA

***Love Casa Batlló***, Nueveojos, premiado en el Festival Internacional de Filmes Turísticos de Riga, 2014

### ARTE

***La Sagrada Familia***, Ernest Descals Pujol, 2013

### CÓMIC

***Gael y el arte de la traición***, Ernesto Rodríguez, 2018

***La catedral del mar: el cómic basado en el best-seller***, Ildefonso Falcones, 2018

### DOCUMENTALES

**"Peridis y la casa Milá", *Aquí la tierra***, RTVE, 2018

***Hijo@s del 92***, RTVE, 2017

***Barcelona, la rosa de foc***, Manuel Huerga, 2014

**Basílica de la Sagrada Família. Bienvenidos al Templo**, Basílica de la Sagrada Família, 2014

### CANCIÓN

***Barcelona***, Freddie Mercury y Montserrat Caballé, 1988

EJE 5

# INNOVACIONES CIENTÍFICAS Y RESPONSABILIDAD

## 9 Humanos y robots

**TAREA FINAL**

Imaginar un robot y presentarlo en un salón de robótica

EJE 6

# ESPACIO PRIVADO Y ESPACIO PÚBLICO

## 10 La revolución de las mujeres

**TAREA FINAL**

Dar un discurso en homenaje a una mujer española el Día Internacional de la Mujer

# 9 Humanos y robots

## ¿Qué retos plantea la inteligencia artificial en el mundo hispano?

**GRAMÁTICA**
- *Le futur*
- *Le conditionnel*
- *Les subordonnées relatives*
- *Les pronoms COD et COI*
- *La comparaison*

**LÉXICO**
- Los robots
- Construcciones para describir objetos con **ser** y **estar**

**PRONUNCIACIÓN**
- Las vocales en contacto

**TAREA FINAL**

**Imaginar un robot y presentarlo en un salón de robótica**

**A**

*Universo*, Albert Monteys, España, 2018

**B**

*Robocracia*, Ivanper & Igor, España, 2018

C

"Cibercafé", Juan Samu, Exposición *Experimento año 2100. ¿Qué nos espera en la Tierra del futuro?*, España, 2018

## ¡EMPECEMOS!

FICHA Image

**a. Observa las tres imágenes.**
**Relaciona cada una de estas frases con una o varias imágenes.**

1. Habrá robots con forma humana o de animales.
2. Existirán parejas mixtas de humanos y robots.
3. Los robots serán inteligentes y tendrán sentimientos.
4. Las máquinas dominarán el mundo y usarán a los humanos como mascotas.

**b. Comenta cuál de las tres viñetas ilustra mejor el futuro para ti.**

Yo imagino el futuro como la viñeta...
Creo que, en el futuro, los robots serán...

**c. Elige una de las tres viñetas.**
**Describe qué retos plantea para los humanos esta situación.**

**Léxico** ► p. 145 Activ. prof.: 57 élève: 51

**la inteligencia artificial**
**la máquina:** la machine
**la mascota:** l'animal de compagnie
**la pareja:** le couple
**los sentimientos**
**dominar ≈ controlar**
**enamorarse:** tomber amoureux(euse)
**relacionarse (con):** fréquenter
**superar:** dépasser

## 1 Robots emocionales

No es de extrañar[1] que la tecnología y la ciencia, que cada vez avanzan a pasos más agigantados[2], se unan en numerosas ocasiones para intentar combatir enfermedades. Este es el caso de Aisoy, un robot alicantino, con inteligencia artificial que podría ayudar a las personas con el trastorno del espectro autista (TEA), sobre todo en la infancia y la niñez.

↑ Anuncio del Robot Aisoy, España, 2018

La función de esta máquina sería favorecer el desarrollo[3] emocional de los jóvenes con autismo y daños cerebrales[4]. El responsable de Aisoy, José Manuel del Río, ha asegurado que facilita el acercamiento[5] a niños "a los que es difícil acceder emocionalmente". Con este robot, los más pequeños de la casa que sufran este trastorno podrán entablar una íntima relación con Aisoy, pues no los juzga, solo los acompaña.

Aisoy está programado para incentivar[6] y mejorar las habilidades cerebrales, emocionales y sociales del niño. Además, gracias a la inteligencia artificial que posee, puede almacenar experiencias que viva con su "dueño"[7] y reaccionar con respuestas a la altura de un ser humano corriente. Esto se debe a unos sensores, como el del tacto, otro para tener diferentes posturas corporales, un micrófono que detecta el habla o una cámara que le permite detectar rostros[8], gracias a códigos QR, en donde almacena esa información y que utiliza en su interacción con el niño.

← "La tecnología da un paso más para luchar contra el autismo", *Columna Cero*, España, 2018

1. Il n'est pas étonnant 2. de géant 3. favoriser le développement 4. dommages cérébraux 5. rapprochement 6. stimuler 7. propriétaire 8. visages

**Anticipa** **a.** **¿Qué robots reales o ficticios conoces? ¿Son capaces de expresar emociones?**

**b. Observa el anuncio y la imagen de Aisoy, y responde.**

1. ¿De qué es capaz este robot?
2. ¿A quién crees que va dirigido?

**c. Lee el artículo sobre este robot.**
**Indica si las siguientes afirmaciones son verdaderas o falsas.**
**Justifica tus respuestas con frases del texto.**

1. Aisoy es un robot inteligente que ayuda a niños con autismo.
2. Este robot corrige a los niños cuando reaccionan de forma negativa.
3. Aisoy puede interaccionar con la gente y recordar estas interacciones.

**Prepara la tarea** **d. En parejas, cread un breve anuncio de Aisoy para la radio.**

Aisoy, el robot con... que ayudará a...

## 2 Inteligencia artificial en casa

PÉDAGOGIE DIFFÉRENCIÉE

FICHA Pédago. diff.

vídeo: 09

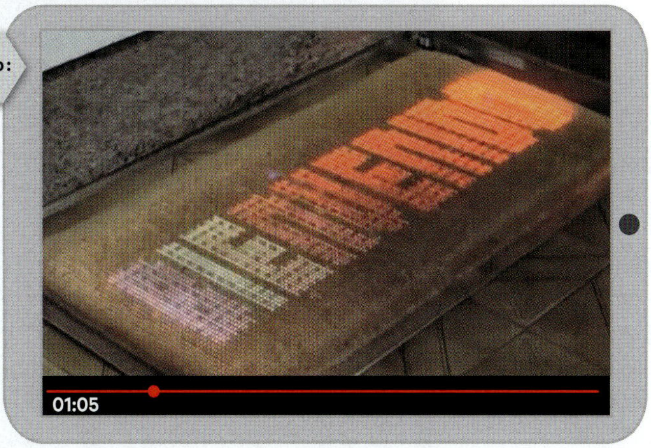


↑ *La casa del futuro*, Arnet, Argentina, 2010

**LÉXICO DEL VÍDEO:** el felpudo: *le paillasson* • cajones de soda: *caisses de soda* • si te mangan una rifa: *si on te demande de participer à une loterie* • el diario: *le journal* • la pared digital: *le mur numérique*

prof.: 58

Los peligros del internet de las cosas
01:30 — *Cacharradas*, Cadena SER, 2018

**LÉXICO DE LA AUDICIÓN:** *Roomba*: robot aspirador • domótica: sistema de automatización de las instalaciones de una casa • lo que nos falta: ce qui nous manque • sin enterarnos: sans que nous nous en rendions compte • la cámara del portátil: la caméra de l'ordinateur portable

Anticipa **a. Fíjate en las imágenes del vídeo sobre una casa del futuro. ¿Qué características especiales tienen los objetos que hay en ella?**

**b. Mira el vídeo sobre la casa del futuro. Describe los siguientes objetos que aparecen en él.**

1. Tienen un felpudo que...
2. Usan una tostadora que...
3. Hay una pared en la que...

Anticipa **c. Piensa en los objetos que están conectados a internet en tu casa. ¿Utilizáis alguna medida de seguridad? ¿Cuál(es)?**

En mi casa tenemos / hay...
Como seguridad utilizamos... / tenemos instalado(a)...

**d. Escucha el programa de radio. ¿Cuál(es) de estos peligros se mencionan?**

1. Si hackean nuestro sistema, podrían entrar en nuestra casa y robarnos.
2. Los aparatos decidirán lo que tenemos que comer y dónde comprarlo.
3. Desde nuestras redes sociales, podrían controlar nuestros aparatos.
4. La cámara de seguridad para evitar robos podría espiarnos y grabarnos sin nuestro consentimiento.

Prepara la tarea **e. En grupos, vais a crear robots para la casa. Cada uno(a) imagina un robot. Escribe para qué servirá y pasa el papel a un(a) compañero(a). Añade una característica en el papel de tu compañero y pásalo. El (La) último(a) estudiante lee todo el texto y da nombre al robot.**

**Gramática** ► p. 145 Activ.

• **Le futur** ► p. 164 Précis
Las neveras comprarán la comida por internet.
Los robots podrán interpretar las emociones.

• **Le conditionnel** ► p. 164 Précis
Su función sería acompañar a los niños con autismo.
Podrían espiarnos desde nuestra cámara.

• **Les subordonnées relatives** ► p. 172 Précis
préposition + el / la / los / las + que
Una pared en la que se puede consultar internet.
Un robot con el que hablo.

**Léxico** ► p. 145 Activ. prof.: 59 élève: 52

**la banda ancha:** le haut débit
**la nevera:** le réfrigérateur
**el peligro = la amenaza:** le danger
**el sensor:** le capteur
**almacenar:** stocker
**combatir enfermedades:** lutter contre des maladies
**estar conectado(a) a**
**estar programado(a) para**
**estar sincronizado(a) con**
**expresar emociones**
**grabar:** filmer
**robar:** voler
**tener [ie] instalado(a)**

# Dosier de documentos

## 3 Humanos y robots en el futuro

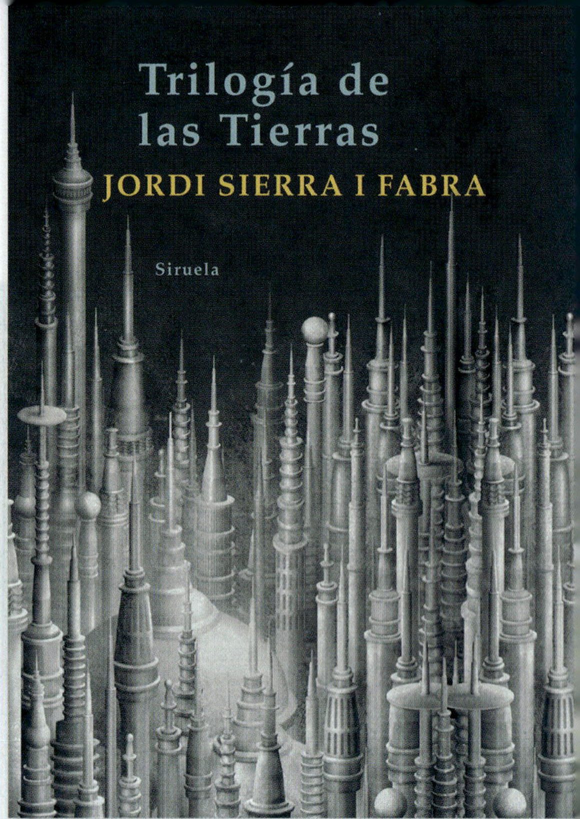


Jordi Sierra i Fabra, *Trilogía de las Tierras*, España, 2008

prof.: 60
élève: 53

*El científico Hal Yakzuby está analizando una encuesta sobre las relaciones entre hombres y máquinas en el espacio.*

Leyó algunas de las respuestas, indistintamente, sin orden. [...]

"Los humanos son una gran ayuda. Carecen de lógica y continúan siendo demasiado emotivos, pero resultan por ello[1] sorprendentes y singularmente atractivos" (androide, clase 8).

"Es lógico que nosotros realicemos el trabajo más pesado y que los humanos vivan felices. No se trata de sumisión ni esclavitud, según creo yo. Nosotros no nos cansamos, y somos más competentes" (robot, clase 5). [...]

"Las máquinas gobiernan porque es justo que sea así. [...] De no ser por[1] las máquinas no se habría sobrevivido al Gran Holocausto, que está ahí, en la historia antigua, como prueba de nuestra debilidad. Sí, nosotros las hicimos; pero ellas tienen el poder merecidamente[2]" (hombre, asistente en los Laboratorios Alb).

"Yo tenía un perrito... y un día me mordió. Tuve que ir al centro de asistencia. Ahora, en cambio, tengo un pequeño autómata de juguete y es perfecto. Es mi mejor amigo. Lo quiero mucho" (niña, hija de un miembro del Comité de Tráfico Intercomunitario).

"¿Los sentimientos?... Bien, es obvio que se ha alcanzado[3] la perfección absoluta en todo lo concerniente a cerebros electrónicos, ordenadores, computadoras... Pero perfección equivale a lógica. Las máquinas han llegado a tener sentimientos, y los tienen; pero ¿qué es un sentimiento enfrentado a la lógica? En otros tiempos ya se discutió todo esto, y no sirvió más que para crear el caos. Había cosas como..., bueno, ya sabe, el alma y todo eso. Me parece bien para los humanos; pero ¿de qué le serviría a una máquina tener alma[4], al menos como la entienden los humanos?" (androide, clase 4).

1. ils en sont de ce fait 2. à juste titre 3. on a atteint 4. âme

**a. Observa la portada del libro y descríbela.**
**¿Qué tipo de novela es?**

**b. Lee el texto y contesta.**
**Justifica tus respuestas.**

1. ¿A qué se dedican las máquinas? ¿Y los humanos?
   Los robots se dedican a...
2. ¿Qué ventajas presentan las mascotas robot frente a los seres vivos?
   Las mascotas robot no son tan... como... / son más... que...
3. Según la última opinión, ¿son mejores los robots con sentimientos?

**c. ¿Cómo es la convivencia entre humanos y máquinas?**
**Opina sobre la situación que plantea esta novela.**
**¿Te parece preocupante?**

### Gramática ► p. 145 Activ.

- **Les pronoms COD à la 3e pers.** ► p. 159 Précis
  lo / la / los / las
  Lo quiero mucho.
- **Les pronoms COI à la 3e pers.** ► p. 159 Précis
  le / les
  ¿De qué le serviría a una máquina tener alma?
- **La comparaison** ► p. 158 Précis
  réguliers : más / menos + adjectif + que ; tan + adjectif + como
  irréguliers : mejor / peor / mayor / menor + que
  Los humanos no son tan lógicos como los robots.
  Los robots son mejores que los humanos gobernando.

### Léxico ► p. 145 Activ.

prof.: 61
élève: 54

**la ciencia ficción**
**los trabajos pesados:** les travaux pénibles
**débil ≠ fuerte**
**emotivo(a):** émotif(ive)
**fiable**
**(im)previsible**
**cansarse:** se fatiguer
**carecer de:** manquer de
**estar capacitado(a) para:** être qualifié(e) pour
**servir [i] para:** servir à

Banco de actividades p. 145



# LOS ROBOTS

## LAS FUNCIONES

estar programado(a) para / servir para
- acompañar
- combatir enfermedades
- favorecer el desarrollo
- gobernar
- hacer trabajos pesados

## LAS CARACTERÍSTICAS

con
- forma de humano
- inteligencia artificial

estar
- conectado(a) a internet
- sincronizado(a)

ser capaz de
- almacenar información
- espiar
- grabar
- interactuar

tener instalado(a)
- un antivirus
- una cámara
- un micrófono
- un sensor

## COMO HUMANOS

### LAS CUALIDADES

carecer de
- lógica
- sentimientos

cansarse

ser
- débil ≠ fuerte
- emotivo(a)
- feliz
- fiable
- (im)previsible
- inteligente
- lógico(a)
- perfecto(a)
- sorprendente

### LAS RELACIONES Y LOS SENTIMIENTOS

la mascota
la pareja
dominar ≈ controlar
enamorarse
expresar
- emociones
- sentimientos

relacionarse
superar

## LOS OBJETOS INTELIGENTES

el androide
la ciencia ficción
el felpudo
la máquina
la nevera
las persianas
la tostadora

**¡Crea tu propio mapa mental!**
**Piensa** en los aparatos y objetos inteligentes que hay en tu entorno. **Busca** en un diccionario otras palabras que necesites y **crea** tu mapa.

# Palabras para construir

## 1 Construcciones para describir objetos con *ser* y *estar*

**a. Observa las siguientes series de palabras.**
**Continúalas con palabras de la unidad.**

ser > un robot > con > forma de humano
> inteligencia artificial
> ...

ser > ideal > para > niños con autismo
> hacer las tareas
> ...

ser capaz > de > almacenar > información
> interaccionar > con naturalidad
> ...

estar > conectado(a) > a > la banda ancha > ...
> programado(a) > para > interaccionar > ...
> sincronizado(a) > con > tu móvil > ...
> instalado(a)

(!) Apprenez avec quels mots on associe fréquemment **ser** et **estar** ! Cela vous aidera à employer ces deux verbes de façon correcte.

# Haz oír tu voz

## Las vocales en contacto

**prof.:** 62
**élève:** 55

**a. Escucha estas frases.**
**Fíjate en la pronunciación de las letras destacadas.**

1. La tecnología avanza a pasos agigantados.
2. La inteligencia artificial podría ayudar a las personas autistas.
3. La función de esta máquina es favorecer el desarrollo emocional.
4. Mi invención sirve para acompañar a mis abuelos al médico.

**b. ¿Qué pasa cuando hay dos vocales idénticas entre palabras?**
**Lee la caja violeta y comprueba tu respuesta.**

**c. Lee en voz alta las frases anteriores.**

(!) En espagnol, quand un mot se termine par une voyelle et que le mot suivant commence par cette même voyelle, on fusionne la prononciation des deux lettres.

Pensez-y lorsque vous vous exprimez à l'oral !

FICHA Grille autoév.

FICHA Grille éval.

# Un robot para un salón de robótica

**Vamos a imaginar un robot con inteligencia artificial y presentarlo en un salón de robótica.**

1. **Dividid** la clase en grupos.
   Cada grupo presentará un robot.
2. Cada grupo **decide** qué tipo de robot va a presentar.
   **Revisad** los ejemplos que habéis visto en la unidad para inspiraros.
   **Pensad en**:

   a quién va dirigido | para qué servirá | las ventajas de su uso | sus características técnicas | qué será capaz de hacer
3. **Redactad** el guion de vuestra presentación teniendo en cuenta los aspectos del punto anterior.
4. **Haced** un dibujo o un *collage* de vuestro robot.
5. **Ensayad** la presentación en voz alta.
6. **Presentad** vuestro robot a la clase.
7. Entre todos **elegid** el robot más útil, el más seguro y el más original.

**AYUDA**

**Para hablar de los usuarios**
Es ideal / perfecto para personas / niños / jóvenes que...

**Para presentar las características**
Tiene instalado(a)...
Será capaz de...
Estará conectado(a) a...

**Para presentar las funciones**
Servirá para...
Estará programado(a) para...

**Para presentar las ventajas**
Será más / menos... que
(No) será tan... como
Será mejor que...

¡Consultad la **ficha de metodología** para obtener ideas para hacer una presentación oral!
**www.espacelangues.emdl.fr/puravida**

FICHA Métho-do.

# 10 La revolución de las mujeres

## ¿Cómo han conseguido las mujeres españolas el reconocimiento de sus derechos?

**GRAMÁTICA**

- *Les temps du passé : imparfait de l'indicatif et passé simple*
- *Les indicateurs de temps*
- **Tardar** *+ période de temps +* **en** *+ infinitif*
- **Acabar** *+ gérondif*
- *L'expression de l'opinion :* **(no) es justo que** *+ subjonctif*

**LÉXICO**

- Las mujeres
- Verbos con y sin pronombre: **dedicar(se), quedar(se)**

**PRONUNCIACIÓN**

- La pronunciación de **j** y **r**

**TAREA FINAL**

**Dar un discurso en homenaje a una mujer española el Día Internacional de la Mujer**

A

Cartel de Higi Vandis para la Biblioteca de la Diputación de Bilbao, 2016

B

Portada del cómic *Mentiras para ser una mujer de verdad*, Rocío Salazar, 2016

C

Cartel de la Jornada de empoderamiento "El trabajo invisible de las mujeres", Gobierno de Cantabria, 2018

## ¡EMPECEMOS!

**a. Observa la imagen A y responde.**

1. ¿Qué tipo de documento es? ¿Cuál es su objetivo?
   Es un... Su objetivo es reclamar...
2. ¿Qué papeles suelen tener los personajes masculinos en los cuentos infantiles? ¿Y los personajes femeninos?
   En la literatura infantil, los chicos suelen ser... y las chicas...
3. ¿Cómo interpretas la frase "Seré mi propia heroína"?

**b. Observa el documento B. ¿A qué mentiras se puede referir el libro? ¿Qué crees que es una mujer de verdad?**

Es mentira que para ser una mujer de verdad las mujeres tengan que...

**c. Observa el documento C.**
**¿En qué consiste el trabajo invisible de las mujeres?**
**¿Por qué es invisible?**

**Léxico** ► p. 146 Activ. **prof.:** 63 **élève:** 56

**el aspecto:** l'apparence
**el héroe (la heroína)**
**la persona mayor:** la personne âgée
**la princesa**
**el príncipe azul:** le prince charmant
**las tareas del hogar:** les tâches ménagères
**delicado(a) ≠ fuerte**
**sexista**
**cuidar de = ocuparse de**
**depilarse:** s'épiler
**hacer la compra:** faire les courses
**maquillarse:** se maquiller

# Dosier de documentos

## 1 La mujer que dijo "basta[1]"

Portada del libro *La mujer que dijo basta*, Charo Nogueira, 2018

prof.: 64 élève: 57

–Charo, te molesto porque quiero dejar un testamento.

Al otro lado de la línea telefónica, una voz familiar. Ana María Pérez del Campo, de 82 años, presidenta de la Federación de Asociaciones de Mujeres Separadas y Divorciadas. Una veterana del feminismo desde los tiempos de la dictadura deseaba que la periodista Charo Nogueira, especialista en igualdad, contase su ancho[2] periplo vital.

En los años sesenta, Ana María estaba casada, había alumbrado[3] dos hijos y tenía otro en camino. "Aquello no era un matrimonio y dije basta", relata firme[4] como una roca en el vídeo de promoción del libro. "Entonces se dio cuenta de todo, de que no podía hacer nada sin el permiso de su marido, de que el matrimonio civil era simbólico, porque para poder contraerlo[5] había que apostatar[6]", relata Nogueira. La joven madre tardó[7] nueve años en tener la sentencia de separación que dictaba el tribunal eclesiástico. El divorcio, claro, no existía.

¿Qué resulta singular en la trayectoria de Ana María? "Básicamente es la historia de una señora de origen aristocrático que acaba siendo feminista a través de su experiencia personal y de una reflexión sobre todo lo que le ocurre". Es también una pionera. "Es la primera que, en pleno franquismo, en 1973, logra la legalización de una asociación de mujeres separadas, cuando la mayoría de estas, como dice ella, iban a la iglesia a rezar[8] para que volvieran los maridos".

**1.** ça suffit **2.** (ici) vaste **3.** avait mis au monde **4.** déterminée **5.** contraer matrimonio = casarse **6.** renoncer à sa religion **7.** mit **8.** prier

"Cómo una señora bien se hizo feminista en pleno franquismo", *El País*, 2017

**Anticipa** **a. Observa la portada del libro.**
**¿Quién lo ha escrito?**
**¿Sobre quién trata? ¿Por qué es un tema importante?**

**b. Lee el texto hasta la línea 17 y responde.**

1. ¿A qué dijo "basta" Ana María?
2. ¿Qué descubrió Ana María cuando decidió separarse de su marido?
3. ¿Por qué fue tan difícil para ella separarse de su marido?

   Fue difícil porque en aquella época...

**c. Lee resto del texto y responde.**

1. ¿Por qué Ana María es ahora feminista?
2. ¿Qué consiguió para el colectivo de mujeres?

**Prepara la tarea** **d. ¿Cómo contribuyó A. M. Pérez del Campo a cambiar la sociedad española?**
**Explícalo por escrito. Puedes usar estas palabras u otras.**

la mentalidad | hacer evolucionar | las relaciones

## 2 100 años en femenino

PÉDAGOGIE DIFFÉRENCIÉE | FICHA Pédago. diff. | FICHA Image

Ilustración de Ana Oncina y Álex Giménez, 2012

vidéo: 10

"La mujer española, protagonista de un siglo", Agencia EFE, 2012

**LÉXICO DEL VÍDEO:** Falange: partido político de ideología fascista • Transición: período entre la muerte de Franco y el principio de la democracia en España (1975-1982) • mujer hogareña: femme au foyer • sumisa: soumise

**Anticipa** **a. Observa** la ilustración y **descríbela** en una o dos frases. ¿Qué crees que simboliza el fuego? ¿Quiénes son las "aliadas"?

**Prepara la tarea** **b. Mira** el vídeo. En la exposición se habla de cuatro etapas clave para las mujeres en España. ¿Qué pasó en cada una? ¿Qué etapas fueron positivas para los derechos de las mujeres?

| | |
|---|---|
| Alrededor de 1911 | Accedieron a los mismos estudios y profesiones que los hombres. |
| De 1920 a 1939 | |
| Dictadura franquista (1939-1975) | |
| Etapa democrática (1975-en adelante) | |

**c. Imagina** que participas en un foro de discusión sobre este vídeo. **Escribe** un comentario sobre esta cita. **Reacciona** a los comentarios de otros compañeros.

*"La igualdad es legal, pero no del todo real."*

(No) Estoy de acuerdo porque...

### Gramática
► p. 146 Activ.

- **Les temps du passé** ► pp. 162, 163 Précis
  imparfait de l'indicatif, passé simple
  Aquello no era un matrimonio y dije basta.
- **Les indicateurs de temps** ► p. 162 Précis
  en aquella época; a principios de...; durante la etapa...
  En aquella época las mujeres no tenían poder.
- ***Tardar* + période de temps + *en* + infinitif** ► p. 169 Précis
  Tardó nueve años en divorciarse.
- ***Acabar* + gérondif** ► p. 169 Précis
  Acabó siendo feminista.

### Léxico
► p. 146 Activ.

prof.: 65 élève: 58

**el aborto:** l'avortement
**el avance:** l'avancée
≠ **el retroceso:** le recul
**la (des)igualdad:** l'(in)égalité
**casado(a):** marié(e)
**conseguir** [i] = **lograr:** obtenir / réussir à
**evolucionar:** évoluer
**sigue habiendo:** il y a toujours
**tener** [ie] **derecho a:** avoir le droit de
**tener** [ie] **permiso (de / para):** avoir l'autorisation de

## 3 Paramos para cambiarlo todo

La Escuela de Negocios de la Innovación y los Emprendedores, 2016

**LÉXICO DE LA INFOGRAFÍA:**
el mercado laboral: le marché du travail • excedencias por cuidado familiar: congé parental

vidéo : 11

"Movilización histórica por la igualdad de las mujeres", *El País*, 2018

**LÉXICO DEL VÍDEO:**
el éxito: le succès • los gritos: les cris • que quedará para la historia: dont l'Histoire se souviendra • un caso aislado: un cas isolé • como bandera: comme drapeau

**Gramática** ► p. 146 Activ.

- **L'opinion** ► p. 166 Précis
  (no) es justo que + subjonctif
  (no) es lógico que + subjonctif
  me parece indignante que + subjonctif

  No es justo que las mujeres cobren menos que los hombres.

Anticipa **a. Observa** el gráfico y **comenta** los datos que aporta.
¿Te parece justa la situación de las mujeres? ¿Por qué?

Solo el / un 53,7 % de las mujeres...
Las mujeres cobran menos... / dedican más horas al día a...
Aunque hay más mujeres con estudios, hay...
(No) Es justo que...

**b. Mira** el vídeo y **responde**.

1. ¿Cuáles son las reclamaciones de las manifestantes?
   Las manifestantes reclaman... / quieren denunciar...
2. ¿Por qué crees que fue una huelga histórica?

**c. Lee** esta frase del vídeo.
¿Cuál crees que puede ser el papel de los hombres?

*"Los hombres tenemos un papel muy importante, para que la igualdad sea real."*

Prepara la tarea **d.** ¿Te parece una huelga necesaria?
**Justifica** tu respuesta por escrito.

**Léxico** ► p. 146 Activ. prof. : 66 élève : 59

**la brecha salarial:** l'écart salarial
**la denuncia:** la plainte
**la oportunidad:** l'opportunité
**el salario:** le salaire
**el techo de cristal:** le plafond de verre
**orgulloso(a):** fier (fière)
**cobrar:** gagner (de l'argent)
**darse cuenta de:** se rendre compte de
**dedicar más / menos horas a:** consacrer plus / moins d'heures à
**estar a la vanguardia:** être à l'avant-garde
**hacer huelga:** faire la grève
**tener [ie] miedo (a / de):** avoir peur de
**visibilizar:** rendre visible

⇢ Banco de actividades p. 146



# LAS MUJERES

## LA DESIGUALDAD

### EL TRABAJO INVISIBLE

la persona mayor
las tareas del hogar
= las tareas domésticas
hogareño(a)
dedicar más / menos tiempo
cuidar de = ocuparse de
hacer la compra

### EL MUNDO LABORAL

la brecha salarial
la excedencia
las oportunidades
el salario
el techo de cristal
cobrar

### LOS ESTEREOTIPOS

el aspecto físico
el héroe (la heroína)
la princesa
el príncipe azul
delicado(a) ≠ fuerte
sumiso(a)
depilarse
maquillarse

## LA VISIBILIZACIÓN

### LOS DERECHOS SOCIALES

el aborto
el divorcio
el matrimonio
la separación
estar casado(a) ≠ estar divorciado(a) / separado(a)
pedir permiso (a / para)
tener derecho a
tener permiso (de / para)

### DECIR "BASTA"

la abolición
el avance
≠ el retroceso
la discriminación
la familia patriarcal
el grito
el machismo
sexista
conseguir = lograr

darse cuenta de
denunciar
∟ la denuncia
estar a la vanguardia
evolucionar
hacer huelga
manifestarse
∟ la manifestación
visibilizar

**¡Crea tu propio mapa mental!**
En parejas, **escoged** las veinte palabras que os parezcan más importantes y **construid** vuestro propio mapa.

# Palabras para construir

Banco de actividades p. 146

## 1 Verbos con y sin pronombre: *dedicar(se)*, *quedar(se)* y *cuidar(se)*

**a. Observa cómo se construyen estos verbos. ¿Cómo los traducirías al francés?**

dedicar > mucho tiempo > a > las tareas domésticas
dedicar > más tiempo > a > las tareas domésticas > que > los hombres

dedicarse > a > cantar / la música

quedar > con > un(a) amigo(a) / María

quedarse > en > casa

cuidar > de > los hijos / las personas mayores

cuidarse > mucho / poco

! Certains verbes changent de sens lorsqu'ils sont utilisés de façon pronominale.

**b. Piensa en personas que conozcas. Escribe tres frases con los verbos anteriores.**

# Haz oír tu voz

## La pronunciación de *j* y *r*

prof.: 67 élève: 60

**a. Escucha las palabras. Di si se escriben con j (mujer) o con r (revolución).**

| | | | |
|---|---|---|---|
| 1. mujer | 4. he...oína | 7. ...econocer | 10. ca...a |
| 2. revolución | 5. traba...o | 8. de...echo | 11. ma...ido |
| 3. homena...e | 6. ...usto | 9. pa...ar | 12. ...ornada |

prof.: 68 élève: 61

**b. Escucha las palabras anteriores que tienen r. Clasifícalas en una tabla como esta.**

| La r suena fuerte | La r suena suave |
|---|---|
| revolución, ... | heroína, ... |

prof.: 67 élève: 60

**c. Vuelve a escuchar las palabras y repítelas.**

! En espagnol, la lettre **j** (**mujer**) se prononce un peu de la même façon que la lettre **r** en français dans des mots tels que « car » ou « hier ».

Rappelez-vous que la prononciation du **r** espagnol peut être forte dans des mots comme **revolución** ou plus légère dans des mots comme **heroína**.

FICHA Grille autoév. FICHA Grille éval.

# Un discurso sobre mujeres que cambiaron el mundo

Mediación

**Vamos a dar un discurso en homenaje a una mujer española el Día Internacional de la Mujer.**

**1.** En parejas, **escoged** uno de estos campos temáticos.

música · pintura · literatura · cine · ciencia y tecnología

**2.** **Escribid** en un buscador de internet "pioneras españolas de" y el nombre del campo temático que habéis elegido.

**3.** **Elegid** a la mujer a quien queréis homenajear. **Buscad** información sobre ella en internet.

**4.** **Escribid** un guion con la información más importante.
**Debéis indicar**:
- quién es,
- en qué época vivió,
- cuáles fueron sus principales logros,
- por qué es un ejemplo para las mujeres.

**5.** Entre los dos, **pronunciad** vuestro discurso.

**6.** Cuando acabéis, vuestros compañeros **deberán haceros tres preguntas**.

¡Consultad la **ficha de metodología** con ideas para mejorar vuestra expresión oral y triunfar con vuestro discurso!
**www.espacelangues.emdl.fr/puravida**

FICHA Métho-do.

**AYUDA**

**Para captar la atención**
¿Sabíais que...?
¿Habéis oído hablar de...?
¿Os suena...?

**Para hablar de los logros**
Fue la primera mujer que...
Fue pionera en...
Logró...
Consiguió...
Estaba a la vanguardia de...

**Para organizar las ideas**
Por un lado...
Por otro lado...
En primer lugar...
Además...
Finalmente...

## Épreuve 1

**Période**
› classe de Première
2e trimestre

**Durée totale**
› 1 heure

**Note globale**
› sur 20 :
10 points → CO
10 points → EE

**Niveaux visés**
› B1 (LVA)
› A2-B1 (LVB)

VERS LE NOUVEAU BAC

FICHA Méthodo. BAC CO

FICHA Méthodo. BAC EE

### Partie 1 › COMPRÉHENSION DE L'ORAL

*La primera robot humanoide española*

Regardez la vidéo trois fois, puis rendez compte de ce que vous avez compris en français.

vidéo : 17

*La primera robot humanoide española*, Antena 3, 2017

### Partie 2 › EXPRESSION ÉCRITE

Traitez le sujet suivant en espagnol. Répondez en 120 mots au moins (environ 12 lignes).

"Los robots serán más humanos que los humanos, más inteligentes y más éticos". ¿Estás de acuerdo con esta afirmación? Expón tu opinión.

## Épreuve 2

**Période**
› classe de Première
3e trimestre

**Durée totale**
› 1 heure 30

**Note globale**
› sur 20 :
10 points → CE
10 points → EE

**Niveaux visés**
› B1-B2 (LVA)
› A2-B1 (LVB)

VERS LE NOUVEAU BAC

FICHA Méthodo. BAC CE

FICHA Méthodo. BAC EE

### Partie 1 › COMPRÉHENSION DE L'ÉCRIT

*La relación entre humanos y robots*

Lee atentamente varias veces el texto que te dará tu profesor(a). Haz un resumen de su contenido en español. Debes comentar los siguientes puntos:

1. ¿A qué género literario pertenece el texto?
2. ¿Qué personajes hablan?
3. ¿Quién es el protagonista de la historia?
4. ¿Se presenta un punto de vista positivo o negativo en la relación entre humanos y robots? ¿Por qué?

### Partie 2 › EXPRESSION ÉCRITE

Traitez le sujet suivant en espagnol. Répondez en 120 mots au moins (environ 12 lignes).

Imagina una continuación para la historia que has leído antes. ¿Encontrarán en las encuestas opiniones que disgustarán al Consejo de Mando? ¿Las harán públicas? ¿Afectará a la convivencia entre máquinas y robots?

# Preparación al nuevo BAC

→ Espacio privado y espacio público



## Épreuve 1

FICHA Méthodo. BAC CO

FICHA Méthodo. BAC EE

**Période**
› classe de Première
2e trimestre

**Durée totale**
› 1 heure

**Note globale**
› sur 20 :
10 points → CO
10 points → EE

**Niveaux visés**
› B1 (LVA)
› A2-B1 (LVB)

VERS LE NOUVEAU BAC

### Partie 1 › COMPRÉHENSION DE L'ORAL

***Una larga lucha por conseguir la Ley del Divorcio***

**Regardez la vidéo trois fois, puis rendez compte de ce que vous avez compris en français.**

vidéo : 18

"La mujer que dijo *basta*", *El País*, 2017

### Partie 2 › EXPRESSION ÉCRITE

**Traitez le sujet suivant en espagnol. Répondez en 120 mots au moins (environ 12 lignes).**

**Comenta esta afirmación: "Para la sociedad actual, es fundamental conocer la historia de las pioneras de la lucha por los derechos de las mujeres".**

## Épreuve 2

FICHA Méthodo. BAC CE

FICHA Méthodo. BAC EE

**Période**
› classe de Première
3e trimestre

**Durée totale**
› 1 heure 30

**Note globale**
› sur 20 :
10 points → CE
10 points → EE

**Niveaux visés**
› B1-B2 (LVA)
› A2-B1 (LVB)

VERS LE NOUVEAU BAC

### Partie 1 › COMPRÉHENSION DE L'ÉCRIT

***La situación de la mujer en el deporte***

**Lee atentamente varias veces el texto que te dará tu profesor(a). Haz un resumen de su contenido en español. Debes comentar los siguientes puntos:**

1. ¿Qué tipo de documento es?
2. ¿Qué punto de vista defiende la autora? ¿Cuáles son sus principales argumentos?
3. ¿Qué efecto pretende conseguir en el (la) lector(a)?

### Partie 2 › EXPRESSION ÉCRITE

**Traitez l'un des deux sujets suivants au choix. Répondez en espagnol, en 120 mots au moins (environ 12 lignes).**

**Sujet 1** Escribe una carta a un canal de televisión para pedir que haya más presencia del deporte femenino en los programas deportivos.

**Sujet 2** "Hoy en día la mayoría de las mujeres están en situación de igualdad con los hombres. La lucha feminista ya no es necesaria". Explica si estás de acuerdo con esta opinión o no y por qué.

# Más documentos para disfrutar

## Unidad 9. Humanos y robots

### CANCIÓN

***Robot***, Zoo y Road Ramos, 2018

### CÓMICS

***Yo, robot***, Paul Cuadrado, 2018

***Robocracia***, Ivanper & Igor, 2018

**"Tú, robot"**, ***Superlópez***, n.º 126, Jan, 2009

### PELÍCULAS

***Eva***, Kike Maíllo, 2011

***Abre los ojos***, Alejandro Amenábar, 1997

### NOVELAS

***Gog: empieza la cuenta atrás***, J. J. Benítez, 2018

***Corazón de metal***, Rosa Huertas, 2005

### DISEÑO

**Robot PaCo (Poeta Automático Callejero Online)**, Carlos Corpa y Ana García Serrano, 2004

**Gardelito**, el primer robot argentino con inteligencia cognitiva, creado por la empresa IBM, 2016

### ARTE

***Hombre máquina***, escultura de Agnes González Lago, 2006

### DANZA

***Robot***, espectáculo de danza entre humanos y robots de la coreógrafa española Blanca Li, 2013

## Unidad 10. La revolución de las mujeres

### CANCIONES

***Pienso en tu mirá***, Rosalía, 2018

***La puerta violeta***, Rozalén, 2017

***Yo por ellas, ellas por mí***, Comisión del 8 de marzo, 2018

### ENSAYO

***Morder la manzana***, Leticia Dolera, 2018

### SERIES

***Las chicas del cable***, Teresa Fernández-Valdés, desde 2017

**"Separadas por el tiempo"**, *El Ministerio del Tiempo*, temporada 2, RTVE, 2016

### CÓMICS

***El abc feminista***, EsCarolota, 2018

***Feminismo ilustrado. Ideas para combatir el machismo***, María Murnau y Helen Sotillo, 2017

***Idiotizadas, un cuento de empoder-hadas***, Moderna de Pueblo, 2017

***Mentiras para ser una mujer de verdad***, Rocío Salazar, 2016

### DOCUMENTAL

***Campeonas invisibles***, CIMA, 2018

### PELÍCULAS

***Clara Campoamor, la mujer olvidada***, Laura Mañá, 2011

***María (y los demás)***, Nely Reguera, 2016

### ARTE URBANO

***Mujeres*** y otros grafitis de Verónica Soto Sanchez 'La Tonta del Bote'
veronicasotosanchez.blogspot.com

***Los diez mandamientos de la mujer***, Lajaxx. Facebook: @lajaxxart

# DIVERSIDAD E INCLUSIÓN

EJE 7

## 11 Vivir y convivir

**TAREA FINAL**

**Proponer un proyecto en el Parlamento Andino Juvenil**

# CIUDADANÍA Y MUNDOS VIRTUALES

EJE 8

## 12 La era de la (des)información

**TAREA FINAL**

**Realizar un reportaje en vídeo sobre la relación de los jóvenes y la información en internet**

# 11 Vivir y convivir

## ¿Cómo se vive la multiculturalidad en los países andinos?

**GRAMÁTICA**

- *La numération*
- *L'expression du but :* **conseguir que** *+ subjonctif*
- *La traduction de « on »*

**LÉXICO**

- La multiculturalidad
- Construcciones para describir lugares

**PRONUNCIACIÓN**

- La pronunciación de **g**

**TAREA FINAL**

**Proponer un proyecto en el Parlamento Andino Juvenil**

A

Secretaría Nacional de Comunicación, Ecuador, 2015

B

Anuncio en las redes sociales de la policía boliviana, 2018
Texto: Día Nacional contra el racismo y toda forma de discriminación

C

Campaña de Alerta contra el racismo, Perú, 2017

## ¡EMPECEMOS!

FICHA Carte

**a. Observa las imágenes.**
**¿De qué países proceden estos documentos?**

**b. Localiza los países anteriores en el mapa que te dará tu profesor(a).**

**c. Di qué son y qué función tienen los documentos A y B.**

**d. Lee la nota cultural.**
**Observa el documento C.**

1. ¿Por qué la chica tiene la boca tapada? Hay varias respuestas posibles.
   Porque la llaman...
2. **Explica** el eslogan: "Tu silencio también discrimina".

Prepara la tarea

**e. Reflexiona y haz hipótesis.**
**¿Qué problema tienen en común estos tres países?**

*** NOTA CULTURAL ***

Alrededor del 80 % de la población de Ecuador, Perú y Bolivia es de origen **mestizo** o **indígena**, es decir, descendiente de los pobladores anteriores a los europeos. Muchas veces, a los mestizos se les llama "**cholos**" en sentido peyorativo.

**Léxico** ► p. 147 Activ. prof.: 69 élève: 62

**la convivencia**
└ **convivir:** coexister / vivre ensemble
**el (la) testigo:** le (la) témoin(e)
**indígena**
**mestizo(a):** métis(se)
**apoyar a:** soutenir
**discriminar**
└ **sufrir discriminación**
**llamar (algo a alguien):** traiter (qqn de qqch)
**promover** [ue]
**reportar** (Am.) = **denunciar**
**sensibilizar**
**tener** [ie] **la boca tapada (con):** avoir la bouche fermée par

# Dosier de documentos

## 1 La Paz: un crisol[1] de culturas

prof.: 70
élève: 63

La plaza de San Francisco es, como dice con orgullo[2] algún boliviano, un "Hyde Park[3] versión aimara[4]"; pero es mucho más que un Hyde Park, porque en esa plaza, además de hablar, de discutir o de arengar, se vive, se come, se bebe, se comercia, se festeja, se engaña[5], se adivina el porvenir[6]...

"Esa plaza es a ratos el mejor exponente[7] de lo que puede ser el *melting pot* boliviano", escribe un escritor blanco, [pero] la realidad es que la multiculturalidad boliviana, la convivencia de etnias y culturas, es mucho más conflictiva que todo eso, y en ese espacio también aflora esa realidad compleja de etnias que han convivido en el enfrentamiento y la exclusión. Y es que en Bolivia conviven, más mal que bien hasta ahora, más de 36 etnias diferentes, además de blancos, afrobolivianos (otros invisibles) y mestizos. Y entre los blancos los hay[8] criollos, nacidos en La Paz, e inmigrantes e hijos de inmigrantes, [hasta] alemanes o gringos[9] que han adquirido inmensas propiedades en los territorios indígenas.

1. mezcla 2. avec fierté 3. famoso parque de Londres
4. pueblo andino 5. on se dupe 6. on lit l'avenir
7. (ici) exemple 8. il y en a des 9. (coloquial) estadounidenses

*Cuaderno boliviano*, Miguel Sánchez-Ostiz, 2008

Plaza de San Francisco, La Paz (Bolivia), 2015

**Anticipa** **a. Observa** las imágenes y **describe** el ambiente.
**Puedes usar** estas palabras.

vestidos | diferentes culturas | alegre | lleno(a) de gente | animado | tranquilo(a)

**b. Lee** el texto.

1. ¿Qué distintos pueblos o etnias se mencionan?
2. ¿De qué continentes son originarios?

**Prepara la tarea** **c.** ¿Cómo es la convivencia de estos pueblos y etnias según el autor? ¿Y según "un escritor blanco" (línea 9)? **Justifícalo** con el texto.
En la plaza, las diferentes etnias...

**d.** El autor dice que los afrobolivianos son "otros invisibles" (línea 16). ¿Qué grupos también son invisibles, además de los afrobolivianos? **Haz una hipótesis.**

## 2 La desigualdad en Ecuador

**a. Observa los datos del documento. Di si estas afirmaciones son verdaderas o falsas y justifícalo.**

1. Casi la mitad de los indígenas ecuatorianos son pobres.
   Es... porque el 42 por ciento de...
2. La falta de educación es uno de los principales problemas de la población indígena.
3. La situación de los indígenas en Ecuador está empeorando.

Gobierno de Ecuador, 2015

**LÉXICO DE LA INFOGRAFÍA:** título universitario: diplôme universitaire

Prepara la tarea

**b. Lee la cita del final del documento. Da tu opinión. ¿Qué hay que hacer para mejorar la situación?**

Hay que trabajar / conseguir...

## 3 Lenguas indígenas

PÉDAGOGIE DIFFÉRENCIÉE — FICHA Pédago. diff.

vídeo: 12

Campaña para dar a conocer la Ley de Protección de Lenguas Indígenas, Ministerio de Cultura del Perú, 2016

**LÉXICO DEL VÍDEO:** te he extrañado: tu m'as manqué • la barriga: le ventre • la manera como: la façon dont • parientes = familiares • cumplir un papel: jouer un rôle • el espejo: le miroir • la brecha: le fossé

**a. Mira el vídeo.**
**¿Cómo se sienten estas personas cuando hablan su lengua? ¿Por qué?**

Prepara la tarea

**b. Vuelve a mirar el vídeo y responde.**

1. ¿Qué permiten los intérpretes?
   Los intérpretes permiten que...
2. ¿Cómo pueden contribuir a la convivencia?
   Los intérpretes pueden ayudar a que...

**Gramática** ► p. 147 Activ.

- **La numération** ► p. 158 Précis
  El nueve coma cinco por ciento de los estudiantes...
- **Le but** ► p. 165 Précis
  trabajar para, conseguir, ayudar a que + subjonctif
  Se debe trabajar para que los indígenas accedan a la educación.
  Hay que conseguir que no haya desigualdad.
  La ley ayuda a que los peruanos valoren la diversidad cultural.

**Léxico** ► p. 147 Activ. prof.: 71 élève: 64

**la costumbre:** la coutume
**la desigualdad ≠ la igualdad**
**el enfrentamiento ≈ el conflicto**
**la mezcla:** le mélange
**la pobreza ≠ la riqueza**
**mejorar ≠ empeorar:** améliorer ≠ empirer
**obtener [ie] reconocimiento**
**reforzar [ue] la identidad**
**sentirse [ie] orgulloso(a) de:** être fier(ère) de
**ser originario(a) de**
**transmitir (valores, mensajes)**
**valorar:** mettre en valeur

## 4 El mercado de trueque de Pimampiro

*Historias del Buen Vivir.* Pimampiro, Buen Vivir TV, 2017

vídeo: 13

**LÉXICO DEL VÍDEO:** tan ansiado: tant attendu • solventar: (ici) assouvir • de todos lados: de partout • hermandad: fraternité • afro: (aquí) abreviatura de afroamericano

**✶ NOTA CULTURAL ✶**

El **buen vivir** es la filosofía de vida de los pueblos andinos. Puede resumirse en saber vivir en paz y armonía con la naturaleza, con uno(a) mismo(a) y con los demás.

**Anticipa** **a. Observa** el cartel y el fotograma, y **responde**.

1. ¿Qué tipo de mercado se celebra en Pimampiro?
2. ¿Qué productos se llevan al mercado?
3. ¿Hay diversidad cultural en el mercado? **Justifícalo**.

**b. Mira** el vídeo.
¿Qué se hace en el mercado de Pimampiro, además de intercambiar alimentos?
En el mercado se conocen…

**c. Vuelve a mirar** el vídeo.
**Apunta** cinco palabras o expresiones relacionadas con el buen vivir.

**Prepara la tarea** **d. Entre todos, escribid** diez reglas del buen vivir que habéis aprendido en un documento colaborativo.
En los lugares donde reina el buen vivir…
- Se respetan…

**Mediación** **e. Traducid** las reglas del buen vivir y la nota cultural al francés. **Cread** un póster bilingüe para exponer en el *hall* del instituto. Podéis **buscar** imágenes en internet y **añadirlas** para decorar.

**Gramática** ► p. 147 Activ.

- **La traduction de « on »** ► p. 171 Précis

se + 3e pers. sing. + nom singulier
se + 3e pers. plur. + nom pluriel

En el mercado de Pimampiro se intercambian experiencias.

**Léxico** ► p. 147 Activ. prof.: 72 élève: 65

**el alimento**
**el compañerismo:** la camaraderie
**la hortaliza:** le légume
**el intercambio:** l'échange
**el trueque:** le troc
**hermoso(a) = bonito(a)**
**disfrutar (de) = gozar (de):** jouir (de)
**llevar:** emmener
**llevarse bien:** bien s'entendre
**reflejar:** refléter, révéler
**ser reconocido(a) como / por traer:** être reconnu(e) comme / pour apporter

···› Banco de actividades p. 147



# LA MULTICULTURALIDAD

## LA DISCRIMINACIÓN

- la desigualdad
- el enfrentamiento ≈ el conflicto
- la pobreza ≠ la riqueza
- el racismo
- el (la) testigo
- la víctima
- llamar (algo a alguien)
- reportar = denunciar
- sufrir discriminación
  - └ discriminar

## LA CONVIVENCIA

- la diversidad
- la igualdad
- la mezcla
- apoyar a
- ser reconocido(a) por / como
  - └ el reconocimiento
- mejorar ≠ empeorar
- promover
- sensibilizar
- transmitir ┌ un mensaje
  - └ valores

## LOS PUEBLOS

### LOS ORÍGENES

- la costumbre
- la etnia
- el (la) indígena
- el (la) mestizo(a)
- la población
- ser ┌ de origen
  - └ originario(a) de
- ser descendiente de

### EL MERCADO

- el alimento
- la hortaliza
- el intercambio = el trueque
  - └ intercambiar
- llevar

### EL BUEN VIVIR

- la amistad
- el compañerismo
- la paz ≠ la guerra
- la solidaridad
  - └ solidario(a)
- hermoso(a) = bonito(a)
- convivir
- gozar de = disfrutar de
- llevarse bien / mal
- reír ≠ llorar
- sentirse orgulloso(a) de

**¡Crea tu propio mapa mental!**
**Haz** un nuevo mapa mental de 20 palabras titulado “El buen vivir”. **Debes inventar** nuevas categorías.

# Palabras para construir

Banco de actividades p. 147

## 1 Construcciones para describir lugares

**a. Observa** estas maneras de describir lugares.
**Añade** una palabra a cada serie pensando en la plaza de la página 120.

- en > la plaza > hay > mucha gente > niños > ...
- la plaza > está > en el centro > en la capital > ...
  - animada > vacía > ...
- la plaza > tiene > varios bares > una estación de metro > ...
- el ambiente > parece / es > alegre > animado > ...

**b. Describe** esta imagen.

# Haz oír tu voz

## La pronunciación de *g*

prof.: 73 élève: 66

**a. Escucha** estas palabras.
**Fíjate** en la pronunciación de **g**.

1. gente
2. conseguir
3. recoger
4. indígena
5. guerra
6. origen
7. corregir
8. agitar

**b. Clasifica** las palabras anteriores en una tabla como esta.

| La g suena como en gente | La g suena como en conseguir |
|---|---|
| gente, ... | conseguir, ... |

**c. Observa** las palabras de la tabla.
¿Qué vocal o vocales van después de **g**?
¿Se pronuncian todas?

prof.: 73 élève: 66

**d. Vuelve a escuchar** las palabras anteriores.
**Repítelas** en voz alta.

> ! Devant les lettres **a**, **o** et **u** (ex. : **ganar**, **gozar**, **orgullo**), le **g** se prononce comme dans le mot français « galop ».
>
> Devant les lettres **e** et **i** (ex. : **origen**, **lógica**) le **g** se prononce comme un **j** espagnol (ex. : **mejor**).
>
> Rappelez-vous qu'en espagnol, on ne prononce pas le **u** dans syllabes **gue** et **gui** (ex. : **guerra**, **conseguir**).

FICHA Grille autoév. FICHA Grille éval.

# Una ponencia en el Parlamento Andino Juvenil

**Vamos a proponer un proyecto para potenciar el buen vivir en los países andinos.**

**1.** El Parlamento Andino Juvenil ha decidido invitar a estudiantes extranjeros para recibir ideas para que el buen vivir y la convivencia se extiendan en la región. **Formad grupos** de cuatro y **pensad** en un proyecto o acción para llevar a cabo en uno de los países miembros del Parlamento Andino, por ejemplo:

- mercados de intercambio en varias ciudades
- clases de lenguas indígenas
- una campaña de sensibilización
- visitas a comunidades indígenas
- ...

**2. Haced un esquema** de vuestra ponencia.
Debéis empezar **resumiendo** cuál es la situación que queréis mejorar con algunos datos.
A continuación, **explicad** en qué consiste vuestro proyecto.
Para terminar, **justificad** cómo va a ayudar a fomentar el buen vivir y la convivencia.

**3. Escribid** el texto de la ponencia.
Cada uno(a) de vosotros(as) va a **decir** una parte.
No olvidéis **presentaros** y **despediros** dando las gracias por la atención.

**4. Ensayad** la ponencia al menos una vez y **procurad** no leer todo el rato. Seguro que podéis decir algunas partes espontáneamente.

**5.** ¡**Presentad** vuestro proyecto al Parlamento!
Podréis tener el guion en las manos, pero también **deberéis mirar** a la audiencia y **ser expresivos** con vuestra cara y vuestros gestos.

Países miembros:
Colombia • Ecuador • Perú • Bolivia

¡Consulta la **ficha de metodología** para saber la estructura que debe tener tu ponencia y cómo expresarte bien oralmente!
www.espacelangues.emdl.fr/puravida

FICHA Métho-do.

**AYUDA**

- Buenos días a todos. Somos...
- Según los datos de..., las personas de origen indígena...
- Por eso hemos diseñado un proyecto que se llama...
- Nuestro proyecto consiste en...
- Creemos que ayudará a que...
- Muchas gracias por su atención.

# 12 La era de la (des)información

## ¿Cómo se relacionan los hispanohablantes con la información en la era digital?

**GRAMÁTICA**
- *Les indéfinis*
- *Le discours indirect*
- *L'expression de l'opinion*
- *L'imparfait du subjonctif*
- *La concordance des temps*

**LÉXICO**
- La información
- Los verbos **creer**, **creer en** y **creerse**
- Construcciones para hablar de la información

**PRONUNCIACIÓN**
- El acento diacrítico

**TAREA FINAL**

**Realizar un reportaje en vídeo sobre la relación de los jóvenes y la información en internet**

A

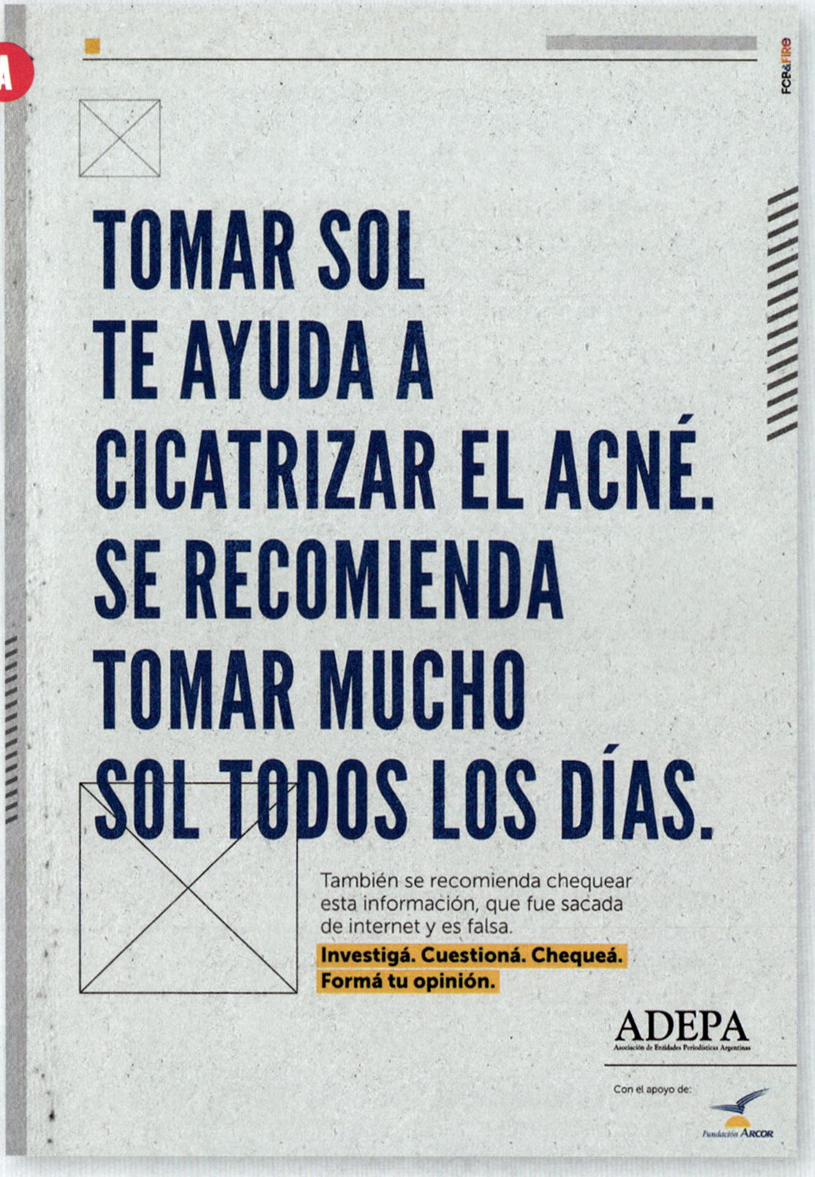


Campaña de la Asociación de Entidades Periodísticas Argentinas, 2018

B

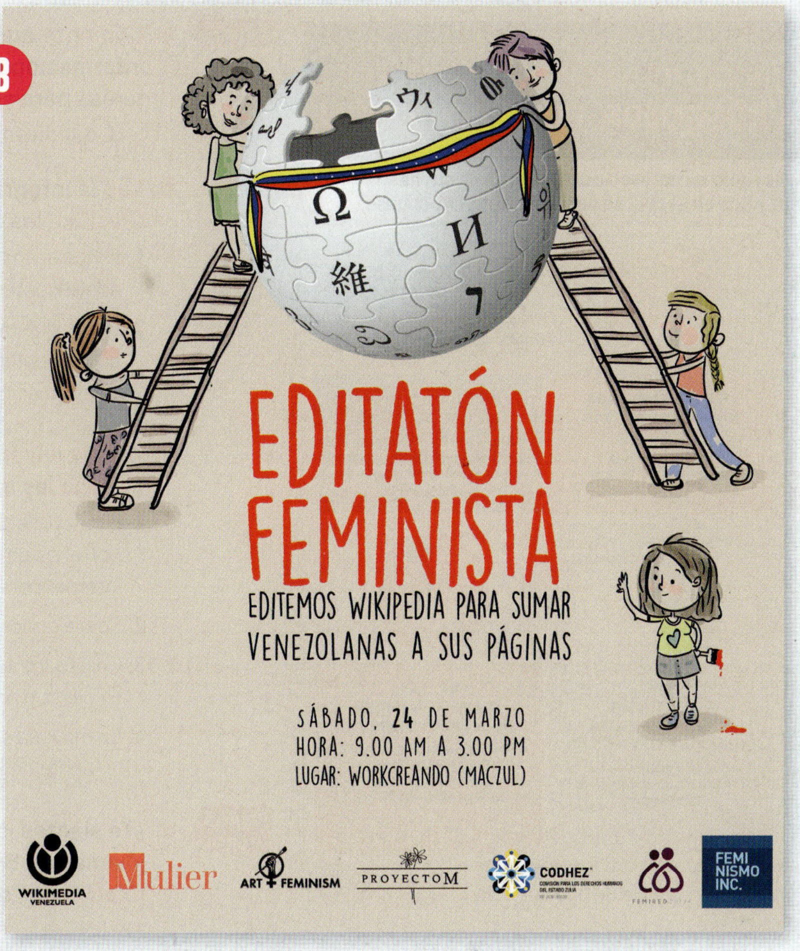


Convocatoria Editatón Feminista, Venezuela, 2018

## ¡EMPECEMOS!

Anticipa **a.** **¿Crees que actualmente es fácil estar informado(a)? ¿Por qué?**

**b. Observa el documento A.**
**Elige la frase que resume mejor su mensaje.**
1. Todo el mundo debe publicar información en internet.
2. Toda la información de internet es veraz e imparcial.
3. No hay que creerse toda la información que hay en internet.

**c. Observa el documento B.**
**¿En qué consiste el Editatón Feminista?**

Prepara la tarea **d.** **¿Qué ventajas e inconvenientes tiene para ti la Wikipedia?**
**Coméntalo con tus compañeros.**
Lo bueno de Wikipedia es que..., pero también tiene inconvenientes porque...

**Léxico** ▸ p. 148 Activ. prof.: 74 élève: 67

**falso(a) ≠ veraz:** faux ≠ vrai
**gratis = gratuito(a)**
**imparcial**
**chequear = contrastar = verificar**
**consultar**
**creerse algo:** croire que qqch est vrai
**cuestionar = poner en duda**
**formarse una opinión**
**investigar:** faire des recherches
**publicar**
**recomendar [ie]**
**sumar = añadir:** ajouter

# Dosier de documentos

## 1 Adolescentes frente a la información en internet

Infografía de la agencia de noticias Télam, Argentina, 2018

Anticipa **a. Comenta qué fuentes de información utilizas cuando haces tareas para el instituto.**

Casi siempre busco...

**b. Lee la infografía.**
**Clasifica los datos en dos grupos.**

1. Datos que muestran que los adolescentes no buscan suficiente.
2. Datos que muestran que los adolescentes no son críticos con la información que encuentran.

**c. Vuelve a leer la infografía.**
**Corrige las afirmaciones falsas.**

1. La mayoría de los adolescentes porteños de Buenos Aires utiliza internet para las tareas de la clase.
2. Solo algunos contrastan la información.
3. Casi todos se plantean si la información es cierta o no.
4. La mayoría se interesa por la fuente de la información.

Prepara la tarea **d. ¿Te sientes identificado(a) con los jóvenes de Buenos Aires? Explica por qué.**

## 2 Nuevo periodismo

vídeo: 14

*Entrevista a estudiantes de periodismo,* Generación Dos Punto Cero, España, 2018

**LÉXICO DEL VÍDEO:** las redes sociales: les réseaux sociaux • Mercadona: cadena de supermercados española • la última *fake news* con la que me he topado: la dernière infox sur laquelle je suis tombée

**a. Mira el vídeo y anota cuatro medios de comunicación que utilizan estos estudiantes para informarse.**

Normalmente se informan por...

**b. Explica qué tipo de noticia creyó la chica del fotograma.**

Era una noticia...
En la noticia se decía que...

**c. Vuelve a ver la última parte del vídeo. ¿Quiénes dicen que son los responsables de la difusión de noticias falsas? ¿Por qué?**

Prepara la tarea **d. Entrevista a un(a) compañero(a) sobre:**

1. Los medios que utiliza para informarse.
2. La última noticia falsa que ha creído.

## 3 Los riesgos de la mala información

prof.: 75
élève: 68

Una sociedad cuyos integrantes no saben discernir la relevancia[1] de una información, que no pueden establecer su confiabilidad, que carecen[2] de una actitud reflexiva para evaluarla y procesarla, que no pueden tomar decisiones fundamentales y cuya[3] participación social es reducida o pobre, está construyendo una democracia incompleta.

–Es cierto que la limitación de los adolescentes para analizar críticamente la información no es nueva. Antes de la aparición de internet, los alumnos respondían la consigna del docente[4] o completaban la tarea escolar utilizando solo el libro de texto. Para encontrar material sobre un tema que les interesaba, buscaban en el tomo de una enciclopedia. Para mirar datos curiosos, que luego comentaban en conversaciones con amigos, se basaban en alguna revista que la familia podía comprar. Siempre una fuente, siempre un solo lugar, siempre un único punto de vista. Todo ello, mucho antes de la llegada de la Red.

Sin embargo, [...] aunque el diagnóstico se parezca[5], la situación, cincuenta años después, ya no es la misma. Hoy la información circula por otras esferas, infinitas e ilimitadas. El saber ya no está solo en la casa ni se reduce exclusivamente al libro de texto, a la enciclopedia o a la revista que la familia compra. En el siglo XXI la información circula por todas partes. Y ya no es tan fácil distinguir de dónde viene ni identificar a su autor. Las olas[6] de información desordenan y descontextualizan los saberes y vuelven más difícil reconocer qué textos utilizar, cuáles son relevantes y qué fuentes hablan con autoridad sobre un tema determinado.

1. pertinence 2. manquent 3. dont 4. l'enseignant 5. est similaire 6. vagues

Roxana Morduchowicz, *Ruidos en la web*, Argentina, 2018

Viñeta de El Roto, *El País*, España, 2018

**Gramática** ► p. 148 Activ.

- **Les indéfinis** ► p. 157 Précis
  casi todos(as), algunos(as)...
  Casi todos (los adolescentes) usan internet para estudiar.
- **Le discours indirect (I)** ► pp. 163, 169 Précis
  "Una tienda regala cheques."
  La noticia decía que una tienda regalaba cheques.
- **L'opinion** ► p. 166 Précis
  Es cierto que + indicatif
  No es cierto que + subjonctif
  Es cierto que los jóvenes no analizan la información.
  No es cierto que los jóvenes no analicen la información.

**Anticipa** **a. Piensa** en cómo se informaba y estudiaba la gente antes de internet. **Escribe**, al menos, tres fuentes de información.

Antes de internet, los estudiantes...

**b. Lee** el artículo.
**Toma nota** de dónde se obtenía la información antes de internet. ¿Coincide con lo que has escrito en la pregunta anterior?

**Prepara la tarea** **c. Vuelve a leer** el artículo y **responde**.

1. ¿Qué problemas existen hoy que no existían antes?
2. ¿Qué no ha cambiado?
3. ¿Qué consecuencia tiene esto para la sociedad actual?

**d. Fíjate** en la viñeta.
¿Llega a la misma conclusión que el texto? **Justifica** tu respuesta.

**Léxico** ► p. 148 Activ.

prof.: 76
élève: 69

**la conexión**
**las *fake news* = las noticias falsas**
**la fuente:** la source
**los medios de comunicación**
**el periódico digital**
**el programa (de televisión)**
**el sitio / la página web**
**confiable = fiable**
**buscar información**
**enviar por / a través de**
**estar suscrito(a):** être abonné(e)

## 4 En caso de emergencia, no te precipites

PÉDAGOGIE DIFFÉRENCIÉE — FICHA Pédago. diff.

Campaña del Centro de Operaciones de Emergencia Nacional (COEN) de Perú, 2018

**LÉXICO DEL CARTEL:** transmite enojo: transmet de la colère • carga emotiva: charge émotionnelle • acudieron = usaron

prof.: 77

**Noticias falsas** — 01:54 — *No es un día cualquiera*, RNE, 2017

**LÉXICO DE LA AUDICIÓN:** engaños: mensonges • las llamas: les flammes • municipios: municipalités • ni se había desalojado el hospital: l'hôpital n'avait pas été évacué • ni peligraba el suministro: l'approvisionnement n'était pas non plus en danger

**a. Fíjate** en el cartel de la campaña.
¿Qué institución lo ha creado? ¿Para qué?

**b. Escucha** el programa de radio y **responde**.

1. ¿De qué forma(s) se difunden habitualmente bulos *(canulars)*?
2. ¿En qué situación se compartieron muchos mensajes falsos?
3. **Toma nota** de dos noticias falsas que se difundieron.

**c. Completa** los consejos de los servicios de emergencias.

1. Protección Civil pidió a los ciudadanos que...
2. La Policía Nacional recomienda a la gente que...

**d. En grupos, compartid por correo** titulares de noticias (falsas o reales). **Haced preguntas** para contrastar su veracidad y **reaccionad**.

"Los jóvenes españoles dejan de usar redes sociales".
• ¿Dónde lo has leído?
○ ¡Yo no me lo creo!

### Gramática

► p. 148 Activ.

**• Le discours indirect (II)**
► pp. 163, 169 Précis

"Portugal ha enviado cuatrocientos bomberos a Galicia".

Algunos tuits aseguraban que Portugal había enviado cuatrocientos bomberos.

**• L'imparfait du subjonctif**
► p. 168 Précis

ENVIAR > (ellas) enviaran
CONOCER >(ellas) conocieran
COMPARTIR >
(ellas) compartieran

**• La concordance des temps**
► p. 170 Précis

Piden a los ciudadanos que compartan solo alertas de fuentes oficiales.

Pidieron a los ciudadanos que compartieran solo alertas de fuentes oficiales.

### Léxico

► p. 148 Activ.

prof.: 78 élève: 70

**el titular:** le gros titre
**el tuit:** le tweet
**asegurar:** assurer
**hacer circular por las redes:** faire circuler sur les réseaux
**compartir información:** partager des informations
**crear alarma social:** créer une panique sociale
**desmentir [ie] mensajes**
**dificultar la labor:** compliquer le travail
**difundir engaños / bulos:** diffuser des fausses nouvelles / canulars
**hacer buen uso:** faire bon usage
**propagar rumores**

Banco de actividades p. 148



# LA INFORMACIÓN

## LAS ACCIONES

### LA ACTITUD CRÍTICA

- cuestionar = poner en duda
- formarse una opinión
- hacer buen uso
- investigar
- ser crítico(a) con

### TRANSMITIR INFORMACIÓN

- asegurar
- informar
- pedir
- recomendar

### INFORMARSE Y CREAR CONTENIDO

- añadir = sumar
- buscar
- chequear = contrastar = verificar
- compartir = hacer circular por las redes
- consultar
- editar
- enviar por / a través de
- publicar

WIKIPEDIA
La enciclopedia libre

## LA DESINFORMACIÓN

FALSO

- los bulos
- las noticias falsas
- confiable = fiable
- falso ≠ veraz = cierto
- parcial ≠ imparcial
- crear alarma social
- creerse algo
- dementir / difundir / propagar — bulos / mensajes / rumores
- dificultar la labor

## LOS MEDIOS DE COMUNICACIÓN

- el blog
- la conexión
- la fuente
- la página web = el sitio web
- el periódico – digital / en papel
- el programa de – televisión / radio
- las redes sociales
- el tuit
- gratis = gratuito(a)
- estar suscrito(a)

**¡Crea tu propio mapa mental!**
**Piensa** en tu relación con la información (qué medios de información utilizas, qué contenidos creas, con quién compartes información, para qué usas la información y tu actitud) y **crea** tu propio mapa.

# Palabras para construir

⇢ Banco de actividades p. 148

## 1 Los verbos *creer*, *creer en* y *creerse*

**a. Lee las siguientes frases.**
**Relaciona cada verbo con su significado.**

1. Yo creo que ahora es fácil y rápido encontrar casi cualquier información.
2. Yo creo en ti. Estoy segura de que vas a tener mucho éxito.
3. • He oído que Wikipedia dejará de funcionar en dos días.
   ○ ¿Qué? ¡No me lo creo! ¡No puede ser!

| | |
|---|---|
| **1.** CREER algo | **a.** Aceptar una información como verdadera. |
| **2.** CREER EN algo | **b.** Tener una opinión sobre algo. |
| **3.** CREERSE algo | **c.** Tener fe o confianza en algo o alguien. |

## 2 Construcciones para hablar de la información

**a. Observa las siguientes series.**
**Tradúcelas al francés. ¿Qué preposición utilizas con cada verbo?**

enviar / recibir / difundir → una foto → por → correo / WhatsApp

buscar / consultar / publicar → una información → en → internet / una enciclopedia

# Haz oír tu voz

## El acento diacrítico

**a. Fíjate en las palabras destacadas en estas frases.**
**¿Por qué se acentúa qué en las frases 1 y 2?**

1. ¿**Qué** tienda regalaba cheques?
2. En la noticia se decía **qué** tienda regalaba cheques.
3. En la noticia se decía **que** una tienda regalaba cheques.

**b. Escoge la opción correcta en cada frase.**

1. ¿**Dónde** / **Donde** has encontrado esta noticia?
2. La web **dónde** / **donde** has encontrado esta noticia no es fiable.
3. Me preguntó **por qué** / **porque** no había contrastado la información.
4. Me lo preguntó **por qué** / **porque** no conocía la web.

prof. : 79
élève : 71

**c. Escucha las frases de las actividades a y b.**
**Repítelas imitando la entonación.**

(!) On appelle accent diacritique l'accent écrit qui permet de distinguer deux mots qui s'écrivent de la même façon, mais qui ont une signification différente (**mi hermano / para mí**).

FICHA Grille autoév. FICHA Grille éval.

# Un reportaje en vídeo sobre la información y los jóvenes

Mediación

**Vamos a crear un reportaje bilingüe en vídeo para la web del instituto.**

1. **Formad** grupos de cinco o seis alumnos.
2. **Preparad** las preguntas en español y en francés sobre estos temas:
   - los medios de comunicación más utilizados,
   - la actitud ante la información,
   - la última noticia falsa que habéis recibido.
3. Cada miembro del grupo **entrevista** a dos o tres compañeros de otras clases. **Tomad nota** de sus respuestas o **grabadlas**.
4. **Reunid** las respuestas de todos los entrevistados por el grupo y **analizadlas**.
5. **Redactad** en español el reportaje (introducción, resumen de la encuesta y conclusión).
6. **Redactad** en francés un resumen del reportaje.
7. **Ensayad** vuestras intervenciones:
   - Un(a) presentador(a) **introduce** y **concluye** el reportaje.
   - Un(a) reportero(a) **presenta** el resumen de la encuesta.
   - Otro(a) presentador(a) **hace el resumen** en francés.
8. Por último, **grabad** el vídeo. **Publicadlo** en la web del instituto.

¡Consulta la **ficha de metodología** para saber cómo hacer un reportaje y trucos para grabar el vídeo!
**www.espacelangues.emdl.fr/puravida**

FICHA Métho-do.

**AYUDA**

**Para la introducción**
Hace unos años la información...
Actualmente...
En el reportaje de hoy vamos a...

**Para preguntar**
¿Qué medios...?
¿Cómo contrastas...?
¿Cuál ha sido la última...?

**Para analizar y resumir**
Casi todos los encuestados...
La mayoría (no) utiliza...
En cuanto a las noticias falsas...
Nos han contado que...

**Para concluir**
La mayoría de los jóvenes dice...
Muchos afirman...

## Épreuve 1

FICHA Méthodo. BAC CO

FICHA Méthodo. BAC EE

**Période**
- classe de Première
  2e trimestre

**Durée totale**
- 1 heure

**Note globale**
- sur 20 :
  10 points → CO
  10 points → EE

**Niveaux visés**
- B1 (LVA)
- A2-B1 (LVB)

VERS LE NOUVEAU BAC

### Partie 1 > COMPRÉHENSION DE L'ORAL

***Campaña por el derecho a la Consulta Previa de los pueblos originarios***

**Écoutez l'enregistrement trois fois, puis rendez compte de ce que vous avez compris en français.**

prof. : 82

01:09 Coord. Nacional de Derechos Humanos, 2011

### Partie 2 > EXPRESSION ÉCRITE

**Traitez l'un des deux sujets suivants au choix. Répondez en espagnol, en 120 mots au moins (environ 12 lignes).**

**Sujet 1** **¿Con cuál de estos comentarios te sientes más identificado(a)? Explica por qué y arguméntalo con algún ejemplo.**

1. Los pueblos indígenas no tienen que tener derechos diferentes al resto de los peruanos.
2. Los pueblos indígenas tienen derecho a ser consultados sobre las decisiones del Estado que les afectan, solo de esta forma conseguirán que su cultura sobreviva.

**Sujet 2** **Piensa en un contexto multicultural que conozcas (tu instituto, tu barrio…). Describe cómo se desarrolla la convivencia.**

## Épreuve 2

FICHA Méthodo. BAC CE

FICHA Méthodo. BAC EO

**Période**
- classe de Première
  3e trimestre

**Durée totale**
- 1 heure 30

**Note globale**
- sur 20 :
  10 points → CE
  10 points → EE

**Niveaux visés**
- B1-B2 (LVA)
- A2-B1 (LVB)

### Partie 1 > COMPRÉHENSION DE L'ÉCRIT

***La filosofía andina del buen vivir***

VERS LE NOUVEAU BAC

**Lee atentamente varias veces el texto que te dará tu profesor(a). Haz un resumen de su contenido en español con tus propias palabras.**

### Partie 2 > EXPRESSION ÉCRITE

**Traitez le sujet suivant en espagnol. Répondez en 120 mots au moins (environ 12 lignes).**

**Observa esta ilustración inspirada en el buen vivir. Escribe cinco consejos para la clase a partir de los principios de esta filosofía adaptándolos a la vida en el instituto.**

Ilustración de Maximino Cerezo Barredo inspirada en la filosofía del buen vivir

## Épreuve 1

FICHA Méthodo. BAC CO

FICHA Méthodo. BAC EE

**Période**
> classe de Première 2e trimestre

**Durée totale**
> 1 heure

**Note globale**
> sur 20 :
10 points → CO
10 points → EE

**Niveaux visés**
> B1 (LVA)
> A2-B1 (LVB)

VERS LE NOUVEAU BAC

### Partie 1 > COMPRÉHENSION DE L'ORAL

*Los artículos más polémicos de la Wikipedia en español*

**Regardez la vidéo trois fois, puis rendez compte de ce que vous avez compris en français.**

vidéo : 19

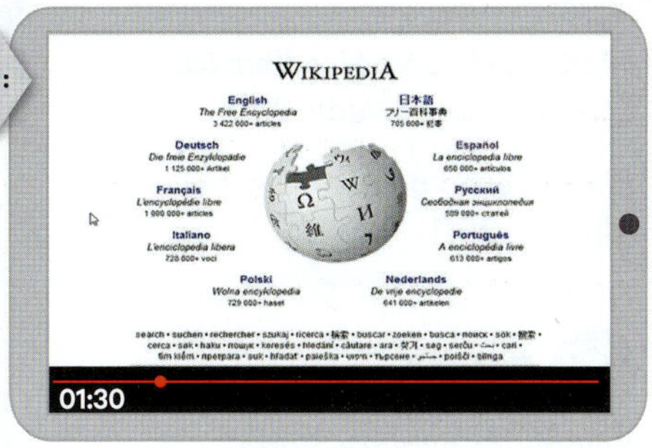


Venezuela *es el segundo de los 25 artículos más editados de Wikipedia en español*, Alta Densidad TV, 2016

### Partie 2 > EXPRESSION ÉCRITE

**Traitez le sujet suivant en espagnol. Répondez en 120 mots au moins (environ 12 lignes).**

**Lee estas opiniones sobre la Wikipedia. ¿Con cuál te sientes más idendificado(a)? Explica por qué.**

1. Yo siempre utilizo la Wikipedia para mis trabajos del instituto, encuentro todo lo que necesito.
2. Yo suelo usar la Wikipedia, pero siempre contrasto con otras fuentes.
3. La Wikipedia no es fiable, yo nunca la uso.

## Épreuve 2

FICHA Méthodo. BAC CE

FICHA Méthodo. BAC EE

**Période**
> classe de Première 3e trimestre

**Durée totale**
> 1 heure 30

**Note globale**
> sur 20 :
10 points → CE
10 points → EE

**Niveaux visés**
> B1-B2 (LVA)
> A2-B1 (LVB)

### Partie 1 > COMPRÉHENSION DE L'ÉCRIT

Fake news: *la verdad sobre las noticias falsas*

**Lee atentamente varias veces el texto que te dará tu profesor(a). Haz un resumen de su contenido en español con tus propias palabras.**

VERS LE NOUVEAU BAC

### Partie 2 > EXPRESSION ÉCRITE

**Traitez l'un des deux sujets suivants au choix. Répondez en espagnol, en 120 mots au moins (environ 12 lignes).**

**Sujet 1** ¿Cuál ha sido la última última *fake news* que has escuchado o leído? Describe la noticia y cuenta cómo fue tu reacción.

**Sujet 2** "Para acabar con las *fake news* y la manipulación informativa es necesario que nos acostumbremos a pagar por la información". Explica si estás de acuerdo o no con esta afirmación y por qué.

# Más documentos para disfrutar

## Unidad 11. Vivir y convivir

### CANCIONES

***K'usi Abi***, Lumaltok, grupo de rock que canta en tsotsil (lengua indígena), 2016

***Rap contra el racismo***, El Chijin, 2011

***Madre naturaleza***, Nina Uma, 2010

### ARTE

Obras del artista aimara **Roberto Mamani Manani**

Mural de Roberto Mamani en La Paz (Bolivia)

### DOCUMENTAL

***La travesía de Chumpi***, Fernando Valdivia, 2009

### NOVELAS

***Historia de un perro llamado Leal***, Luis Sepúlveda, 2015

***El cuaderno de Maya***, Isabel Allende, 2011

### POEMA

***Soy mujer aymara***, Berta Villanueva, 1992

### REPORTAJE

**"La voz indígena (Rigoberta Menchú)"**, ***Fue informe***, 2012

### PELÍCULA

***Pelo Malo***, Mariana Rondón, 2013

Fotograma de *Pelo Malo*

## Unidad 12. La era de la (des)información

### CANCIONES

***Radio falacia***, SKA-P, 2013

***Amor de Facebook***, El Villano, 2013

***Háblame por Tuenti***, El leñador, 2011

***Atrapados en la red***, Tam Tam Go, 1999

### CAMPAÑAS

***Stop Blue Monday y recuperemos el buen clima***, Turismo de Canarias, 2019

***No seas estrella***, Unicef, 2018

### REPORTAJES

**"Información falsa en internet"**, Reporte en punto, 2017

**"La gente no se da cuenta de que puede poner todos sus datos personales en riesgo"**, Salvados, 2013

### POEMA

***SMS***, Daniel Aldaya, 2007

### VIÑETAS

***La cabeza***, Sergio Periotti, 2011

***La prensa: ¿títere al poder?***, Alfredo Garzón, 2009

### PÁGINA DE INTERNET

***El Mundo Today***, periódico digital que publica noticias falsas en clave de humor

## LE PRÉSENT DE L'INDICATIF

**1 Completa las frases con los verbos en presente de indicativo.**

a. En la fiesta del Cinco de Mayo, los mexicanos **(conmemorar)** ..conmemoran.. un hecho histórico.

b. Durante el Encuentro Internacional del Mariachi la gente **(escuchar)** ..... música tradicional mexicana.

c. Mucha gente **(celebrar)** ..... la Quinceañera en todo el mundo.

d. Los mariachis **(tocar)** ..... instrumentos como el violín o el guitarrón y **(llevar)** ..... trajes típicos y sombreros grandes.

## LES VERBES À DIPHTONGUE

**2 Completa las frases con los verbos en presente de indicativo.**

a. Algunas chicas **(soñar)** ..sueñan.. con la fiesta de la Quinceañera desde pequeñas.

b. La fiesta de la Quinceañera **(poder)** ..... costar mucho dinero.

c. Muchas chicas **(contar)** ..... con la ayuda económica de sus familiares para celebrar la Quinceañera.

d. Sara **(tener)** ..... un vestido de princesa para su fiesta.

e. La fiesta de Lucía **(empezar)** ..... a las 12:00 h.

**3 Escribe el infinitivo de estos verbos.**

a. baila → ..bailar..
b. piensan → .....
c. duerme → .....
d. toca → .....
e. comen → .....
f. quieren → .....
g. tiene → .....
h. salen → .....
i. viven → .....
j. cuesta → .....

## *ESTAR* + GÉRONDIF

**4 Completa las frases utilizando la estructura estar + gerundio.**

a. El mariachi **(estar)** ..está cantando.. una canción típica mientras la gente baila a su alrededor.

b. Mi familia **(celebrar)** ..... el cumpleaños de Luis en estos momentos.

c. Mañana es Cinco de Mayo y muchos activistas **(preparar)** ..... el Día del Orgullo Mexicano.

d. Mi padre **(hacer)** ..... un pastel para la celebración del Cinco de Mayo.

e. Diego **(participar)** ..... en el concurso de enchiladas de su barrio.

## L'EXPRESSION DE LA DURÉE

**5 Completa las frases con estas palabras.**

desde | desde que | desde hace

a. Celebro la fiesta del Cinco de Mayo ..desde que.. vivo en México.

b. Voy a casa de mis abuelos por Navidad ..... pequeño.

c. Preparo mi fiesta de La Quinceañera ..... un año.

d. Voy a clases de guitarra ..... me regalaron una.

e. El mariachi es patrimonio cultural inmaterial de la UNESCO ..... ocho años.

## *LLEVAR* + PÉRIODE DE TEMPS + GÉRONDIF

**6 Reescribe estas frases. Utiliza la estructura llevar + gerundio.**

a. Mi familia y yo celebramos el Cinco de Mayo desde hace cinco años.
→ Mi familia y yo ..llevamos cinco años celebrando.. el Cinco de Mayo.

b. María espera su fiesta de la Quinceañera desde hace 14 años.
→ María ..... su fiesta de la Quinceañera.

c. Participo en el desfile desde hace tres años.
→ ..... en el desfile.

## LAS FIESTAS

**7 Escribe las letras que faltan y descubre cinco actividades relacionadas con las fiestas.**

a. L L E V A R   U N   T R A J E
b. B _ _ L _ _   E N   L _   _ _ L L E
c. _ _ V I T _ _   A   _ _   F _ _ _ I A
d. T O _ _ R   U N   I _ S _ _ U _ _ N _ O
e. R _ _ P _ R   L A   _ _ Ñ _ _ A

**8 Completa las frases con estas palabras.**

piñata | desfiles | ~~vestidos~~ | sombrero | regalos

a. En la fiesta de la Quinceañera las chicas llevan ..vestidos.. muy elegantes.

b. Las chicas reciben ..... de sus familiares.

c. En el Encuentro son habituales los ..... de mariachis por la calle.

d. Los mariachis llevan trajes típicos y un ..... de charro.

e. Lo más divertido del Cinco de Mayo es romper la ..... .

# Banco de actividades



## LA TRADUCTION DE « ON »

**1 Reescribe estas frases. Utiliza la estructura uno(a) + 3ª persona del singular.**

a. En Guatemala todo el mundo se siente vivo.
→ En Guatemala uno se siente vivo.

b. Cuando la gente viaja, descubre cosas nuevas.
→ Cuando ....., descubre cosas nuevas.

c. Cuando vives en un país extranjero, aprendes a afrontar situaciones nuevas.
→ Cuando ..... en un país extranjero, aprende a afrontar situaciones nuevas.

d. En Latinoamérica, los viajeros pueden hablar español con los locales.
→ En Latinoamérica, ..... español con los locales.

## *NO, NI..., NI..., NI...*

**2 Transforma estas frases como en el ejemplo.**

a. En el viaje a Centroamérica vimos volcanes, ruinas prehispánicas y selvas tropicales.
→ En el viaje a Centroamérica no fuimos a ver ni volcanes, ni ruinas prehispánicas, ni selvas tropicales.

b. En la isla donde estamos hay tiendas, restaurantes y hoteles. → En la isla donde estamos .....

c. Cuando viajo hago muchas fotos y compro regalos para mis familiares. → Cuando viajo .....

d. En mi mochila llevo libros, zapatos de fiesta y una cámara de fotos. → En mi mochila ..... .

e. En mi último viaje me bañé en el mar, fui a pescar y vi el atardecer. → En mi último viaje .....

## L'EXPRESSION DU CONSEIL

**3 Completa las frases con los verbos en presente de subjuntivo.**

a. Te aconsejo que **(viajar)** viajes mucho por el país.

b. Si vais de Erasmus, os recomiendo que no **(estar)** ..... solo con la gente de vuestro país.

c. Mis padres me animan a que **(aprender)** ..... a hablar una lengua extranjera.

d. Me han aconsejado que **(sociabilizar)** ..... con otras personas.

## L'IMPÉRATIF ET L'IMPÉRATIF NÉGATIF

**4 Transforma las frases de la actividad anterior utilizando el imperativo y el imperativo negativo.**

a. Viaja mucho por el país.

## LE VOUVOIEMENT

**5 Completa las frases con los verbos en presente de indicativo.**

a. ¿**(Saber)** Sabe usted dónde va a estudiar el año que viene?

b. ¿Qué **(pensar)** ..... ustedes de su país natal?

c. ¿De dónde **(ser)** ..... ustedes?

d. ¿**(Venir)** ..... ustedes con nosotros a la cima de la isla?

e. Si usted **(ir)** ..... a Perú, **(tener)** ..... que visitar el Machu Picchu. ¡Es impresionante!

## CONSTRUCCIONES PARA HABLAR DE MOVIMIENTO

**6 Completa el texto con de, en, a o por.**

Dentro de unos años, me gustaría irme **(a.)** a Guatemala **(b.)** ..... Erasmus. Es una buena posibilidad de salir **(c.)** ..... casa y vivir **(d.)** ..... un país extranjero. Me gustaría vivir un año **(e.)** ..... Guatemala, porque puedo viajar fácilmente **(f.)** ..... toda Latinoamérica y conocer otras culturas antes de volver **(g.)** ..... mi casa.

## LOS VIAJES

**7 Completa las frases con estas palabras.**

inhumano | aburrido | ~~viejo~~ | maravilloso | distinto

a. Este mueble es muy viejo, tiene casi cien años.

b. Según Manuel, vivir en Madrid es ..... porque la gente vive con mucho estrés.

c. El pueblo de mis abuelos es un poco ....., no hay bares ni cines y no sé qué hacer.

d. El lago Atitlán es un lugar ..... . ¡Me encanta!

e. El turismo en Amantaní es ....., no es el turismo habitual.

**8 Lee las definiciones y completa las palabras.**

a. Acción que se realiza con el remo: R _ _ _ _

b. Acción de meterse en el mar o un río: B _ _ _ _ _ _

c. Sinónimo de "pasarlo bien": D _ _ _ _ _ _ _ _ _

d. Sinónimo de "comprender": E _ _ _ _ _ _ _

e. Acción de vivir con otras personas: C _ _ _ _ _ _ _

## LE PASSÉ SIMPLE

**1 Escribe la biografía de Pablo Escobar con estos datos. Conjuga los verbos en pretérito indefinido *(passé simple)*.**

**1946:** Nace el 1 de diciembre en Antioquia.
**1976:** Crea el cartel de Medellín.
**1984:** Miembros del cartel de Medellín asesinan al Ministro de Justicia.
**1989:** Una bomba destruye un avión de pasajeros, mueren muchas personas.
**1991:** La policía de Medellín mete a Pablo Escobar en una cárcel lujosa.
**1992:** Pablo Escoar huye de la cárcel.
**1993:** Muere en Medellín en un tiroteo con la policía.

Nació el 1 de diciembre de 1946 en Antioquia. En 1976...

## *A* + COD PERSONNE

**2 Elige la opción correcta en cada frase.**

a. • ¿Has visto (a)/ Ø mis alumnos de español?
o No, no los he visto.

b. He visto **a / Ø** una película en el cine sobre la vida de Pablo Escobar.

c. Pablo Escobar mató **a / Ø** personas inocentes.

d. La policía buscó **a / Ø** Pablo Escobar hasta encontrarlo.

e. La policía buscó **a / Ø** pruebas de la culpabilidad de Pablo Escobar en el coche bomba.

f. Pablo Escobar conoció **a / Ø** la artista colombiana Virginia Vallejo en 1983.

## L'EXPRESSION DE L'OPINION

**3 Completa las frases con los verbos en presente de indicativo o de subjuntivo según corresponda.**

a. Creo que muchas series no **(proponer)** ...proponen... una visión realista de la vida de los narcotraficantes.

b. No creo que **(ser)** ..... conveniente comparar a Pablo Escobar con Robin Hood.

c. No me parece bien que la gente **(comprar)** ..... objetos con la cara de Escobar.

d. Me parece que *Narcos* **(ser)** ..... una serie muy entretenida.

**4 Da tu opinión sobre las frases siguientes. Utiliza estas estructuras.**

(no) creo que

(no) me parece bien / mal / justo/ adecuado... que

a. Algunas personas llaman a Pablo Escobar el Robin Hood colombiano.
→ ..No me parece bien que la gente llame a Pablo Escobar el Robin Hood colombiano...

b. Algunas personas compran camisetas con la imagen de Pablo Escobar. → .....

c. La serie *Narcos* muestra una visión romántica de Pablo Escobar. → .....

## LE PASSÉ COMPOSÉ

**5 Completa las frases con los verbos en pretérito perfecto *(passé composé)*.**

a. Y tú, ¿**(ver)** ..has visto.. la primera temporada de la serie Narcos?

b. Yo nunca **(oír)** ..... hablar de Pablo Escobar.

c. • Y vosotros, ¿qué **(hacer)** ..... este fin de semana?
o **(Ir)** ..... al cine con unos amigos.
• ¿Y qué película **(ver)** .....?
o Una película sobre el narcotráfico en Colombia, pero no nos **(gustar)** ..... mucho.

## LA TRADUCTION DE « DEVENIR » ET LE PASSÉ COMPOSÉ

**6 Traduce las siguientes frases conjugando los verbos en en pretérito perfecto *(passé composé)*.**

a. *Narcos* est devenue la série à la mode.
→ ..*Narcos* se ha convertido en la serie de moda...

b. La figure de Pablo Escobar est devenue un business. → .....

c. Pablo Escobar est devenu un mythe polémique. → .....

d. Beaucoup d'européens sont devenus fans de la série américaine. → .....

## HÉROE Y VILLANO

**7 Detecta el intruso en cada serie de palabras.**

a. el (la) criminal | el (la) delincuente | el (la) villano(a) | el (la) santo(a)

b. ser peligroso(a) | ser generoso(a) | ser cruel | ser despiadado(a)

c. lucrarse | hacerse rico | repartir dinero | obtener ganancias

## L'IMPARFAIT ET LE PASSÉ SIMPLE

**1 Completa las frases con los verbos en imperfecto o en indenido *(passé simple)* según corresponda.**

a. Aureliano **(notar)** ..notó.. que algo extraño **(suceder)** ..sucedía.. en el patio de su casa.

b. Después de clase, Natalia **(advertir)** ..... que Milagros **(estar)** ..... triste.

c. Las tres mujeres **(ver)** ..... cómo Remedios **(elevarse)** ..... en el aire.

d. En aquel momento, Fernanda **(sentir)** ..... que un suave viento le **(tocar)** ..... la cara.

e. Los habitantes del pueblo **(preguntar)** ..... por qué **(haber)** ..... un meteorito en la plaza.

## L'EXPRESSION DE LA SIMULTANÉITÉ

**2 Transforma las frases siguiendo el modelo *A* o *B*.**

A. Al elevarse Remedios les dijo adiós con la mano.
➔ ..Cuando se elevó, Remedios les dijo adiós con la mano...

B. Cuando Mario llegó al pueblo notó un olor extraño.
➔ ..Al llegar al pueblo, Mario notó un olor extraño...

a. Al ver la sombra, Nicolás sintió un poco de miedo. ➔ .....

b. Al despertarse, la mujer salió a comprar. ➔ .....

c. Al abrir la boca, salieron de ella flores amarillas. ➔ .....

d. Cuando llegó el correo, Manuela pudo recoger el paquete que estaba esperando. ➔ .....

e. Cuando acabé de escribir la carta, me sentí más tranquila. ➔ .....

f. Cuando salimos de clase, vimos a Rubén. ➔ .....

## LE CONDITIONNEL

**3 Completa las frases con los verbos en condicional.**

tener | ~~vivir~~ | escribir | poder | gustar | decir | llevar

a. Si tuviera que vivir en otro país, ..viviría.. en Colombia.

b. Como consejo a mi profesor de español, le ..... que hable más despacio.

c. Si tuviera que escribir una novela, ..... una novela fantástica.

d. Para ganar el premio Nobel de literatura, (yo) ..... que escribir muchos libros.

e. Me ..... leer los libros de García Márquez.

f. • ¿Qué te ..... a una isla desierta?
o Una novela muy larga.

g. Me encanta leer. ¡No ..... vivir sin libros!

**4 Imagina que puedes hacer estas cosas. ¿Qué harías? Escribe una frase en cada caso.**

a. volar ➔ ..Iría volando cada día al instituto...

b. respirar bajo el agua ➔ .....

c. ver en la oscuridad ➔ .....

## L'EXPRESSION DE LA CONCESSION

**5 Transforma las frases utilizando el conector aunque.**

a. Viajo bastante, pero no conozco París.
➔ ..Aunque viajo bastante, no conozco París...

b. Es una novela muy famosa, pero no la he leído aún.
➔ .....

c. Ángel no practica ningún deporte, pero es muy ágil.
➔ .....

d. Miguel tiene cinco años, pero cocina como su abuela.
➔ .....

e. A Sofía no le gusta volar, pero tiene que hacerlo frecuentemente.
➔ .....

## EL REALISMO MÁGICO

**6 Completa la definición del realismo mágico con estas palabras.**

lógica | ~~realismo mágico~~ | realidad | género literario | mágico | cosmovisión

El **(a.)** ..realismo mágico.. es un **(b.)** ..... que refleja una **(c.)** ..... del universo donde lo **(d.)** ..... y la **(e.)** ..... no están diferenciados. En el realismo mágico, cuando se rompe la **(f.)** ..... , los personajes no se sorprenden, lo viven como algo normal.

## LE PRÉSENT DE L'INDICATIF : VERBES À DIPHTONGUE

**1 Completa las frases con los verbos en presente de indicativo.**

a. Los aristócratas del siglo XIX **(mostrar)** muestran gran interés por los retratos de Goya.
b. Jaime y yo **(querer)** ..... ver la exposición sobre Goya.
c. Al final de su vida, Napoléon **(pensar)** ..... que la Guerra de la Independencia es la causa de sus desgracias.
d. Y vosotros, ¿por qué **(volver)** ..... cada año al Museo del Prado para contemplar las obras de Goya?
e. Yo no **(entender)** ..... el sentido de las corridas de toros.

## LE VOUVOIEMENT

**2 Completa las frases con estos verbos. Conjuga los verbos en presente de indicativo o en imperativo.**

preguntar | ~~querer~~ | necesitar | poder | subir

a. ¿Quiere usted acompañarme a la entrada?
b. Para visitar la exposición de Goya, ..... ustedes al segundo piso del museo.
c. Si ..... usted más información, ..... en recepción.
d. ..... ustedes elegir el retrato que más les guste.

## LE FUTUR

**3 Conjuga los verbos entre paréntesis en futuro.**

a. El reinado de Carlos IV **(ser)** será una época llena de conflictos.
b. Para poder trabajar como pintor, Goya **(tener)** ..... que mantener una buena relación con las clases ricas.
c. ¿Marta y tú **(venir)** ..... con nosotros al museo a ver la nueva exposición de Goya?
d. Las consecuencias de la Guerra de la Independencia **(resultar)** ..... catastróficas para la sociedad española.
e. Este curso, en clase de historia, **(estudiar, nosotros)** ..... el siglo XIX en España.

## LES INDÉFINIS

**4 Completa las frases con estas palabras.**

ningún | nadie | ~~ninguna~~ | nada

a. Yo pensaba que en el Louvre no había ninguna obra de Goya, pero la verdad es que hay varias.
b. Para Goya no había ..... más importante que la libertad.
c. En la biblioteca no hemos encontrado ..... libro sobre la familia de Carlos IV.
d. *Los fusilamientos del 3 de mayo* no dejan indiferente a ..... .

## LA TRADUCTION DE « IL Y A »

**5 Escribe frases describiendo este cuadro de Goya. Puedes usar estas palabras.**

encima de | detrás de | al fondo
un perro | un parasol | un muro
haber | (estar) de pie / sentado(a)

↑ *El Quitasol*, Francisco de Goya, 1777

En primer plano, hay una mujer sentada en el suelo.

## GOYA Y SU TIEMPO

**6 Lee las definiciones sobre la sociedad en la época de Goya. Relaciónalas con estas palabras.**

el (la) noble | el pueblo | el rey (la reina)
el (la)campesino(a) | el burgués (la burguesa)

a. El (La) monarca soberano(a): .....
b. Persona con título nobiliario: .....
c. Persona que trabaja el campo: .....
d. Conjunto de la población: .....
e. Persona de la clase social alta por méritos económicos: .....

## NO SOLO... SINO QUE

**1 Escribe frases con los elementos propuestos. Debes usar el conector no solo... sino que.**

a. ese grafiti + ser crítico + ser una obra de arte
→ Ese grafiti no solo es crítico, sino que es una obra de arte.

b. esa grafitera + hacer rayados + pintar murales
→ .....

c. Valparaíso + ser colorida + tiene un gran patrimonio
→ .....

d. el Ayuntamiento + prohibir pintar + sancionar a los muralistas
→ .....

e. los murales + ser bonitos + muestran la realidad
→ .....

f. las instalaciones urbanas + tomar los espacios públicos + ser participativas
→ .....

g. el arte urbano + ser alegre + transformar las calles
→ .....

## L'EXPRESSION DE LA VOLONTÉ

**2 ¿Infinitivo o presente de subjuntivo? Elige la forma correcta en cada caso.**

a. Esa ley quiere **regular / regula** los grafitis de la ciudad.

b. Los propietarios buscan que el Ayuntamiento los **proteger / proteja**.

c. Con ese mural, los artistas buscan **criticar / critiquen**.

d. Los vecinos de Valparaíso quieren que **cumplirse / se cumpla** la ley.

e. El festival Hecho en Casa quiere **sacar / saque** el arte a la calle.

f. Los grafiteros buscan que el arte **ser / sea** reivindicativo.

## L'EXPRESSION DE LA CAUSE

**3 ¿Por o porque? Elige la opción correcta en cada frase.**

a. Les pusieron una sanción **por / porque** estaba prohibido.

b. Visité Valparaíso **por / porque** me encanta el arte urbano.

c. No ha pintado el grafiti **por / porque** miedo a la multa.

d. La Brigada Ramona Parra pintó un gran mural **por / porque** querían criticar al gobierno.

e. Crearon ese festival **por / porque** diversión.

f. En esa calle borraron todos los rayados **por / porque** las protestas de los vecinos.

## L'EXPRESSION DU BUT

**4 Completa las frases con los verbos en infinitivo o en presente de subjuntivo.**

a. Voy a pedir permiso para **(pintar)** pintar un grafiti.

b. Las esculturas están en la calle para que la gente **(disfrutar)** ..... .

c. Unos artistas han pintado esa pared para **(alegrar)** ..... el barrio.

d. Inti ha hecho un gran mural para **(criticar)** ..... el poder.

e. El gobierno ha aprobado una ley para que los vecinos **(no quejarse)** ..... .

f. Me gustaría ir a Santiago para **(ver)** ..... la obra de Dasic Fernández.

## EL ARTE URBANO

**5 Escribe los pies de foto de estas expresiones de arte urbano para un catálogo sobre Valparaíso.**

a

Grafiti alegre y colorido de una niña sonriendo y tocándose el pelo en un muro de la ciudad.

b

.....

c

.....

**6 Detecta el intruso en cada serie de palabras.**

a. multar | sancionar | prohibir | celebrar | regular

b. grafiti | ropa | mural | pintura | escultura

## CONSTRUCCIONES PARA HABLAR DEL PERMISO Y LA PROHIBICIÓN

**7 Asocia un elemento de cada columna para formar frases.**

| | | |
|---|---|---|
| a. En mi barrio está | permiso | hacer grafitis. |
| b. Me han puesto | prohibido | por hacer ruido. |
| c. Nos han concedido | una multa | para pintar un mural. |

## L'IMPARFAIT DE L'INDICATIF

**1 Completa las frases con los verbos en imperfecto.**

a. "Moros" **(ser)** ...era... el nombre que los cristianos **(dar)** ..... a los musulmanes que **(luchar)** ..... contra ellos.

b. Batalla tras batalla los moros y los cristianos **(luchar)** ..... infatigablemente.

c. Los cristianos **(poder)** ..... identificar a sus enemigos por la ropa que **(llevar)** ..... .

d. Los incas **(pensar)** ..... que el sol **(alejarse)** ..... cada 24 de junio. Por eso **(hacer)** ..... ceremonias para rendirle tributo.

e. Los incas **(preparar)** ..... el Inti Raymi durante tres días.

f. Cada año, en el solsticio de invierno, todos **(ir)** ..... a la plaza y **(esperar)** ..... la salida del sol.

g. Cuando el sol **(salir)** ....., todos **(empezar)** ..... a cantar.

## L'IMPÉRATIF

**2 Reescribe estas frases conjugando los verbos en la 1ª persona del plural del imperativo.**

Es importante luchar por nuestras ideas.

a. ...Luchemos por nuestras ideas...

Es necesario conocer nuestros derechos.

b. .....

Es indispensable decidir por nosotros mismos.

c. .....

Hay que unirse por la paz.

d. .....

**3 Reescribe estas frases. Conjuga los verbos en imperativo.**

a. Tenéis que defender vuestro orgullo.
→ ...Defended... vuestro orgullo.

b. Tienes que ser un buen ciudadano.
→ ..... un buen ciudadano.

c. Tenéis que tener el valor de hablar.
→ ..... el valor de hablar.

d. Tienes que hacer un gesto para el pueblo.
→ ..... un gesto para el pueblo.

## *POR / PARA*

**4 Completa las frases con con por, para o para que.**

a. Estas fiestas sirven ...para que... no olvidemos la historia.

b. Muchas personas luchan ..... sus derechos.

c. Hay que tener el traje adecuado ..... participar en el desfile.

d. La ceremonia se hace en la calle ..... todo el mundo pueda participar.

## *SEGUIR* + GÉRONDIF

**5 Transforma las frases siguientes utilizando la perífrasis verbal seguir + gerundio.**

a. En México todavía celebran el grito de la independencia.
→ En México ...siguen celebrando... el grito de la independencia.

b. Ecuador aún rinde homenaje al sol.
→ Ecuador ..... homenaje al sol.

c. ¿Aún tienes el traje de moro para el desfile de la fiesta?
→ ¿..... el traje de moro para el desfile de la fiesta?

d. Todavía aprendo cosas sobre la historia de mi país.
→ ..... cosas sobre la historia de mi país.

## *ESTAR* + GÉRONDIF

**6 Relaciona las palabras con las imágenes. Escribe qué están haciendo estas personas.**

desfilar | ver fuegos artificiales | celebrar una fiesta

a

...Las personas de la foto están...

b

.....

c

.....

## CONSTRUCCIONES PARA SITUAR EVENTOS Y HABLAR DE ROPA

**7 Describe una fiesta histórica de tu país o cultura. Utiliza estas estructuras.**

tener lugar | ir vestido(a) | llevar | ir disfrazado(a)

## LE PASSÉ SIMPLE

**1 Transforma las frases conjugando los verbos destacados en la persona correspondiente.**

a. Paula y Alberto **fueron** a visitar la catedral de Burgos.
→ Paula y yo ..fuimos.. a visitar la catedral de Burgos.

b. Y tú, ¿qué **hiciste** el verano pasado?
→ Y vosotros, ¿qué ..... el verano pasado?

c. **Tuviste** suerte de encontrarte con gente conocida.
→ (Ellos) ..... suerte de encontrarse con gente conocida.

d. No **pudieron** hablar por teléfono con sus padres.
→ No (yo) ..... hablar por teléfono con sus padres.

**2 Completa las frases con los verbos en pretérito indefinido *(passé simple)*.**

a. La iglesia **(construirse)** ..se construyó.. en honor de la Virgen María.

b. Ildefonso Falcones **(inspirarse)** ..... en la historia de la basílica para escribir su novela.

c. Antoni Gaudí **(aceptar)** ..... continuar la construcción de la Sagrada Familia.

d. Los barceloneses siempre **(sentirse)** ..... fascinados por el templo de Gaudí.

e. En 2012, la fábrica Fabra i Coats **(transformarse)** ..... en un centro de creación.

## LE PLUS-QUE-PARFAIT

**3 Completa las frases con los verbos en pretérito pluscuamperfecto.**

a. Mis padres y yo **(comprar)** ..habíamos comprado.. las entradas para la basílica antes de llegar.

b. ¿Tú ya **(leer)** ..... la novela cuando entraste en la iglesia?

c. Antoni Gaudí **(poner)** ..... mucho entusiasmo en la edificación de la Sagrada Familia.

d. Visitamos la fábrica Fabra i Coats porque en la oficina de turismo nos **(decir)** ..... que era muy interesante.

e. La gente humilde **(ser)** ..... feliz en aquel barrio antes de la construcción de la plaza.

f. Había mucho comercio, porque las transformaciones de la ciudad **(atraer)** ..... a mercaderes ricos.

g. Cuando empezó la serie de televisión, el libro de Ildefonso Falcones **(vender)** ..... más de un millón de ejemplares.

## LES SUBORDONNÉES RELATIVES

**4 Escribe frases con estos elementos. Utiliza los relativos donde, que o quien.**

a. En el sótano de la basílica se encontraron vestigios romanos. + Allí se organizan hoy visitas guiadas.
→ ..En el sótano de la basílica, donde se encontraron vestigios romanos, se organizan hoy visitas guiadas..

b. Fabra i Coats era una antigua fábrica textil. + Hoy es un espacio de creación artística.
→ ..Fabra i Coats.....

c. La iglesia Santa María del Mar se construyó en La Ribera del Mar. + La Ribera del Mar era un humilde barrio de pescadores.
→ ..La Ribera del Mar.....

d. En la calle de l'Esparteria antiguamente se fabricaban cestos de fibras vegetales. + Hoy es un lugar de atractivo turístico.
→ ..En la calle de l'Esparteria.....

e. En 1883 Antoni Gaudí tenía solo 31 años. + En aquel momento se encarga de las obras de la Sagrada Familia.
→ ..En 1883 Antoni Gaudí.....

## LA VOIX PASSIVE

**5 Di si las frases están en forma activa o pasiva.**

a. Los pescadores habían sido expulsados del barrio por los mercaderes extranjeros. → **activa / pasiva**

b. La basílica fue edificada por varios arquitectos.
→ **activa / pasiva**

c. Ferran Puig fundó la fábrica a finales del siglo XIX.
→ **activa / pasiva**

d. El Ayuntamiento de Barcelona convirtió el edificio abandonado en un espacio de creación.
→ **activa / pasiva**

**6 Transforma las frases de la actividad anterior de activa a pasiva, y viceversa.**

a. ..Los mercaderes del barrio habían expulsado a los pescadores..

## LA HISTORIA DE LA CIUDAD

**7 Escribe debajo de cada letra una palabra o expresión de la unidad que contenga esa letra.**

A
..acercarse..

| B | C | D | E |
|---|---|---|---|
| ..... | ..... | ..... | ..... |
| **F** | **G** | **H** | **I** |
| ..... | ..... | ..... | ..... |
| **L** | **M** | **N** | **Ñ** |
| ..... | ..... | ..... | ..... |
| **O** | **P** | **Q** | **R** |
| ..... | ..... | ..... | ..... |
| **S** | **T** | **U** | **V** |
| ..... | ..... | ..... | ..... |

## LE FUTUR

**1 Completa las frases con estos verbos. Conjúgalos en futuro.**

hacer | poder | tener | estar | ~~enamorarse~~ | haber

a. En el futuro, algunos seres humanos se enamorarán de los robots.

b. Dentro de diez años, en las casas todo ..... conectado a internet.

c. En cien años, los robots ..... controlar a los humanos.

d. Este año, todos los ordenadores del instituto ..... instalado un antivirus.

e. Dentro de veinte años, ..... robots muy inteligentes.

f. En cinco años, muchas neveras ..... pedidos al supermercado.

## LE CONDITIONNEL

**2 Conjuga los verbos en condicional, en la persona indicada.**

a. dejar (ellos) → dejarían

b. ver (vosotros) → .....

c. hablar (él / ella) → .....

d. poder (tú) → .....

e. hacer (nosotros) → .....

**3 Completa las frases con los verbos en condicional.**

a. En el futuro, los androides **(poder)** podrían gobernar a los seres humanos.

b. Un robot emocional **(ayudar)** ..... a los autistas.

c. Para protegerse de los hackers **(haber)** ..... que instalar un antivirus.

d. Para mí **(ser)** ..... extraño vivir en una casa tecnológica.

e. En un futuro más tecnológico, los humanos **(tener)** ..... tostadoras inteligentes.

## LES SUBORDONNÉES RELATIVES

**4 Completa las frases con el relativo adecuado.**

en las que | con los que | con la que | con el que | ~~en el que~~

a. Vivimos en un mundo en el que todo está conectado.

b. Quiero una impresora ..... pueda crear formas humanas.

c. Me encantan las novelas de ciencia ficción ..... aparecen robots dominando el mundo.

d. No tengo ningún videojuego ..... jugar este fin de semana.

e. En el futuro habrá robots ..... podremos curar enfermedades.

## LES PRONOMS COD ET COI

**5 Transforma las siguientes frases usando un pronombre COD o COI, o ambos.**

a. Podemos comprar el felpudo interactivo.
→ Podemos comprarlo interactivo.

b. Los humanos crearon las máquinas. → .....

c. La nevera indica dónde venden el producto más barato.
→ .....

d. ¿Puedes preguntar al androide si podemos irnos? → .....

e. Luis compró el robot emocional a mi prima. → .....

## LA COMPARAISON

**6 Completa las frases con el comparativo adecuado. Debes mantener el significado de la primera frase.**

peores | menos... que | tanto como | ~~tan... como~~

a. Los robots son más lógicos que los humanos.
→ Los humanos no son tan lógicos como los robots.

b. Los robots pueden trabajar más que los humanos.
→ Los humanos no pueden trabajar ..... los robots.

c. Yo creo que los robots son mejores que los humanos.
→ Yo creo que los humanos son ..... que los robots.

d. Los humanos son más emocionales que los robots.
→ Los robots son ..... emocionales ..... los humanos.

## LOS ROBOTS

**7 Relaciona las palabras con las imágenes. Encuentra el intruso.**

el androide | el robot | la tostadora | la nevera | el lápiz

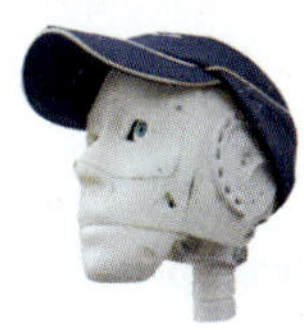
a. el androide

b. .....

c. .....

d. .....

e. .....

**8 Completa las frases con estas palabras.**

almacenar información | ~~estar programado~~ | tener instalado

a. Un coche puede estar programado para encenderse solo.

b. Los robots son capaces de ..... .

c. El robot debe ..... un sensor para reconocer los movimientos.

# Banco de actividades



## L'IMPARFAIT ET LE PASSÉ SIMPLE

**1 ¿Imperfecto o indefinido *(passé simple)*? Elige la opción correcta en cada caso.**

a. Ana María Pérez del Campo no **quiso / quería** seguir casada y por eso **decidía / decidió** divorciarse.

b. Las mujeres españolas **se manifestaban / se manifestaron** el 8 de marzo de 2018 porque no **estaban / estuvieron** de acuerdo con la situación de la mujer en España.

c. Como Marta y yo no **sabíamos / supimos** el nombre de la primera mujer universitaria, **decidíamos / decidimos** buscar su nombre en internet.

## LES INDICATEURS DE TEMPS

**2 Continúa estas frases con acontecimientos de tu vida.**

a. Entre 2011 y 2013 fui a clases de guitarra.

b. A principios del año pasado .....

c. En 2017 .....

d. Durante mi infancia .....

## *TARDAR* + PÉRIODE DE TEMPS + *EN* + INFINITIF

**3 Reescribe estas frases. Utiliza la estructura tardar... en.**

a. El divorcio se legalizó 43 años después.
→ El divorcio tardó 43 años en legalizarse.

b. Ana María se divorció nueve años después.
→ Ana María .....

c. Las mujeres pudieron estudiar en la universidad mucho tiempo después.
→ Las mujeres .....

## L'EXPRESSION DE L'OPINION

**4 Completa las frases con los verbos en presente de subjuntivo.**

a. No es justo que una mujer **(dedicar)** dedique más al día a las tareas domésticas que un hombre.

b. Es lógico que muchas mujeres **(protestar)** ..... por las desigualdades salariales.

c. Me parece indignante que las labores del hogar **(ser)** ..... solo responsabilidad de las mujeres.

d. Es necesario que la mujer **(sentirse)** ..... empoderada en el año 2019.

e. Es justo que las mujeres **(tener)** ..... los mismos derechos que los hombres.

## LAS MUJERES

**5 Busca en la sopa de letras cinco verbos relacionados con la lucha feminista.**

| | | | | | | | | | | | | | | |
|---|---|---|---|---|---|---|---|---|---|---|---|---|---|---|
| L | G | Ñ | T | L | U | D | C | T | Z | U | I | T | Z | C |
| J | E | S | Ñ | J | M | I | A | L | O | G | R | A | R | O |
| S | I | C | K | C | E | M | G | N | T | J | L | E | A | N |
| A | J | S | I | T | H | A | U | Z | U | C | K | I | V | S |
| E | H | E | V | O | L | U | C | I | O | N | A | R | A | E |
| T | U | C | S | C | S | K | U | Z | T | Ñ | C | L | N | G |
| Ñ | U | T | Ñ | P | J | U | R | E | H | A | J | I | Z | U |
| M | A | N | I | F | E | S | T | A | R | S | E | K | A | I |
| S | T | A | C | E | G | U | G | T | L | U | E | I | R | R |

**6 Añade las vocales que faltan. Descubre cinco verbos o expresiones relacionadas con el trabajo invisible de las mujeres.**

a. L A | T A R E A | D E L | H O G A R

b. L _ | P _ R S _ N _ | M _ Y _ R

c. C _ C _ N _ R

d. C _ _ D _ R | D _ | L _ S | H _ J _ S

e. H _ C _ R | L _ | C _ M P R _

## VERBOS CON Y SIN PRONOMBRE

**7 Completa las frases con la preposición adecuada.**

a (x2) | de | ~~con~~ | en | Ø

a. Esta tarde he quedado con mis amigos para ir a una manifestación.

b. Laura dedica ..... más tiempo ..... las tareas del hogar que su marido.

c. Este fin de semana voy a quedarme ..... casa.

d. Para estar en forma hay que cuidarse ..... mucho.

e. Cada vez hay más hombres que piden días libres para cuidar ..... sus hijos pequeños.

f. Clara Campoamor decidió dedicarse ..... la política y luchar por los derechos de la mujer.

## LA NUMÉRATION

**1 Observa este gráfico sobre las lenguas habladas en Perú, según un sondeo realizado en 2017. Escribe frases con los datos que aporta. Escribe los números y los porcentajes en letras.**

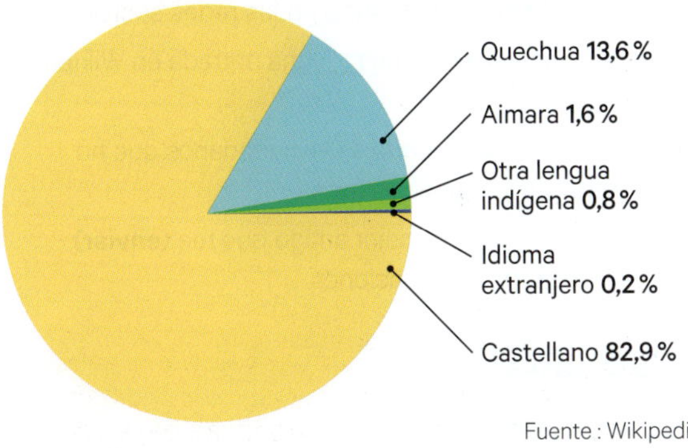


Fuente : Wikipedia

En el año dos mil diecisiete, el ochenta y dos coma nueve por ciento de la población hablaba castellano.

## L'EXPRESSION DU BUT

**2 ¿Infinitivo o presente de subjuntivo? Completa las frases en la forma correcta.**

a. Con el mercado de Pimampiro, el gobierno consigue **(preservar)** preservar una tradición ancestral.

b. El estado peruano trabaja para que todas las etnias del país **(lograr)** ..... hacer respetar sus derechos.

c. La filosofía del buen vivir ayuda a que **(respetarse)** ..... mucho más nuestro planeta.

d. El gobierno de Perú trabaja para **(acabar)** ..... con la discriminación en su país.

e. Con nuestra lucha conseguimos que **(conocerse)** ..... la riqueza de nuestra lengua y nuestras costumbres.

## LA TRADUCTION DE « ON »

**3 Reescribe las frases utilizando la estructura se + 3ª persona.**

a. En el mercado de Pimampiro la gente intercambia experiencias.
→ En el mercado de Pimampiro, se intercambian experiencias.

b. En el Parlamento Andino Juvenil los estudiantes debaten diversos temas.
→ En el Parlamento Andino Juvenil, ..... diversos temas.

c. En el mercado de Pimampiro puedes conocer a gente muy difetente.
→ En el mercado de Pimampiro, ..... a gente muy difetente.

d. La mayoría de los ecuatorianos conoce el Pimampiro como *tierra del sol* o *tierra del tomate*.
→ En Ecuador, ..... el Pimampiro como *tierra del sol* o *tierra del tomate*.

## LA MULTICULTURALIDAD

**4 Escribe un antónimo para cada una de estas palabras.**

a. la paz → la guerra
b. la igualdad → .....
c. la riqueza → .....
d. reír → .....
e. mejorar → .....

**5 Escribe las palabras que corresponden a las siguientes definiciones.**

a. De diferentes culturas o relacionado con ellas. → intercultural
b. De múltiples naciones. → .....
c. Acción y efecto de discriminar. → .....
d. Acción y efecto de mezclar. → .....
e. Vínculo que existe entre compañeros. → .....

## CONSTRUCCIONES PARA DESCRIBIR LUGARES

**6 Observa estas dos fotos. Escribe frases para describir lo que ves y el ambiente que crees que hay.**

↑ Castells de Vilafranca del Penedés

↑ Carnaval de Las Palmas de Gran Canaria

En la imagen del Carnaval de Las Palmas de Gran Canaria, el ambiente es... / hay...

## LES INDÉFINIS

**1 Completa las frases con estas palabras.**

varias | mucho | casi todos | ~~algunas~~ | muchos

a. ..Algunas.. personas comparten información sin haberla verificado.

b. Paso ..... tiempo en las redes sociales.

c. Tengo ..... amigos que ven la tele.

d. Para informarme bien consulto ..... fuentes.

e. Consulto mis redes sociales ..... los días.

## L'EXPRESSION DE L'OPINION

**2 ¿Presente de indicativo o subjuntivo? Elige la opción correcta en cada caso.**

a. Creo que mi madre **tiene / tenga** razón.

b. No es cierto que los jóvenes **se creen / se crean** ..... todo lo que se publica en internet.

c. Mi padre cree que **puede / pueda** ..... fiarse de Wikipedia.

d. No es cierto que **es / sea** ..... fácil distinguir las noticias falsas de las verdaderas.

## LE DISCOURS INDIRECT

**3 Completa las frases con los verbos en el tiempo verbal que corresponda.**

a. Helena me dice que **(haber)** ..hay.. información falsa en esta noticia.

b. En aquella época se decía que no **(existir)** ..... la mentira en el periodismo.

c. Los periodistas comentan que ya se **(poder)** ..... salir a la calle con normalidad.

d. La información indicaba que allí no **(pasar)** ..... nada.

**4 Transforma las frases utilizando el discurso indirecto.**

a. "Acabo de recibir una postal por mi cumpleaños".
→ Ana dijo que ..acababa de recibir una postal por su cumpleaños..

b. "Es importante contrastar la información".
→ La asociación de periodistas afirmó que ..... .

c. "¿Estás leyendo algún libro?"
→ Mi madre me pregunta si ..... .

d. "Me encanta compartir todo lo que hago con vosotros".
→ Nacho escribió en su blog que ..... .

e. "¿Estás suscrito a alguna revista?"
→ Le pregunté a David si ..... .

## L'IMPARFAIT DU SUBJONCTIF ET LA CONCORDANCE DES TEMPS

**5 Completa las frases con los verbos en imperfecto de subjuntivo.**

a. Me dijo que le preocupaba que su hijo **(pasar)** ..pasara.. tanto tiempo en las redes sociales.

b. Le pidió que **(escribir)** ..... una entrada en Wikipedia sobre ella.

c. La Policía recomendó a los ciudadanos que no **(difundir)** ..... noticias falsas.

d. Ayer le pedí a mi mejor amigo que me **(enviar)** ..... las fotos de las vacaciones.

## LA INFORMACIÓN

**6 Escribe un ejemplo que conozcas para cada medio de comunicación.**

a. Un periódico digital o en papel → ..El Mundo..

b. Un programa de televisión → .....

c. Una emisora de radio → .....

d. Un blog → .....

e. Una red social → .....

f. Una página web → .....

**7 Escribe un sinónimo para cada expresión.**

a. la página web → ..el sitio web..

b. veraz → .....

c. gratis → .....

d. contrastar → .....

e. propagar → .....

f. cuestionar → .....

g. bulo → .....

## LOS VERBOS *CREER*, *CREER EN* Y *CREERSE*

**8 Completa las frases con estas palabras.**

creo | me creo | creo en

a. ..... su capacidad y criterio para detectar las informaciones falsas.

b. Siempre contrasto las informaciones y no ..... lo primero que leo.

c. ..... que es difícil encontrar un artículo riguroso sobre este tema.

WIKIPEDIA
La enciclopedia libre

# Dossier de méthodologie

## 1 Comment apprendre à mémoriser

### 1. Apprivoisez votre cerveau

- Acquérir durablement une information prend du temps. Prévoyez donc des moments d'apprentissage réguliers et espacés. La répétition régulière est la source de toute bonne mémorisation.

**Astuce** L'idéal est de réactiver sa mémoire dans les 24 heures, puis dans la semaine, la veille du cours suivant, une semaine plus tard, et enfin un mois plus tard.

- On retient mieux ce que l'on a bien compris. En classe, soyez donc attentifs, participez et prenez des notes claires.

### 2. Utilisez vos intelligences multiples

- Il existe huit types d'intelligence, plus ou moins développés selon les individus. Adoptez les modes d'apprentissage les plus adaptés aux vôtres !

» **Intelligence linguistique ?** Votre mémoire est stimulée par des mots et des phrases bien construites. Pour apprendre, résumez vos cours sur une fiche avec vos propres mots, inventez des moyens mnémotechniques pour retenir idées, termes et dates, récitez le cours à haute voix.

» **Intelligence naturaliste ?** Vous êtes sensibles à l'environnement, aux animaux, aux plantes. Pour apprendre, associez chaque concept à un animal ou à un paysage, récitez vos cours à l'extérieur, en vous promenant, voire en jardinant !

» **Intelligence musicale ?** Apprenez en chantant, en battant la mesure ou sur fond musical, inventez une chanson sur le thème à mémoriser, jouez sur les rimes, les sons, les inflexions de votre voix.

» **Intelligence intrapersonnelle ?** Vous aimez être seuls et connaissez bien vos forces et vos limites. Apprenez en vous regardant dans un miroir, en vous enregistrant ou en vous filmant.

» **Intelligence interpersonnelle ?** Vous comprenez les autres et savez entrer en relation avec eux. Apprenez en discutant du cours avec des amis, regardez un film sur le sujet, travaillez en groupe.

» **Intelligence corporelle ?** Vous êtes habiles de vos mains, vous aimez danser, bouger, toucher. Faites les cent pas en apprenant vos leçons, associez les idées à des mouvements ou des parties du corps, faites des travaux pratiques.

» **Intelligence spatiale ?** Vous aimez l'art et avez un grand sens de l'observation et de l'orientation. Utilisez un code couleurs pour identifier les éléments importants de la leçon, recopiez-la en utilisant des symboles ou des dessins, utilisez des schémas, des cartes, des affiches, essayez de vous représenter mentalement le cours...

» **Intelligence logique ?** Vous aimez résoudre des énigmes, synthétiser, ordonner les choses. Faites des schémas et des frises chronologiques, classez les concepts et les mots, faites des listes, cherchez les liens logiques entre les idées.

### 3. Et pour apprendre le vocabulaire...

- Cherchez la prononciation des mots dans un dictionnaire en ligne et reproduisez-la.
- Faites des phrases avec ces mots. Vous retiendrez mieux des mots associés que des mots isolés.
- Recopiez plusieurs fois le vocabulaire, surtout les mots qui vous semblent difficiles.
- Notez et classez le lexique à retenir dans un carnet de vocabulaire. Relisez-le souvent !
- Utilisez des outils d'apprentissage en ligne comme Quizlet. On apprend toujours mieux en s'amusant !

**LE SAVEZ-VOUS ?**

La mnémotechnique, c'est l'art de la mémoire. Les astuces mnémotechniques aident à retenir toutes sortes d'informations. En voici une : en espagnol, il n'y a que quatre consonnes qui peuvent se doubler. Pour les retenir, souvenez-vous du prénom « Carolina ».

CAROLINA: acción, carro, llave, innovar

Sachez que vous retiendrez encore mieux si vous inventez vos propres moyens mnémotechniques !

# 2 Comment améliorer son espagnol en dehors de la classe

## 1. Regardez des vidéos en espagnol

- Regardez vos films et séries en espagnol !

  » Même avec les sous-titres en français, cela vous sera profitable car **votre oreille s'affinera**, et vous repérerez de plus en plus de mots et d'expressions.

  » Si vous n'en avez pas l'habitude, cela vous demandera sans doute des efforts au début, mais **vous vous y ferez très vite**. Après quelques temps, vous ne voudrez plus revenir à la VF !

  » Si vous avez un bon niveau et que vous regardez déjà tout en VO, essayez de **mettre les sous-titres en espagnol** de temps en temps. Cela vous permettra d'associer les sons que vous entendez aux mots que vous lisez.

- Regardez des vidéos en espagnol sur Internet ! Vous suivez certains vidéastes français ? Sachez que le choix est grand en espagnol aussi ! Jeux vidéo, humour, science, mode, histoire... Quels que soient vos goûts, il existe des vidéos pour vous !

## 2. Changez les paramètres de vos sites Internet préférés

- Affichez vos réseaux sociaux, vos applications et vos boîtes e-mails en espagnol. Ce petit geste peut vous aider : vous apprendrez quelques mots de vocabulaire sans trop bouleverser votre quotidien.

- Pour aller plus loin, vous pouvez aussi remplacer certains sites français par leur équivalent espagnol (ex. : AlloCiné par SensaCine) ou vous habituer à consulter Wikipédia en espagnol.

## 3. Lisez la presse du monde hispanique en ligne

- Il existe de nombreux sites d'informations en espagnol. Certains sont plutôt légers et traitent de sujets de société, de cinéma, de célébrités, etc. D'autres sont plus sérieux, comme **elpais.com** ou **eldiario.es**. Parmi les sujets traités, vous en trouverez sûrement qui correspondent à vos centres d'intérêt. Vous n'êtes pas obligés de vous abonner, vous pouvez consulter leur site ou suivre leur page sur les réseaux sociaux.

## 4. Lisez des ouvrages en espagnol

- Jetez un œil au CDI : il dispose peut-être de magazines ou de livres en espagnol. Choisissez un support adapté à vos goûts et à votre niveau avec l'aide du (de la) documentaliste ou de votre professeur(e) d'espagnol.

  » Si vous n'avez pas l'habitude de lire en espagnol, vous pouvez choisir des **ouvrages très accessibles** comme des éditions bilingues ou des recueils de nouvelles. Vous pouvez également essayer de relire en espagnol un livre que vous avez déjà lu en français.

  » Si vous êtes à l'aise, **lancez-vous** en choisissant un livre en espagnol que vous ne connaissez pas, mais qui vous fait envie !

## 5. Consultez votre manuel

- Les pages « **Más documentos para disfrutar** » vous donneront des idées de lecture, de films, de chansons ou de séries pour approfondir les sujets que vous venez d'aborder et pour améliorer votre pratique de l'espagnol, le tout en vous divertissant !

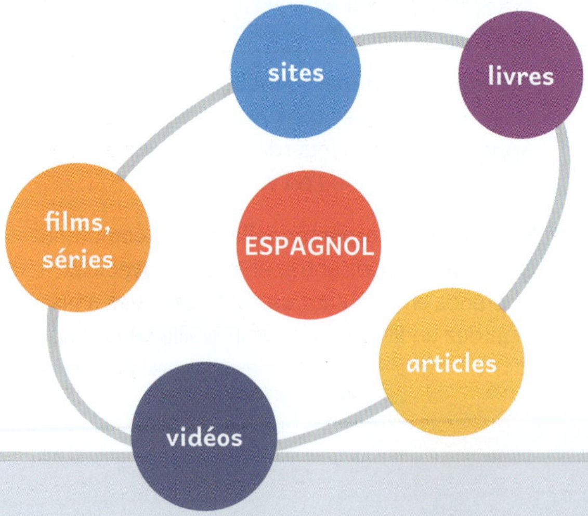

## 3 Comment organiser ses idées grâce aux cartes mentales

### 1. Comment réaliser votre carte mentale ?

- Quelques conseils de conception :

» Placez votre feuille A3 ou A4 **à l'horizontale**, au format paysage. Il est important d'avoir de l'espace pour bien s'organiser.

» Dans un premier temps, travaillez toujours **au crayon à papier**.

» **Au centre** de la feuille, écrivez un mot concret et très simple qui indique votre **thème principal**.

» **Autour de ce thème**, notez vos différentes **idées**. Il doit s'agir de mots-clés clairs et concis, afin de faciliter votre lecture et de clarifier votre esprit.

» **Autour de chaque idée**, indiquez les **sous-thèmes**.

» Chaque sous-thème peut éventuellement aussi être décliné en plusieurs **sous-catégories**. Ainsi, chaque mot correspond à une idée nouvelle, et chaque idée fait naître d'autres idées !

Exemple d'organisation de carte mentale

- Quelques conseils de mise en forme :

» Pour faciliter la lecture, écrivez de préférence **en ligne droite**.

» Les mots les plus **proches du centre** doivent être **écrits en grand**, car ils correspondent aux idées les plus importantes.

» **Les branches** qui relient le thème central aux idées principales doivent être **assez grosses**, celles qui relient les idées principales aux sous-thèmes doivent être **plus fines**, et ainsi de suite.

» Une fois que vous êtes sûrs de vous, écrivez vos idées principales en noir ou en bleu. Vous pouvez **utiliser d'autres couleurs** pour les autres catégories. De nombreuses personnes sont en effet plus efficaces lorsqu'elles associent certaines couleurs à certaines idées.

### 2. Comment illustrer votre carte mentale ?

- Inutile de bien savoir dessiner pour créer une carte mentale ! L'utilisation de couleurs, de pictogrammes et de dessins vous permettra de mémoriser plus facilement :

» Un **nuage de couleur** ou une **ligne** tracée autour de plusieurs idées permet de les rapprocher pour mieux les lier dans votre mémoire.

» Des **codes couleurs** permettent de mettre en valeurs certaines idées, certaines familles de mots ou certaines actions.

**Astuce** Votre cerveau adore les images et les couleurs, qui stimulent les émotions et favorisent la mémorisation.

- Prenez le temps d'embellir votre carte mentale : plus elle sera attrayante, lisible et colorée, plus elle vous parlera. N'oubliez pas qu'elle fait appel à votre mémoire visuelle !

# 4 Comment prendre des notes pour la compréhension de l'oral

## 1. À ne pas faire

- N'attendez pas la fin de la première écoute ou du premier visionnage pour commencer à prendre des notes. Vous devez vous tenir prêts dès que le document est lancé, afin de ne pas perdre de temps ou de ne pas oublier ce que vous entendez au fur et à mesure.
- N'écrivez pas de phrases complètes ! Elles vous font perdre du temps, mais aussi le fil de la compréhension. Il est généralement inutile de noter les verbes « de base » comme **ser** et **tener**, ou bien les articles tels que **el (la)**.
- N'écrivez pas trop serré ! Aérez vos notes autant que possible pour pouvoir les compléter ou les modifier facilement lors d'une deuxième écoute ou d'un deuxième visionnage.
- Ne prenez pas vos notes sur des morceaux de feuilles ou des coins de cahiers ! Il faut un bel espace bien dégagé pour écrire lorsqu'on découvre un document audio ou une vidéo.
- N'utilisez pas de stylo indélébile ! Quel que soit votre niveau, une compréhension orale est faite d'hypothèses, puis de corrections. Le crayon à papier est donc bien plus pratique pour pouvoir effacer et recommencer !

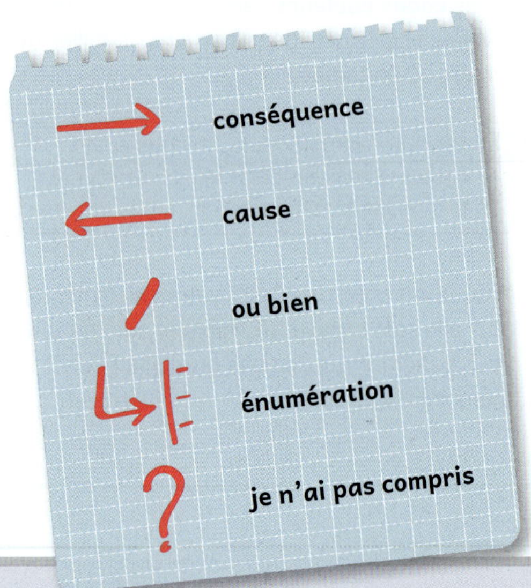


## 2. À faire

- Optez si possible pour une organisation en « carte mentale » autour d'un élément central. Ce sera plus souple et plus parlant qu'une organisation verticale. Pour ce faire, reportez-vous à la fiche de méthodologie n° 3 p. 151.
- Pensez à utiliser des petits dessins ou des symboles (voir exemples ci-dessous). Rapides à réaliser, ils sont également efficaces pour exprimer vos idées. Par exemple, au lieu d'écrire le mot « conséquence », vous pouvez tout simplement faire une flèche.
- Le travail collaboratif est toujours profitable ! Lorsque c'est possible, comparez vos notes avec celles d'un(e) camarade, non pas pour les recopier mais pour réfléchir ensemble aux hypothèses les plus probables.
- Le meilleur moyen d'améliorer votre compréhension de l'oral est d'être exposés très souvent à de l'espagnol authentique et non sous-titré. Regardez deux ou trois fois par semaine de brèves vidéos (2-3 minutes) sur des sites d'information en ligne, et prenez le temps de vous entraîner à prendre des notes sur ce que vous avez compris, en trois visionnages successifs.
  Vous ne saisissez pas tout ? Aucune importance ! Avec un entraînement régulier, vous verrez progressivement poindre la confiance… et les résultats !

Quelques exemples de symboles pour synthétiser vos idées

# 5 Comment réussir une interaction écrite

## 1. Que faut-il pour bien interagir à l'écrit ?

- Avec le développement des réseaux sociaux et des outils nomades de communication, l'interaction écrite prend de plus en plus de place dans votre quotidien. Qu'il s'agisse de communiquer par texto ou via une application de messagerie, d'échanger des mails, de répondre à un message sur un forum, ou de collaborer à la rédaction d'un texte avec des camarades, l'interaction écrite nécessite de développer à l'écrit des stratégies que vous avez déjà rencontrées à l'oral (coopération, reprise, relance...).
- Dans la plupart des cas, vous allez devoir faire preuve d'une certaine rapidité de réponse. L'interaction écrite vous offre toutefois un temps de latence qui permet de prendre en compte les productions précédentes.
- Mais les réponses d'un chat peuvent s'entremêler, vous allez devoir communiquer le maximum d'informations en un minium de mots, et vos réponses doivent être adaptées au contexte et au niveau de langue rencontré. Tout ceci se travaille !

## 2. Entraînez-vous !

- Saisissez toutes les opportunités d'échanger par écrit en espagnol ! Vous pouvez communiquer avec vos camarades pour réfléchir ensemble à une problématique ou une activité donnée, mais aussi échanger par mail avec vos correspondants ou mener des projets en collaboration avec des élèves espagnols grâce à la plateforme **eTwinning**.
- Pour réagir à des commentaires écrits ou rédiger un texte à plusieurs, vous pouvez utiliser un outil d'écriture collaborative comme **Framapad**. Les contributions de chacun(e) sont signalées par un code couleur. Elles apparaissent à l'écran en temps réel et sont enregistrées à mesure qu'elles sont tapées.
- Pour réagir à des commentaires de blog ou pour simuler une conversation par chat, vous pouvez utiliser le site **Padlet** sous la responsabilité de votre professeur(e).
- Pour converser sur des forums, des chats ou des applications telles que **WhatsApp**, exercez-vous à écrire des phrases courtes. Vous pourrez ainsi réagir rapidement et avec précision.

## 3. Adaptez-vous au contexte !

- Sur un chat ou un forum, le registre de langue employé est plus familier que dans des productions écrites plus classiques. Vous pouvez donc utiliser ces abréviations fréquentes :
  » que → q ou k
  » por qué / porque → pq
  » por → x
- Dans un courriel, comme dans une lettre classique, il y a quelques codes à respecter en fonction du destinataire à qui l'on s'adresse :

  » Une formule d'appel :

  Estimado(a) señor(a) López:
  Estimados señores:
  Hola, Marta:

  » Une formule de conclusion :

  Quedo a la espera de su / tu respuesta.
  Estoy a su disposición para cualquier consulta.

  » Une formule de politesse :

  Saludos cordiales,
  Hasta pronto,
  Besos,

## 4. Lancez-vous !

- Vous l'avez compris, on ne progresse qu'en pratiquant. Alors... à vos claviers !

# 6 Comment synthétiser l'information d'un texte

## 1. Appropriez-vous le texte

- Lisez attentivement le texte plusieurs fois afin de définir sa nature et de repérer les personnes, les lieux et les périodes mentionnés.
  - S'il s'agit d'un texte littéraire, **surlignez les verbes d'action** pour comprendre qui fait quoi.
  - S'il y a des dialogues, **repérez qui s'adresse à qui et dans quel but**.
  - S'il s'agit d'un texte informatif, **surlignez l'idée centrale de chaque paragraphe** et **repérez les liens logiques** entre ces paragraphes.

## 2. Concevez et rédigez votre synthèse

- Au brouillon, faites un schéma ou une carte mentale à partir de tous les éléments que vous avez repérés et compris.
- Pour que ce soit bien clair, indiquez les relations logiques ou temporelles entre ces éléments.
- Vérifiez que votre représentation graphique a du sens, qu'elle ne comprend pas de détail superflu et qu'il n'y manque pas non plus d'information importante.
- À partir du schéma que vous avez réalisé, rédigez votre résumé :
  - Si vous travaillez à la maison, **écrivez d'abord au brouillon**.
  - Articulez les idées ou les informations avec les **mots de liaison** appropriés.
  - Surtout, **n'employez que vos propres mots**. Vous ne devez ni recopier le texte ni le citer. Mais il n'est pas non plus question d'émettre de jugement personnel !

**Astuce** Utilisez des **phrases courtes** et privilégiez la structure **sujet + verbe + complément**, pour vous assurer d'aller à l'essentiel.
Si la phrase est complexe, elle doit comporter des **connecteurs logiques** pour être cohérente.
Si elle manque de cohérence, vous pouvez certainement la scinder en deux phrases plus courtes.

## 3. Relisez-vous

- N'oubliez jamais de relire attentivement et plusieurs fois votre résumé, pour vérifier qu'il est cohérent et qu'il se lit facilement, pour éliminer les éventuelles répétitions, et pour vous assurer que votre syntaxe et votre orthographe sont irréprochables !

**LE SAVEZ-VOUS ?**

Savoir résumer un texte est une compétence fondamentale pour structurer sa pensée. Il existe des méthodes spécifiques pour faire des synthèses de documents. Vous pourrez trouver des articles sur ce sujet sur des sites spécialisés, et même des ouvrages entièrement dédiés à l'apprentissage de cette technique.

# 7 Comment apprendre à travailler en équipe

## 1. Pour un projet à réaliser : organisez votre travail !

- Un travail de groupe bien mené est un travail bien organisé : chacun(e) doit savoir ce qu'il a à faire ! Pour cela, relisez les consignes : quelle est la tâche à réaliser ? En combien de temps ?
- Discutez avec vos camarades des points à traiter et de la manière dont vous allez vous y prendre. Réfléchissez : que faut-il faire en priorité ? Et dans un deuxième temps ?
- Pour que le travail soit encore plus efficace, vous pouvez désigner des référents :
  - un(e) « **gardien(ienne) du temps** » qui surveillera la montre,
  - un(e) **porte-parole** qui appellera le (la) professeur(e) en cas de besoin,
  - un(e) **modérateur(trice)** qui distribuera la parole,
  - un(e) **secrétaire** qui notera la production du groupe (même si chacun(e) devra prendre des notes pour garder une trace du travail réalisé).

**LE SAVEZ-VOUS ?**

La capacité à travailler en équipe est indispensable dans l'exercice de nombreux métiers, par exemple ceux des secteurs de la santé, du bâtiment, de l'entreprise en général, et bien d'autres encore, comme ceux d'architecte, d'ingénieur(e) ou d'enseignant(e).

## 2. Les clés de la réussite : la coopération et l'entraide

- Avant toute chose, prenez le temps de réfléchir individuellement pour avoir des idées à partager.
- Ne sollicitez votre professeur(e) qu'en dernier recours : apprenez à coopérer et à vous entraider. À plusieurs, on est plus fort ! Cherchez ensemble les stratégies adaptées pour parvenir au résultat, quitte à vous tromper. Utilisez les outils à votre disposition : dictionnaire, lexiques et précis de grammaire à la fin du manuel, traces écrites, etc.
- Ne restez pas passifs : prenez des initiatives, apportez votre contribution, confrontez vos idées à celles de vos camarades. Prenez des risques ! On progresse aussi en faisant des erreurs.
- Exprimez-vous sans faire trop de bruit pour ne pas gêner les autres groupes.
- Faites circuler la parole en respectant vos camarades. Écoutez tous les avis !
- Respectez le temps imparti. Ne vous dispersez pas dans des choses inutiles pour la progression de votre travail collectif. Restez concentrés.
- Efforcez-vous d'échanger en espagnol, jouez le jeu : c'est la seule et unique façon de progresser !

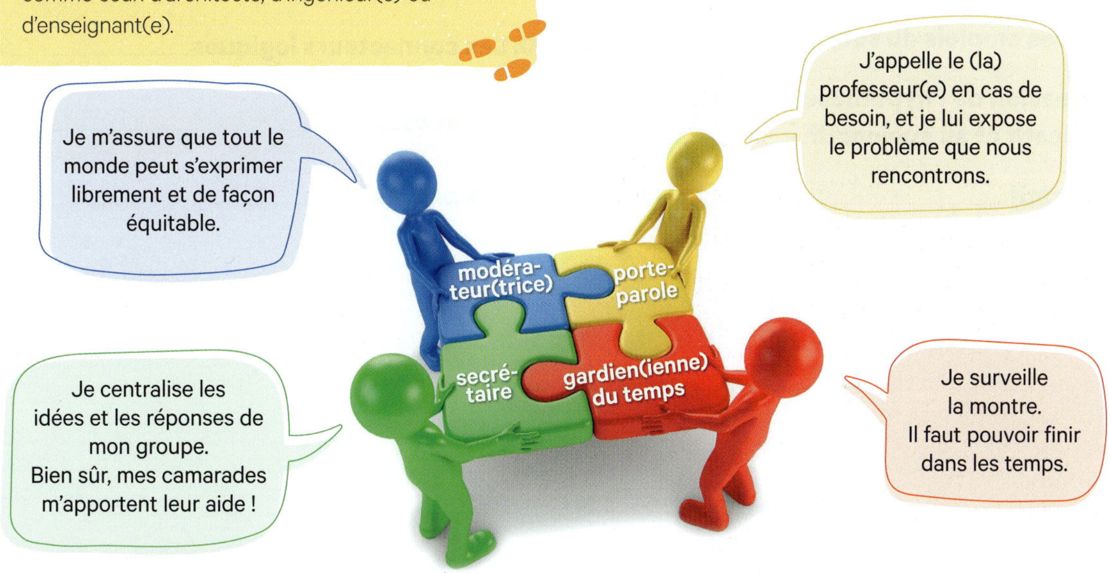

# Précis grammatical

## 1. Les adjectifs et pronoms indéfinis

→ pp. 62, 129

Les indéfinis s'utilisent pour parler de quantités non précises ou pour mentionner l'absence de quelque chose ou de quelqu'un. Ils peuvent avoir deux fonctions : adjectifs ou pronoms.

- Adjectifs

**todo(a/os/as)** + **el / la / los / las**
**algún(una/unos/unas)**
**ningún(una/unos/unas)**
**cualquier**
→ + **nom**

> ! Devant un nom, **alguno** et **ninguno** (qui sont masculins singuliers) s'apocopent en **algún** et **ningún**.
>
> No hay ningún pintor al que no le guste Goya.

- Pronoms

**todo(a/os/as)** + **el / la / los / las**
**alguno(a/os/as)**
**ninguno(a/os/as)**
**cualquier(a)**
→ + **∅**

- ¿Hay algún museo sobre Goya en Sevilla?
- No, no hay ninguno.
- ¿Hay alguna obra de Goya donde salga el mar?
- No, creo que no hay ninguna.

Casi todos los adolescentes eligen la primera página que ven en internet.

Pour parler de personnes ou de choses sans spécifier de qui ou de quoi on parle précisément, on utilise :

**alguien / nadie**
**algo / nada**

- ¿Hay alguien? Il y a quelqu'un ?
- No hay nadie. Il n'y a personne.
- Veo algo. Je vois quelque chose.
- No veo nada. Je ne vois rien.

> ! Quand les indéfinis négatifs (**nadie**, **nada**, **ningún(uno/una/unos/unas)**) sont placés avant le verbe, on ne doit pas employer **no**.
>
> Casi ningún adolescente ø comprueba la información buscada en internet.
> Presque aucun adolescent ne vérifie les informations recherchées sur Internet.

## 2. Le vouvoiement

→ pp. 29, 61

**usted** + **3e personne du singulier**

¿Señor Goya, podría usted pintar a mi familia?
Monsieur Goya, pourriez-vous peindre ma famille ?

Usted no hizo nada para ayudarnos. Vous n'avez rien fait pour nous aider.

**ustedes** + **3e personne du pluriel**

¿De dónde son ustedes? D'où êtes-vous ?

Ustedes nos invadieron en el siglo XVI. Vous nous avez envahis au XVIe siècle.

> ! En Espagne, on utilise bien moins le vouvoiement qu'en France. En principe, on l'emploie avec les personnes âgées et les inconnus. On ne l'emploie pas avec les professeurs, qu'il est même courant d'appeler par leur prénom.

Toutes les marques du vouvoiement doivent être à la 3e personne, du singulier ou du pluriel selon que l'on s'adresse à une ou plusieurs personnes.

- adjectifs possessifs : **su**, **sus**.
  ¿Quiere darme su chaqueta? Voulez-vous me donner votre veste ?
- pronoms COD et COI : **lo(s)**, **la(s)**, **le(s)**.
  ¿Quiere que la llame enseguida? Voulez-vous que je vous appelle tout de suite ?
- verbes à tournure affective : **a usted le gusta(n)**...
  ¿A ustedes les gusta viajar ? Aimez-vous voyager ?

## 3. La comparaison

→ p. 102

### 1. La comparaison avec un nom ou un adjectif

**más / menos** + **nom / adjectif** + **que**

**tanto(a/os/as)** + **nom** + **como**

**tan** + **adjectif** + **como**

Los robots ya son más inteligentes que los humanos.
Les robots sont déjà plus intelligents que les humains.

Los robots cometen menos errores que los humanos.
Les robots commettent moins d'erreurs que les humains.

En el futuro, los robots serán tan sensibles como los humanos.
Dans le futur, les robots seront aussi sensibles que les humains.

### 2. La comparaison avec un verbe

**verbe** + **más / menos** + **que** / **verbe** + **tanto** + **como**

Quiero a mi perro más que a mi mascota autómata.
J'aime plus mon chien que mon automate de compagnie.

Los robots trabajarán tanto como las personas.
Les robots travailleront autant que les personnes.

(!) Il existe quelques comparatifs irréguliers :

~~más bien~~ ➡ **mejor** meilleur(e)
~~más mal~~ ➡ **peor** pire

Las personas cocinan mejor que las máquinas.

Pour dire « plus grand(e) » et « plus petit(e) », on utilise généralement **más grande** et **más pequeño(a)**, mais dans certains cas, il faut utiliser les irréguliers ci-dessous :

**más grande** ➡ **mayor** plus grand(e)
**más pequeño(a)** ➡ **menor** plus petit(e)

La habitación de mi hermano es más grande que la mía.

- ¿Quién es mayor, Florence o Lauren?
- Florence es mayor, tiene 17 años.

## 4. La numération : les nombres cardinaux

→ p. 121

| | | | | |
|---|---|---|---|---|
| 0 cero | 11 once | 22 veintidós | 33 treinta y tres | 400 cuatrocientos |
| 1 uno | 12 doce | 23 veintitrés | 40 cuarenta | 500 quinientos |
| 2 dos | 13 trece | 24 veinticuatro | 41 cuarenta y uno | 600 seiscientos |
| 3 tres | 14 catorce | 25 veinticinco | 50 cincuenta | 700 setecientos |
| 4 cuatro | 15 quince | 26 veintiséis | 60 sesenta | 800 ochocientos |
| 5 cinco | 16 dieciséis | 27 veintisiete | 70 setenta | 900 novecientos |
| 6 seis | 17 diecisiete | 28 veintiocho | 80 ochenta | 1000 mil |
| 7 siete | 18 dieciocho | 29 veintinueve | 90 noventa | 2000 dos mil |
| 8 ocho | 19 diecinueve | 30 treinta | 100 cien(to) | 1000000 un millón |
| 9 nueve | 20 veinte | 31 treinta y uno | 200 doscientos | 2000000 dos millones |
| 10 diez | 21 veintiuno | 32 treinta y dos | 300 trescientos | |

On utilise **cien** quand on se réfère exactement au nombre 100.
Dans tous les autres cas, on utilise **ciento** :

El hotel cuesta cien euros por noche.

El billete de avión cuesta ciento veinte euros.

Pour lire des pourcentages, on utilise **por ciento** :

El dieciocho por ciento (18 %) de los indígenas de Ecuador vive en situación de pobreza extrema.

À partir de 200, les centaines s'accordent avec le nom qu'elles déterminent : Hay quinientas personas y doscientos perros.

Lorsque **millón** ou **millones** sont suivis d'un nom, on utilise la préposition **de** devant ce nom : Un millón de turistas visitaron Mallorca el año pasado.

(!) **Uno** s'apocope en **un** devant un nom masculin singulier.

- ¿Cuántos billetes tienes?
- Uno.
- Tengo un billete.

(!) En espagnol, on place toujours un article (**el** ou **un**) devant les pourcentages.

El / Un tres por ciento (3 %) de la población indígena tiene un título universitario.

## 5. Les pronoms

p. 102

### 1. Les pron. réfléchis (« me », « te », « se »...)

| | | |
|---|---|---|
| me | te | se |
| nos | os | se |

Si te informas sobre el origen de los productos, serás un consumidor más responsable. Si te renseignes sur l'origine des produits, tu seras un consommateur plus responsable.

### 2. Les pronoms COD (« me », « te », « le »...)

| | | |
|---|---|---|
| me | te | lo / la |
| nos | os | los / las |

La androide Beatriz limpia las mesas del bar. La androide Beatriz las limpia. L'androïde Béatrice nettoie les tables du bar. L'androïde Béatrice les nettoie.

Lorsque le COD apparaît avant le verbe, il faut obligatoirement utiliser aussi le pronom COD correspondant avant ce verbe.

Los cafés los sirve la androide Beatriz. Les cafés, c'est l'androïde Béatrice qui les sert.

### 3. Les pronoms COI (« me », « te », « lui »...)

| | | |
|---|---|---|
| me | te | le (se) |
| nos | os | les (se) |

Es el cumpleaños de Ana, le he comprado un libro. C'est l'anniversaire d'Ana, je lui ai acheté un livre.

Lorsque le COI apparaît avant le verbe, il faut obligatoirement utiliser aussi le pronom COI correspondant avant ce verbe.

A David le han regalado un móvil. Ils ont offert un téléphone portable à David.

Quand le COI est placé après le verbe, il est fréquent de mettre aussi le pronom avant le verbe.

Le han regalado un móvil a David.

### 4. Les combinaisons de pronoms COD et COI

L'ordre des pronoms est toujours le suivant :

pronom COI + pronom COD

¡Qué boli más chulo! ¿Me lo das? Quel chouette stylo ! Tu me le donnes ?

Les pronoms COI des troisièmes personnes du singulier et du pluriel se transforment en **se** si on les combine avec les pronoms COD des troisièmes personnes du singulier et du pluriel.

~~le~~ ➡ se / ~~les~~ ➡ se + lo / la / los / las = se lo / se la / se los / se las

- ¿Quién le ha robado el bocadillo a Santiago? Qui a volé le sandwich de Santiago ?
- ~~Le lo ha robado Nacho.~~ ➡ Se lo ha robado Nacho. C'est Nacho qui l'a volé.

### 5. L'enclise

L'enclise consiste à souder un pronom COD ou COI à un verbe.
Elle se produit à l'impératif, à l'infinitif et au gérondif.

- ¿Qué hago con la ropa que no uso?
- Véndela con esta aplicación o regálamela.
- ¿Qué hago con la ropa que no uso?
- Puedes venderla con esta aplicación o regalármela.
- Qué hago con la ropa que no uso?
- Puedes ganar dinero vendiéndola con esta aplicación.

Dans les constructions incluant un infinitif ou un gérondif (périphrases verbales), les pronoms peuvent se placer devant la forme conjuguée ou derrière la forme non conjuguée.

No te puedes enfadar por eso. = No puedes enfadarte por eso. Tu ne peux pas te fâcher pour ça.

Katia se está maquillando. = Katia está maquillándose. Katia est en train de se maquiller.

! Au gérondif et à l'impératif, il est fréquent de devoir ajouter un accent écrit pour respecter la place de l'accent tonique :

¡Etiquétame!

! À la 2e personne du pluriel des verbes pronominaux, le **d** disparaît :

Chicos, poneos en parejas y sentaos todos.
Les enfants, mettez-vous par groupes de deux et asseyez-vous tous.

## 6. Le présent de l'indicatif

pp. 21, 61

### 1. Les verbes réguliers

Formation du présent de l'indicatif (verbes réguliers) :

- HABL~~AR~~ + -o, -as, -a, -amos, -áis, -an
- COM~~ER~~ + -o, -es, -e, -emos, -éis, -en
- ESCRIB~~IR~~ + -o, -es, -e, -imos, -ís, -en

| HABLAR | COMER | ESCRIBIR |
|---|---|---|
| hablo | como | escribo |
| hablas | comes | escribes |
| habla | come | escribe |
| hablamos | comemos | escribimos |
| habláis | coméis | escribís |
| hablan | comen | escriben |

### 2. Les verbes à affaiblissement

| PEDIR (E > I) |
|---|
| pido |
| pides |
| pide |
| pedimos |
| pedís |
| piden |
| Autres verbes : **reír**, **competir**, **repetir**, **seguir**... |

Il n'y a pas d'irrégularité à ces personnes.

### 3. Les verbes à diphtongue

| DIVERTIRSE (E > IE) | VOLVER (O > UE) | JUGAR (U > UE) |
|---|---|---|
| me divierto | vuelvo | juego |
| te diviertes | vuelves | juegas |
| se divierte | vuelve | juega |
| nos divertimos | volvemos | jugamos |
| os divertís | volvéis | jugáis |
| se divierten | vuelven | juegan |
| Autres verbes : **empezar**, **querer**, **sentir**, **preferir**... | Autres verbes : **encontrar**, **dormir**, **morir**, **poder**... | **Jugar** est le seul verbe qui se conjugue de cette façon. |

### 4. Autres verbes irréguliers

Quelques verbes sont irréguliers à la première personne du singulier seulement :
**aparecer** ➡ **aparezco**, **ver** ➡ **veo**, **salir** ➡ **salgo**, **hacer** ➡ **hago**, **saber** ➡ **sé**, **dar** ➡ **doy**, **estar** ➡ **estoy**...

D'autres verbes ont plusieurs irrégularités :

| TENER | DECIR | SER | IR |
|---|---|---|---|
| tengo | digo | soy | voy |
| tienes | dices | eres | vas |
| tiene | dice | es | va |
| tenemos | decimos | somos | vamos |
| tenéis | decís | sois | vais |
| tienen | dicen | son | van |

Le verbe **venir** se conjugue comme le verbe **tener**.

*Pour la conjugaison du verbe **haber**, voir 7. Le passé composé.*

### 5. Les emplois du présent de l'indicatif

Le présent de l'indicatif s'emploie notamment pour exprimer la fréquence avec laquelle on fait des actions habituelles. Il est alors souvent accompagné des adverbes et expressions ci-dessous :

**siempre** toujours
**todos los días / los fines de semana / ...**
**todas las mañanas / las tardes / las semanas / ...**
**normalmente**
**muchos días / muchas veces / ...**
**a veces** parfois
**casi nunca** presque jamais
**(no... ) nunca** jamais

Todas las mañanas salgo a pasear.
Je sors me promener tous les matins.

Normalmente duermo unas ocho horas.
Normalement, je dors environ huit heures.

Casi nunca bailo en público.
Je ne danse presque jamais en public.

Nunca voy al cine. = No voy nunca al cine.
Je ne vais jamais au cinéma.

## 7. Le passé composé

pp. 41, 42

### 1. Les verbes réguliers

Formation du passé composé (verbes réguliers) :

**présent de l'indicatif de HABER** + **participe passé**

| | | |
|---|---|---|
| **he**<br>**has**<br>**ha**<br>**hemos**<br>**habéis**<br>**han** | + | **viajado**<br>**comido**<br>**vivido** |

On ne sépare jamais l'auxiliaire du participe passé et le participe passé est toujours invariable.

Hemos llegado bien a nuestro destino.
~~Hemos bien llegado a nuestro destino.~~
Nous sommes bien arrivés / arrivées à destination.

*Pour la formation du participe passé, voir 14. Le participe passé.*

### 2. Les verbes irréguliers

Certains verbes ont un participe passé irrégulier.

*Pour les participes passés irréguliers, voir : 8. Le participe passé.*

### 3. Les emplois du passé composé

Le passé composé renvoie à une action située dans une période de temps non encore révolue ou à une action dont on veut souligner le lien avec le présent.

Pablo Escobar ha sido una de las figuras más controvertidas de Colombia.
Pablo Escobar a été l'une des figures les plus controversées de Colombie.

Le passé composé s'emploie fréquemment avec les indicateurs de temps ci-dessous :

**hoy** aujourd'hui
**esta mañana / tarde / semana...**
**este fin de semana / mes / año / ...**
**siempre** toujours
**(no... ) nunca** jamais
**alguna vez** déjà
**una vez / dos veces / muchas veces**
**ya** déjà
**todavía no** pas encore

Hoy ha sido un día horrible.
Esta mañana me ha despertado un ruido.
He ido a Colombia dos veces.
Ya he decidido lo que quiero estudiar.
• ¿Habéis ido a Barcelona alguna vez?
° Sí, hemos ido tres veces.
Nunca he ido a esquiar. = No he ido nunca a esquiar.

## 8. Le participe passé

pp. 41, 42

### 1. Les verbes réguliers

Formation du participe passé des verbes en **-ar** :

CANT~~AR~~ + -ado = cantado

Formation du participe passé des verbes en **-er** et **-ir** :

COM~~ER~~ + -ido = comido

VIV~~IR~~ + -ido = vivido

### 2. Quelques verbes irréguliers

| | | | |
|---|---|---|---|
| ABRIR | ➡ abierto | PONER | ➡ puesto |
| DECIR | ➡ dicho | ROMPER | ➡ roto |
| ESCRIBIR | ➡ escrito | VER | ➡ visto |
| HACER | ➡ hecho | VOLVER | ➡ vuelto |

### 3. Les emplois du participe passé

Le participe passé s'emploie pour former le passé composé.

Esta canción ha llegado al número uno.
Cette chanson est devenue numéro un.

*Voir 7. Le passé composé*

Employé comme adjectif, le participe passé s'accorde en genre et en nombre avec le nom auquel il se rapporte.

Escobar ha sido el traficante más buscado de Colombia.
Escobar a été le trafiquant le plus recherché de Colombie.

## 9. Le passé simple

pp. 41, 49, 89, 90, 109

### 1. Les verbes réguliers

Formation du passé simple (verbes réguliers) :

LLEGAR + -é, -aste, -ó, -amos, -asteis, -aron

NACER / VIVIR + -í, -iste, -ió, -imos, -isteis, -ieron

| LLEGAR | NACER | VIVIR |
|---|---|---|
| llegué | nací | viví |
| llegaste | naciste | viviste |
| llegó | nació | vivió |
| llegamos | nacimos | vivimos |
| llegasteis | nacisteis | vivisteis |
| llegaron | nacieron | vivieron |

### 2. Les verbes à affaiblissement

| PEDIR (E > I) | MORIR (O > U) |
|---|---|
| pedí | morí |
| pediste | moriste |
| pidió | murió |
| pedimos | morimos |
| pedisteis | moristeis |
| pidieron | murieron |
| Autres verbes : **competir**, **reír**, **repetir**, **seguir**... | Le verbe **dormir** se conjugue comme le verbe **morir**. |

### 3. Autres verbes irréguliers

| DAR | SER / IR |
|---|---|
| di | fui |
| diste | fuiste |
| dio | fue |
| dimos | fuimos |
| disteis | fuisteis |
| dieron | fueron |

Certains verbes ont un radical irrégulier au passé simple. Leurs terminaisons sont identiques.

| Verbe | Radical |
|---|---|
| DECIR | dij- * |
| ESTAR | estuv- |
| HACER | hic- |
| PODER | pud- |
| PONER | pus- |
| QUERER | quis- |
| SABER | sup- |
| TENER | tuv- |
| VENIR | vin- |

\+ -e, -iste, -o, -imos, -isteis, -ieron

! *Les verbes **decir**, **traer** et tous les verbes en -**ucir** ont un radical irrégulier terminé en -**j** et une terminaison en -**eron** à la 3e personne du pluriel : **trajeron**, **dijeron**, **produjeron**, **condujeron**...

Quand le radical d'un verbe en -**er** ou -**ir** se termine par une voyelle, le **i** de la terminaison des troisièmes personnes se transforme en **y** : **caer** > **cayeron**, **contribuir** > **contribuyeron**.

### 4. Les emplois du passé simple

Le passé simple s'utilise pour parler d'actions passés qui n'ont pas de lien avec le présent.

! En espagnol, le passé simple s'empoie beaucoup plus fréquemment qu'en français, tant à l'oral qu'à l'écrit.

Cuando era joven, viví dos años en México.
Quand j'étais jeune, j'ai vécu deux ans au Mexique.

Le passé simple est souvent accompagné des indicateurs de temps ci-dessous :

**ayer** hier
**la semana pasada**
**el mes / año pasado / ...**
**un / ese / aquel día** un jour / ce jour-là
**en 2015 / en marzo / ...**
**en esa / aquella época**
**en esos / aquellos tiempos**
**en ese / aquel momento**

Aquel día, Fernanda pidió ayuda a las mujeres de la casa.

En el siglo XIV se construyó Santa María del Mar.

En aquel momento las mujeres empezaron a pedir justicia.

## 10. L'imparfait de l'indicatif

pp. 49, 82, 109

### 1. Les verbes réguliers

Formation de l'imparfait de l'indicatif (verbes réguliers) :

JUGAR + -aba, -abas, -aba, -ábamos, -abais, -aban

PODER / SALIR + -ía, -ías, -ía, -íamos, -íais, -ían

| JUGAR | PODER | SALIR |
|---|---|---|
| jugaba | podía | salía |
| jugabas | podías | salías |
| jugaba | podía | salía |
| jugábamos | podíamos | salíamos |
| jugábais | podíais | salíais |
| jugaban | podían | salían |

### 2. Les verbes irréguliers

Il existe seulement trois verbes irréguliers :

| VER | SER | IR |
|---|---|---|
| veía | era | iba |
| veías | eras | ibas |
| veía | era | iba |
| veíamos | éramos | íbamos |
| veíais | erais | ibais |
| veían | eran | iban |

### 3. Les emplois de l'imparfait de l'indicatif

L'imparfait de l'indicatif s'emploie notamment pour faire des descriptions ou de la narration dans des textes au passé, ou pour situer un événement dans le passé et l'opposer au présent.

Mientras salía el sol, los incas cantaban y elevaban la voz progresivamente.

On l'emploie fréquemment avec les indicateurs de temps ci-dessous :

**antes** avant
**en los años 80** dans les années 80
**en aquella época / en aquel tiempo** à cette époque / en ce temps-là
**en la época / tiempo de** à l'époque de(s) / au temps de(s)
**hace 20 años** il y a 20 ans

Pour comparer le passé avec le présent, on emploie fréquemment les indicateurs de temps ci-dessous :

**ahora** maintenant
**actualmente** actuellement
**hoy en día** aujourd'hui
**el / la / los / las ... actual(es)** le / la / les ... d'aujourd'hui

Antes las mujeres no tenían acceso al poder, ahora su situación es diferente.

En la época de los incas, se celebraba el Inti Raymi con mucha solemnidad. Actualmente, se celebra en parte para los turistas.

## 11. Le plus-que-parfait

p. 89

### 1. La formation du plus-que-parfait

Les verbes réguliers se conjuguent de la façon suivante :

imparfait du verbe **HABER** + participe passé

había
habías
había
habíamos
habíais
habían
+
viajado
comido
vivido

Certains verbes ont un participe passé irrégulier.

*Voir 8. Le participe passé*

### 2. Les emplois du plus-que-parfait

Le plus-que-parfait s'emploie pour décrire des actions que se sont produites avant un moment donné du passé.

Antes de costruir Santa María del mar, el barrio del Born había crecido como un suburbio de Barcelona.

Au plus-que-parfait comme au passé composé, le participe passé est toujours invariable et on ne le sépare jamais de l'auxiliaire.

Construyeron la iglesia en el lugar donde supuestamente habían martirizado a Santa Eulalia.

## 12. Le futur

pp. 61, 101

### 1. Les verbes réguliers

Formation du futur (verbes réguliers) :

TRABAJAR / APRENDER / DORMIR + -é, -ás, -á, -emos, -éis, -án

| TRABAJAR | APRENDER | DORMIR |
|---|---|---|
| trabajaré | aprenderé | dormiré |
| trabajarás | aprenderás | dormirás |
| trabajará | aprenderá | dormirá |
| trabajaremos | aprenderemos | dormiremos |
| trabajaréis | aprenderéis | dormiréis |
| trabajarán | aprenderán | dormirán |

### 2. Les verbes irréguliers

Les irrégularités affectent toujours le radical du verbe. Les terminaisons, elles, sont toujours régulières.

DECIR ➡ dir-
HABER ➡ habr-
HACER ➡ har-
PODER ➡ podr-
QUERER ➡ querr-
SABER ➡ sabr-
SALIR ➡ saldr-
TENER ➡ tendr-
VENIR ➡ vendr-

\+ -é, -ás, -á, -emos, -éis, -án

### 3. Les emplois du futur

Le futur s'emploie pour parler d'un événement à venir. On l'utilise fréquemment avec des indicateurs de temps comme ceux indiqués ci-dessous :

**algún día** un jour
**en … años** dans … ans
**dentro de … años** dans … ans
**en los próximos … años** dans les prochaines années
**pronto** bientôt
**en el futuro** dans le futur, à l'avenir
**el año que viene** l'année prochaine
**(no… ) nunca** jamais

Algún día los robots serán más inteligentes que los humanos.
Un jour, les robots seront plus intelligents que les humains.

Goya, que nace en un pequeño pueblo alejado de la capital, llegará a ser el pintor español más importante de su tiempo.
Goya, qui naît dans un petit village éloigné de la capitale, deviendra le peintre espagnol le plus important de son époque.

Nunca colonizaremos Saturno.
= No colonizaremos nunca Saturno.
On ne colonisera jamais Saturne.

## 13. Le conditionnel

pp. 49, 50, 101

### 1. Les verbes réguliers

Formation du conditionnel (verbes réguliers) :

UTILIZAR / DEBER / SERVIR + -ía, -ías, -ía, -íamos, -íais, -ían

| UTILIZAR | DEBER | SERVIR |
|---|---|---|
| utilizaría | debería | serviría |
| utilizarías | deberías | servirías |
| utilizaría | debería | serviría |
| utilizaríamos | deberíamos | serviríamos |
| utilizaríais | deberíais | serviríais |
| utilizarían | deberían | servirían |

### 2. Les verbes irréguliers

Les verbes irréguliers du conditionnel sont les mêmes que les verbes irréguliers du futur. *Voir 12. Le futur*

Seuls les radicaux sont irréguliers. Les terminaisons, elles, sont toujours régulières : -**ía**, -**ías**, -**ía**, -**íamos**, -**íais**, -**ían**.

### 3. Les emplois du conditionnel

Le conditionnel s'emploie pour évoquer des situations hypothétiques.

Un felpudo conectado a internet nos daría la bienvenida y se interesaría por nosotros.

Il s'emploie également pour conseiller ou suggérer.

Deberías comprar este felpudo, es increíble.

## 14. Le présent du subjonctif

p. 30

### 1. Les verbes réguliers

Formation du présent du subjonctif (verbes réguliers) :

HABL~~AR~~ + -e, -es, -e, -emos, -éis, -en

COM~~ER~~ / VIV~~IR~~ + -a, -as, -a, -amos, -áis, -an

| HABLAR | COMER | VIVIR |
|---|---|---|
| hable | coma | viva |
| hables | comas | vivas |
| hable | coma | viva |
| hablemos | comamos | vivamos |
| habléis | comáis | viváis |
| hablen | coman | vivan |

### 2. Les verbes irréguliers à la 1re personne du singulier du présent de l'indicatif

Ces verbes conservent cette même irrégularité (**tener** > **tengo**) à toutes les personnes du présent du subjonctif.

- TENER ➡ **tenga, tengas, tenga, tengamos, tengáis, tengan**
- SALIR ➡ **salga, salgas, salga, salgamos, salgáis, salgan**
- CONOCER ➡ **conozca, conozcas, conozca, conozcamos, conozcáis, conozcan**

### 3. Les verbes à affaiblissement (E > I)

- PEDIR ➡ **pida, pidas, pida, pidamos, pidáis, pidan**
- SEGUIR ➡ **siga, sigas, siga, sigamos, sigáis, sigan**

### 4. Les verbes à diphtongue (E > IE, O > UE)

- PENSAR ➡ **piense, pienses, piense, pensemos, penséis, piensen**
- VOLVER ➡ **vuelva, vuelvas, vuelva, volvamos, volváis, vuelvan**

### 5. Les verbes à alternance (E > IE / I, O > UE / U)

Au présent du subjonctif, ces verbes diphtonguent aux trois personnes du singulier et à la 3e personne du pluriel, et s'affaiblissent aux 1re et 2e personnes du pluriel.

- SENTIR ➡ **sienta, sientas, sienta, sintamos, sintáis, sientan**
- DORMIR ➡ **duerma, duermas, duerma, durmamos, durmáis, duerman**

### 6. Les verbes totalement irréguliers

- SER ➡ **sea, seas, sea, seamos, seáis, sean**
- SABER ➡ **sepa, sepas, sepa, sepamos, sepáis, sepan**
- IR ➡ **vaya, vayas, vaya, vayamos, vayáis, vayan**

## 15. Quelques emplois du subjonctif

### 1. L'expression de la volonté et du souhait

p. 69

**querer / necesitar / desear / esperar / buscar** + **que** + **subjonctif**

El director quiere que el festival sea un éxito.

Los grafiteros buscan que sus obras tengan algún impacto en los ciudadanos.

### 2. L'expression du but

pp. 70, 121

**intentar / ayudar a / permitir / conseguir / lograr** + **que** + **subjonctif**

**verbe** + **para que** + **subjonctif**

Los muralistas intentan que los ciudadanos se acerquen al arte.

Las obras en el espacio público sirven para que la vida en las ciudades sea más interesante.

## 15. Quelques emplois du subjonctif

### 3. L'expression de l'hypothèse

**es probable, es posible, puede ser** + **que** + **subjonctif**

Es posible que veamos un mundo sin contaminación.

Puede ser que algún día no existan los humanos.

### 4. L'expression de la demande et du conseil → p. 30

**pedir / exigir / sugerir / aconsejar / recomendar** + **que** + **subjonctif**

La campaña pide a los turistas que respeten el descanso de los vecinos.

Aconsejo a todo el mundo que haga actividad física.

### 5. L'expression du goût

**gustar / encantar / odiar / molestar / preferir** + **que** + **subjonctif**

Algunas personas prefieren que haya zoológicos para poder ver animales exóticos.

Me encanta que se creen ecoparques en lugar de zoológicos.

### 6. *Cuando* + subjonctif

**cuando** + **subjonctif** , **futur**

Cuando acabe el instituto, iré a viajar un año por España.
Quand j'aurai fini le lycée, je ferai un voyage d'un an en Espagne.

### 7. L'expression de l'opinion → pp. 42, 110, 129

**importar / preocupar / sorprender** + **que** + **subjonctif**

No me sorprende que las mujeres mestizas quieran tener visibilidad.
Me preocupa que los jóvenes admiren a Pablo Escobar.

**estar bien / mal** + **que** + **subjonctif**

Está muy bien que las mujeres ocupen lugares de poder.

**ser / parecer** + **genial, triste, importante, interesante, indignante, (in)justo** + **que** + **subjonctif**

No me parece justo que las mujeres trabajen más que los hombres.

Certains verbes et tournures exprimant l'opinion sont suivis de l'indicatif lorsqu'ils sont à la forme affirmative, et du subjonctif lorsqu'ils sont à la forme négative.

**creo, pienso, opino, es verdad, es cierto, es evidente, estoy seguro(a) de** + **que** + **indicatif**

**no** + **creo, pienso, opino, es verdad, es cierto, es evidente, estoy seguro(a) de** + **que** + **subjonctif**

- Creo que las series violentas provocan violencia.
- Pues yo no creo que las series violentas provoquen violencia. Depende de quién las mire.

- Es cierto que los adolescentes tienen poco criterio para analizar información.
- No es cierto que los adolescentes tengan poco criterio para analizar información.

### 8. L'expression de la défense → p. 30

Le présent du subjonctif s'emploie dans l'expression de la défense : No dejes todo el trabajo para última hora.

→ *Voir 17.3. L'impératif négatif (l'expression de la défense)*

## 16. L'expression de l'hypothèse à l'indicatif et au subjonctif

Certaines expressions indiquant l'hypothèse peuvent s'utiliser avec l'indicatif ou avec le subjonctif sans que le sens de la phrase ne change.

**tal vez**
**quizá(s)**
**probablemente**
**seguramente**
**+** **indicatif** / **subjonctif**

Quizá trabajaré en una oficina.
= Quizá trabaje en una oficina.

> ! L'expression **a lo mejor** est toujours suivie de l'indicatif.
>
> A lo mejor estudio bellas artes y me voy a vivir a Berlín.
> Peut-être que je ferai les Beaux Arts et que j'irai vivre à Berlín.

## 17. L'impératif p. 71, 81

### 1. Les verbes réguliers

Formation de l'impératif (verbes réguliers) :

| | COMPRAR | VENDER | CONSUMIR |
|---|---|---|---|
| TÚ | compra | vende | consume |
| USTED | compre | venda | consuma |
| NOSOTROS(AS) | compremos | vendamos | consumamos |
| VOSOTROS(AS) | comprad | vended | consumid |
| USTEDES | compren | vendan | consuman |

- TÚ : 2e personne de l'indicatif présent sans le **S** (**compras**)
- NOSOTROS(AS) : Mêmes formes qu'au subjonctif présent
- VOSOTROS(AS) : Infinitif **– R + D** (**comprar > comprad**)

Si quiere reducir su impacto, consuma productos de proximidad.
Compatriotas:, ¡unamos nuestras fuerzas para construir un país mejor!

### 2. Les verbes irréguliers

**DECIR** ➡ **di, diga, digamos, decid, digan**
**HACER** ➡ **haz, haga, hagamos, haced, hagan**
**IR** ➡ **ve, vaya, vayamos, id, vayan**
**PONER** ➡ **pon, ponga, pongamos, poned, pongan**
**SALIR** ➡ **sal, salga, salgamos, salid, salgan**
**SER** ➡ **sé, sea, sed, seamos, sean**
**TENER** ➡ **ten, tenga, tengamos, tened, tengan**
**VENIR** ➡ **ven, venga, vengamos, venid, vengan**

### 3. L'impératif négatif (l'expression de la défense)

Formation de l'impératif négatif :

**no** + **présent du subjonctif**

No dejemos que los demás decidan por nosotros, ¡vayamos a votar!
No permitamos que la corrupción y la violencia gobiernen nuestro país.

## 18. L'imparfait du subjonctif

→ p. 130

### 1. Les verbes réguliers et irréguliers

L'imparfait du subjonctif des verbes réguliers et irréguliers se forme de la façon suivante :

3e personne du pluriel du passé simple – terminaison ~~-ron~~ + -ra / -ras / -ra / -ramos / -rais / -ran

enviaron – envia~~-ron~~ = enviara, enviaras, enviara …

tuvieron – tuvie~~-ron~~ = tuviera, tuvieras, tuviera …

| JUGAR | CORRER | VIVIR |
|---|---|---|
| jugara | corriera | viviera |
| jugaras | corrieras | vivieras |
| jugara | corriera | viviera |
| jugáramos | corriéramos | viviéramos |
| jugarais | corrierais | vivierais |
| jugaran | corrieran | vivieran |

Il y a toujours un accent écrit sur la voyelle qui précède **-ramos** à la première personne du pluriel (ex. : **jugáramos**).

### 2. Les emplois de l'imparfait du subjonctif

L'imparfait du subjonctif s'emploie pour parler d'une condition dont la réalisation est peu probable, voire impossible.

Si estudiaras más, aprobarías.
Si fuera rico, viajaría al espacio.

On l'utilise également dans le discours indirect (→ *Voir 21. Le discours indirect*) et quand il faut faire la concordance des temps dans des propositions subordonnées au subjonctif. (→ *Voir 22. La concordance des temps*).

## 19. Le gérondif

### 1. Les verbes réguliers

Verbes en **-ar** :

CANT~~AR~~ + -ando = cantando

Verbes en **-er** et **-ir** :

COM~~ER~~ + -iendo = comiendo
VIV~~IR~~ + -iendo = viviendo

### 2. Les verbes irréguliers

Tous les verbes à affaiblissement et à alternance s'affaiblissent au gérondif.

pedir → pidiendo
dormir → durmiendo

Si le **i** de -**iendo** se trouve en début de mot ou entre deux voyelles, il se transforme en **y**.

ir → yendo    caer → cayendo

→ *Pour la combinaison du gérondif avec des pronoms, voir 5.5 L'enclise.*

### 3. Les emplois du gérondif

Le gérondif correspond au participe présent français. Comme lui, il exprime la manière.

Lucía siempre friega los platos cantando.
Lucía fait toujours la vaisselle en chantant.

Le gérondif entre également dans la construction de certaines périphrases verbales.

→ *Voir 20. Les périphrases verbales*

## 20. Les périphrases verbales

### 1. *Estar* + gérondif → pp. 22, 82

Pour écrire une action en train de se dérouler.

La chica de la foto está celebrando su cumpleaños.
La fille de la photo est en train de fêter son anniversaire.

### 2. *Seguir* + gérondif → p. 81

Pour exprimer la continuité d'une action.

Los alcoyanos siguen llevando los trajes de moros o de cristianos el día de la fiesta. Les habitants d'Alcoy continuent de porter les tenues des maures ou des chrétiens le jour de la fête.

### 3. *Llevar* + période de temps + gérondif → p. 22

Pour exprimer la durée d'une action qui est en train de se poursuivre.

Sara lleva meses preparando su fiesta de quinceañera. Cela fait des mois que Sara prépare sa fête des quinze ans.

### 4. *Tardar* + période de temps + *en* + infinitif → p. 109

Pour indiquer la durée d'une action.

Ana María tardó varios años en divorciarse.
Ana María a mis plusieurs années à divorcer.

### 5. *Acabar* + gérondif → p. 109

Pour indiquer la fin d'un processus, souvent inattendue ou négative.

Ana María empezó reclamando el derecho al divorcio y acabó siendo una portavoz del feminismo.
Ana María commenca par réclamer le droit au divorce et finit par devenir une porte-parole du féminisme

> **!** Dans les périphrases verbales, on peut conjuguer le verbe auxiliaire à n'importe quel temps.
>
> Cuando entró, el niño estaba llorando.
>
> Mañana a esta hora estaremos durmiendo.

## 21. Le discours indirect → pp. 129, 130

Lorsque l'on rapporte les paroles d'une personne peu de temps après qu'elle les ait prononcées et alors que les circonstances n'ont pas changé, on conserve le même temps verbal qu'au style direct, sauf à l'impératif.

| Temps de la proposition au discours direct | Temps de la proposition au discours indirect |
|---|---|
| Présent de l'indicatif | Présent de l'indicatif |
| Futur | Futur |
| Passé composé | Passé composé |
| Imparfait de l'indicatif | Imparfait de l'indicatif |
| Passé simple | Passé simple |
| Impératif | Présent du subjonctif |

"¿Viene María a comer?"
→ Pregunta si vienes a comer.

"No hay ningún motivo de alarma".
→ Las autoridades han afirmado que no hay ningún motivo de alarma.

"Difundid solo información fiable y verificada".
→ Dicen que difundamos solo información fiable y verificada.

Lorsque l'on rapporte les paroles d'une personne le lendemain du jour où elle les a prononcées ou plus tard, on doit respecter la concordance des temps suivante dans la proposition subordonnée :

| Temps de la proposition au discours direct | Temps de la proposition au discours indirect |
|---|---|
| Présent de l'indicatif | Imparfait de l'indicatif |
| Futur | Conditionnel |
| Passé composé | Plus-que-parfait de l'indicatif |
| Imparfait de l'indicatif | Imparfait de l'indicatif |
| Passé simple | Plus-que-parfait de l'indicatif |
| Impératif | Imparfait du subjonctif |

"No hay ningún motivo de alarma".
→ Las autoridades afirmaron que no había ningún motivo de alarma.

"¿Vendrá María a comer?"
→ Preguntó si vendrías a comer.

"Difundid solo información fiable y verificada".
→ Dijeron que difundiéramos solo información fiable y verificada.

## 22. La concordance des temps

p. 130

En espagnol, les propositions au subjonctif obéissent à la règle de concordance des temps suivante :

| Temps de la proposition principale | Temps de la proposition subordonnée |
|---|---|
| Présent de l'indicatif | Présent du subjonctif |
| Futur | |
| Passé composé | |
| Impératif | |

Recomiendan a los adolescentes que verifiquen las fuentes de la información.

El periódico solo publicará noticias que estén contrastadas.

Han hecho una campaña para que tomemos conciencia de las noticias falsas.

Diles que no se crean cualquier cosa.

| Temps de la proposition principale | Temps de la proposition subordonnée |
|---|---|
| Imparfait de l'indicatif | Imparfait du subjonctif |
| Passé simple | |
| Plus-que-parfait de l'indicatif | |
| Conditionnel | |

Recomendaban a los adolescentes que verificaran las fuentes de la información.

Escribió un artículo para que se conociera toda la verdad sobre el tema.

Habían hecho una campaña para que tomáramos conciencia de las noticias falsas.

Yo les diría que no se creyeran cualquier cosa.

## 23. La voix passive

p. 90

ser + participe passé + (por + sujet)

La Sagrada Familia es visitada por gente de todo el mundo.

Santa María del Mar fue construida en el siglo XIV.

La fábrica será reconstruida y utilizada como centro de actividades culturales.

! En espagnol, la voix passive s'emploie beaucoup moins souvent qu'en français.
Il est bien plus courant de s'exprimer à la voix active.

La invitación la ha diseñado una amiga mía.
L'invitation a été conçue par une amie à moi.

## 24. La traduction de « devenir »

p. 41

### 1. *Convertirse en / transformarse en / llegar a ser*

On utilise ces structures pour parler d'une transformation progressive.

Hablar lenguas indígenas se ha convertido en un orgullo para muchos latinoamericanos.

La fábrica se ha transformado en un centro cultural.

Escobar llegó a ser el mayor narcotraficante del mundo.

### 2. *Volverse*

On utilise **volverse** pour parler d'un changement involontaire et souvent irrémédiable.

Cuando tuvo poder se volvió autoritario.

### 3. *Ponerse* + état d'esprit / *de moda*

On utilise **ponerse** pour parler d'un changement d'état d'esprit, ou pour indiquer que quelque chose est devenu à la mode.

La serie *Narcos* me pone muy nerviosa.

Pablo Escobar se ha puesto de moda.

## 25. La traduction de « on »

pp. 29, 122

### 1. *Se* + 3e personne

On emploie cette construction pour parler d'un fait général.

- **se** + **3e personne du singulier** + **nom singulier, adverbe**

En el mercado se conoce a mucha gente.

- **se** + **3e personne du pluriel** + **nom pluriel**

En Pimampiro se intercambian frutas y hortalizas.

### 2. Verbe conjugué à la 3e personne du pluriel

Cette construction s'emploie surtout dans la langue parlée, lorsque le locuteur s'exclut de l'action.

Dicen que los gitanos no son de fiar, pero es un prejuicio.

### 3. Verbe conjugué à la 1re personne du pluriel

Avec cette construction, le locuteur s'inclut dans l'action.

En Argentina comemos mucha carne.

### 4. *Uno / Una* + 3e personne du singulier

Avec cette construction, le locuteur s'inclut dans l'action. Dans ce cas, « on » est en fait un « je » déguisé.

- **uno / una** + **3e personne du singulier**

En Madrid, uno nunca mira el cielo.

> ! Souvent, la construction **se** + 3e personne peut également se traduire par la voix passive en français.
>
> El mercado de Pimampiro se considera Patrimonio Nacional del Ecuador. Le marché de Pimampiro est considéré comme un Patrimoine National de l'Équateur.

> ! **Uno / Una** s'utilise également quand le verbe est réfléchi, parce qu'il est alors impossible d'utiliser **se**.
>
> Uno no se cansa nunca de viajar por América Latina. On ne se lasse jamais de voyager en Amérique latine.

## 26. La traduction de « il y a »

p. 62

### 1. Hay (verbe *haber*)

Pour indiquer l'existence d'un élément ou d'une personne, on utilise **hay** au présent et le verbe **haber** conjugué à la 3e personne du singulier aux autres temps.

En primer plano hay tres personajes que bailan.

En la época de Goya había mucha miseria en España.

### 2. *Hacer* + période de temps (+ *que* + v.)

Pour situer un événement passé dans le temps en se référant au moment présent, on utilise le verbe **hacer** suivi d'une période de temps.

Hace diez años que tengo esta falda.

*Voir 28.4. L'expression de la durée*

## 27. L'expression de la simultanéité

p. 49

### 1. *Al* + infinitif

Siempre tengo frío al meterme en la cama.
J'ai toujours froid quand je me mets au lit.

Al despertar vio que Remedios ya no estaba.
Quand il se réveilla, il vit que Remedios n'était plus là.

### 2. *Mientras*

No me gusta escuchar música mientras leo.
Je n'aime pas écouter de la musique pendant que je lis.

Mientras las mujeres doblaban las sábanas, Remedios, la bella, empezó a elevarse hacia el cielo.
Pendant que les femmes pliaient les draps, Remedios, la belle, commença à s'élever vers le ciel.

## 28. L'expression de la durée

→ p. 22

### 1. *Desde* + date ou événement

El Encuentro Internacional del Mariachi se celebra desde el año 1993. On fête la Rencontre Internationale du Mariachi depuis 1933.

Laura esperaba su fiesta de quinceañera desde los seis años. Laura attendait sa fête des quinze ans depuis l'âge de six ans.

### 2. *Desde que* + verbe

Laura esperaba su fiesta de quinceañera desde que tenía seis años. Laura attendait sa fête des quinze ans depuis qu'elle avait six ans.

### 3. *Desde hace* + quantité de temps

El Encuentro Internacional del Mariachi se celebra desde hace 25 años. On fête la Rencontre Internationale du Mariachi depuis 25 ans.

### 4. *Hace* + période de temps + *que* + verbe

Hace años que no me visto de princesa. Cela fait des années que je ne me déguise plus en princesse.

→ *Voir 30.2. La traduction de « il y a »*

### 5. *Desde... hasta*

Desde 1993 hasta 2018 se ha celebrado el Encuentro Internacional del Mariachi en Guadalajara. On a fêté la Rencontre Internationale du Mariachi à Guadalajara de 1933 à 2018.

Desde que tenía seis años hasta que cumplió quince soñó con su fiesta de quinceañera. Elle a rêvé de sa fête des quinze ans de l'âge de six ans jusqu'à son quinzième anniversaire.

## 29. Les subordonnées relatives

→ pp. 89, 101

### 1. *Que*

La película que vimos es muy aburrida. Le film que nous avons vu est très ennuyeux.

¿El chico que lleva gafas es tu hermano? Le garçon qui porte des lunettes est ton frère ?

### 2. Préposition + *el / la / los / las* + que

Han creado una pared con la que se puede interactuar. On a créé un mur avec lequel on peut interagir.

El 12 de octubre se conmemora el momento en el que la primera expedición llegó a América. Le 12 octobre, on comémore le moment où la première expédition est arrivée en Amérique.

Esas son las chicas de las que te hablé. Ce sont les filles dont je t'ai parlé.

### 3. *Donde*

El Eixample es el barrio donde se construyó la Sagrada Familia. L'Eixample est le quartier où la Sagrada Familia a été construite.

### 4. Préposition + *donde*

Santa María del Mar es la iglesia de donde venimos. L'église d'où nous venons est Santa María del Mar.

### 5. *Quien(es)*

Ferran Puig i Gibert, quien fundó la fábrica, la llamó El vapor de fil. Ferran Puig i Gibert, qui a fondé l'usine, l'a appelée El vapor de fil.

Los barceloneses, quienes han asistido a la evolución de la Sagrada Familia, la consideran un símbolo de la ciudad. Les Barcelonais, qui ont assisté à l'évolution de la Sagrada Familia, la considèrent comme un symbole de leur ville.

### 6. Préposition + *quien(es)*

Los taínos son los primeros americanos con quienes se encontraron los navegantes. Les tainos sont les premiers Américains que les navigateurs ont rencontrés.

> ! Dans les subordonnées relatives, il est beaucoup plus fréquent d'employer **que** que **quien(es)** pour renvoyer à une ou plusieurs personnes.
>
> Ferran Puig i Gibert, que fundó la fábrica, la llamó El vapor de fil.
>
> Los taínos son los primeros americanos con los que se encontraron los navegantes.

## 30. Les connecteurs logiques

### 1. L'expression de l'addition p. 29

**y** / **no** + **ni…, ni…**

En casa tenemos un gato y una tortuga.

En Amantaní no hay hoteles, ni restaurantes, ni se espera que haya.

### 2. L'expression de la cause p. 70

- **por** / **a causa de** + **nom**

  El oficio de pintor de letras podría desaparecer por la impresión digital.

  Casi medio millón de personas tuvo que exiliarse a causa de la guerra.

- **a causa de (que)** / **porque** / **ya que** + **verbe conjugué**

  Casi medio millón de personas tuvo que exiliarse a causa de que eran perseguidas.

  La música latinoamericana fusiona estilos porque ha recibido muchas influencias diferentes.

  Montaron el festival en Valparaíso ya que allí hay una fuerte tradición de arte urbano.

- **como** + **cause** / **conséquence**

  Como en Valparaíso hay tradición de arte urbano, los organizadores lo eligieron para el festival.

  ~~Los organizadores eligieron Valparaíso para el festival como allí hay tradición de arte urbano.~~

### 3. L'expression de la conséquence

**por eso** / **así que** + **verbe conjugué**

Ayer casi no pude dormir, por eso hoy estoy muy cansada.

Hay huelga de trenes, así que tenemos que cambiar los billetes.

### 4. L'expression de l'opposition et de la concession pp. 50, 69

- **pero** / **sin embargo** / **en cambio** / **mientras que**

  Me gusta mucho leer, pero no leo ficción.

  Casi no me conocía, (y) sin embargo, confió en mí.

  En Otavalo, el Inti Raymi es una fiesta ancestral, mientras que en Sacsayhuamán se celebra un ritual inca recuperado recientemente.

  En Francia, normalmente, cenamos a las ocho. En cambio, en España, solíamos cenar a las nueve y media.

- **sino** + **nom, adjectif, adverbe** / **sino que** + **verbe conjugué**

  Aquel no es Miguel, sino Fernando.

  Las autoridades no han derribado las fábricas, sino que las han convertido en centros de arte.

- **no solo…, sino que (también / además)** + **verbe conjugué**

  Los muralistas no solo se expresan como artistas, sino que también convierten las ciudades en lugares más habitables.

- **a pesar de** + **nom, adjectif, adverbe**

  El partido se jugó a pesar de la lluvia.

  En el partido de ida hubo incidentes. A pesar de todo, el partido de vuelta se jugó con normalidad.

## 30. Les connecteurs logiques

### 4. L'expression de l'opposition et de la concession → p. 50

- **aunque** / **a pesar de que** + **verbe à l'indicatif**

Si **aunque** et **a pesar de (que)** introduisent des faits certains dont on veut informer son interlocuteur(trice), le verbe doit se conjuguer à l'indicatif.

Aunque se identifica al Caribe con el realismo mágico, autores de otros países latinoamericanos han escrito novelas de este tipo.

Aunque hace mal tiempo, saldremos de excursión.

- **aunque** / **a pesar de que** + **verbe au subjonctif**

Si **aunque** et **a pesar de (que)** introduisent des faits que l'interlocuteur(trice) connaît déjà ou qui sont hypothétiques, le verbe doit se conjuguer au subjonctif.

Aunque se identifique al Caribe con el realismo mágico, autores de otros países latinoamericanos han escrito novelas de este tipo.

Aunque haga mal tiempo, saldremos de excursión.

> ! **Aunque** et **a pesar de que** + indicatif se traduisent par « bien que » + subjonctif en français. **Aunque** et **a pesar de que** + subjonctif se traduisent par « même si » + indicatif en français.

## 31. *Ser* et *estar*

### 1. *Ser*

On emploie **ser** pour identifier, classer ou encore pour exprimer des caractéristiques propres ou essentielles.

- Devant un prénom, pour présenter quelqu'un :

  Este es Juan. Voici Juan.

- Devant un nom, pour indiquer des relations personnelles, des professions... :

  Es un amigo, es editor. C'est un ami, il est éditeur.

- Devant un nombre, une date ou une heure :

  Somos diez. / Son las nueve. / Hoy es 2 de mayo. On est dix. / Il est 9h. /Aujourd'hui, on est le 2 mai.

- Devant un verbe à l'infinitif :

  Lo mejor de viajar es conocer gente. Ce qu'il y a de mieux dans les voyages, c'est de rencontrer des gens.

- Devant un adjectif décrivant le caractère :

  Ana es muy tímida, pero también es muy divertida. Ana est très timide, mais elle est aussi très drôle.

- Devant un adjectif décrivant les caractéristiques propres d'un élément (taille, forme, matière...) :

  Esta falda es muy bonita, ¿dónde la has comprado? Cette jupe est très jolie, où l'as-tu achetée ?

### 2. *Estar*

**Estar** s'emploie pour parler d'une situation ou d'un état.

- Pour situer, localiser :

  Están en la calle. Elles sont dans la rue.

- Pour indiquer la posture corporelle :

  Están sentados en el suelo. Ils sont assis par terre.

  Estoy todo el día de pie en la tienda. Je passe toute la journée debout au magasin.

- Devant un participe passé, pour décrire l'état d'un objet, d'une personne ou d'un animal :

  Esta silla está rota. / La puerta está abierta. Cette chaise est cassée. / La porte est ouverte.

  El gato está dormido. / Estoy muy cansado. Le chat est endormi. / Je suis très fatigué.

- Devant un adjectif décrivant un état d'esprit :

  Hoy estoy contenta y no sé por qué. Aujourd'hui, je suis contente et je ne sais pas pourquoi.

- Avec **bien** et **mal** :

  Estoy muy bien. Je vais très bien.

## 32. Les prépositions

### 1. *A* p. 41

Pour exprimer le mouvement vers un lieu :
El sábado vamos a la montaña. Samedi, nous allons à la montagne.

### 2. *Con*

- Pour exprimer l'accompagnement : Visitaré España con mi familia. Je visiterai l'Espagne avec ma famille.
- Pour indiquer la forme : Una casa con forma de barco. Une maison en forme de bateau.
- Pour exprimer le goût : Un helado con sabor a fresa. Une glace à la fraise.
- Pour parler de nourriture : Espaguetis con tomate. Des spaghettis à la tomate.

### 3. *De*

- Pour indiquer le lieu d'où l'on vient : Vengo de la panadería. Je viens de la boulangerie.
- Pour indiquer l'appartenance : Es el coche de mi tía. C'est la voiture de ma tante.
- Pour parler de la matière : Es una mesa de madera. C'est une table en bois.

### 4. *En*

- Pour indiquer le lieu où se trouve un être ou une chose : Estamos en la playa. Nous sommes à la plage.
- Pour indiquer une situation dans le temps : Estamos en mayo. Nous sommes en mai.
- Pour parler d'un moyen de locomotion : Voy al instituto en bus. Je vais au lycée en bus.

### 5. *Para* pp. 70, 81

- Pour exprimer un but : Luchamos para mejorar nuestro país. Nous luttons pour améliorer notre pays.
- Pour donner un point de vue : Para ella es normal. Pour elle, c'est normal.
- Pour exprimer un délai : El trabajo es para el miércoles. Le travail est pour mercredi.

### 6. *Por* pp. 70, 81

- Pour exprimer la cause : Luchamos por nuestro país. Nous luttons pour notre pays.
- Pour indiquer le lieu par lequel on passe : Pasó por muchos pueblos de Castilla. Je suis passée par de nombreux villages de Castille.
- Pour donner une indication temporelle : Por la tarde, tengo entrenamiento de fútbol. L'après-midi, j'ai entraînement de football.
- Pour parler d'un échange : Te cambio el pollo por el pescado. Je t'échange le poulet contre le poisson.
- Pour indiquer une distribution : El gasto medio por turista es bastante alto. La dépense moyenne par touriste est assez élevée.
- Pour désigner un agent : Los datos difundidos por la encuesta dicen que cada vez vienen más turistas. Les informations diffusées par l'enquête indiquent que de plus en plus de touristes viennent.

### 7. *Sin*

Pour exprimer l'absence, le manque : En el futuro sobreviviremos sin comida. Dans le futur, on survivra sans nourriture.

> **!** Si la préposition ***a*** est suivie de l'article **el**, il y a contraction en **al**.
>
> Alguien traicionó al narcotraficante Pablo Escobar. Quelqu'un a trahi le trafiquant de drogue Pablo Escobar.

> **!** La préposition ***a*** est obligatoire devant un COD de personne.
>
> Pablo Escobar ayudaba a los pobres. Pablo Escobar aidait ø les pauvres.

> **!** Si la préposition **de** est suivie de l'article **el**, il y a contraction **del**.
>
> Vienen del oeste del país.

# Español › Francés

**ABRÉVIATIONS :** *adj* adjectif • *adv* adverbe • *Am* Amérique • *loc* locution • *n* nom • *nm* nom masculin • *nf* nom féminin • *pl* pluriel • *prép* préposition • *pron* pronom • *sg* singulier • *v* verbe • *v irrég* verbe irrégulier

## A

**a la vanguardia** à l'avant-garde
**a punto de** *loc* sur le point de
  ~ **disparar** sur le point de tirer
**aborto** *nm* avortement
**aburrido(a)** *adj* ennuyeux(euse)
**abuso de poder** abus de pouvoir
**acabar** *v* finir
  ~ **con** *v* mettre fin à
**acercar a** *v irrég* familiariser avec
**acompañar** *v* accompagner
**acordarse** ue] **de** *v irrég* se souvenir de
**acto** *nm* acte
**aficionado(a) a** *adj* amateur(trice) de
**afrontar** *v* affronter
  ~ **situaciones nuevas** faire face à de nouvelles situations
**agarrar** *v* empoigner
**agitar** *v* agiter
**ajeno(a)** *adj* étranger(ère)
**al fondo** *loc* au fond
**al margen de la ley** hors-la-loi
**alabar** *v* faire l'éloge de
**alcalde(esa)** *n* maire
**alcanzar** *v irrég* atteindre
  ~ **el éxito** réussir
**alegre** *adj* gai(e), entraînant(e)
**alegría** *nf* joie, gaieté
**alejado(a) de** *adj* éloigné(e) de
**alimento** *nm* aliment
**almacenar** *v* stocker
**alojarse** *v* se loger
**alterar** *v* modifier
**ambición** *nf* ambition
**ambiente** *nm* environnement, ambiance
  ~ **festivo** ambiance de fête
**amenaza** *nf* menace ; danger
**amigo(a)** *n* ami(e)
**amistad** *nf* amitié
**andino(a)** *adj* andin(e)
**androide** *nm* androïde
**ángel** *nm* ange
**animado(a) (lugar)** *adj* animé(e) ; fréquenté(e)
**animar** *v* encourager, inciter
**animarse a** *v* se décider à
**anotar** *v* noter
**ansia de poder** soif de pouvoir
**antiguo(a)** *adj* ancien(ne)
**antivirus** *nm* anti-virus
**añadir** *v* ajouter
**año** *nm* an, année
**apoyar a** *v* soutenir
**apoyo** *nm* soutien
**aprender** *v* apprendre
**apuntar** *v* noter
**aristocracia** *nf* aristocratie
**aristócrata** *n* aristocrate
**arquitecto(a)** *n* architecte
**arrancar** *v* arracher ; lancer, démarrer
**arriesgar** *v* risquer
  ~ **la vida** risquer sa vie
**arte** art
  ~ **callejero** art de rue
  ~ **urbano** art urbain
**artesano(a)** *n* artisan(e)
**artístico(a)** *adj* artistique
**asegurar** *v* assurer
**asesinar** *v* assassiner
**asesinato** *nm* assassinat
**asesino(a)** *n* assassin
**aspecto** *nm* apparence
  ~ **físico** apparence physique
**astronauta** *n* astronaute
**atardecer** *nm* tombée de la nuit
**atraer** *v irrég* attirer
**atraído(a)** *adj* attiré(e)
**auge** *nm* essor
**auténtico(a)** *adj* authentique
**autor(a)** *n* auteur(e)
**autorizar** *v* autoriser
**avance** *nm* avancée
**avaricia** *nf* avarice
**avaricioso(a)** *adj* avare, radin(e)
**ayudar** *v* aider
  ~ **a los pobres** aider les pauvres

## B

**bailar** *v* danser
  ~ **en la calle** danser dans la rue
**ballena** *nf* baleine
**banda** *nf* bande
  ~ **ancha** haut débit
  ~ **de música** groupe de musique
**bandera** *nf* drapeau
**bañarse** *v* se baigner
  ~ **en el mar** se baigner dans la mer
  ~ **en un lago** se baigner dans un lac
**bar** *nm* bar
**barca** *nf* barque
**barrio** *nm* quartier
**bebida** *nf* boisson
**blando(a)** *adj* mou (molle)
**blog** *nm* blog
**boca** *nm* bouche
**boda** *nf* mariage
**bonito(a)** *adj* beau (belle), joli(e)
**borrador** *nm* brouillon
**brecha salarial** *nf* écart salarial
**bueno(a)** *adj* bon(ne)
**bulo** *nm* fausse nouvelle ; bruit
**burgués(esa)** *adj* bourgeois(e)
**burguesía** *nf* bourgeoisie
**buscado(a)** *adj* recherché(e)
**buscar** *v* chercher
  ~ **información** chercher des informations
  ~ **piso** chercher un appartement

## C

**calavera** *nf* tête de mort
**calle** *nf* rue
**cámara** *nf* caméra
**cambiar** *v* changer
**campesino(a)** *adj* paysan(ne)
**campo** *nm* champ
**cansarse** *v* se fatiguer
**cantar** *v* chanter
**capacitado(a) para** *adj* qualifié(e) pour
**capaz de** capable de
  ~ **almacenar información** capable de stocker une information
**capital** *nf* capitale
**capo** *nm* parrain (mafia)
**cara** *nf* visage
**carecer de** *v irrég* manquer de
  ~ **lógica** manquer de logique
**cargar** *v irrég* porter
**cariño** *nm* affection
**casa** *nf* maison
**casado(a)** *adj* marié(e)
**casco histórico** *nm* vieille ville
**casual** *adj* fortuit(e)
**catedral** *nf* cathédrale
**causar** *v* causer
**celebración** *nf* célébration
**celebrar** *v* fêter
  ~ **algo en honor a** célébrer qqch en l'honneur de
**cementerio** *nm* cimetière
**censura** *nf* censure
**centro** *nm* centre
**ceremonia** *nf* cérémonie
**chaqueta** *nf* veste
**chequear** *v* vérifier
**cielo** *nm* ciel
**ciencia ficción** *loc* science-fiction
**circular** *v* circuler
**ciudad** *nf* ville
**clásico(a)** *adj* classique
**clasificar** *v* classer
**cobarde** *adj* lâche
**cobardía** *nf* lâcheté
**cobrar** *v* gagner (de l'argent)
**coger** *v irrég* prendre
**color** *nm* couleur
  **de muchos colores** coloré(e)
  **los colores de la bandera** les couleurs du drapeau

**colorido(a)** *adj* coloré(e)
**combatir** *v* lutter
~ **enfermedades** lutter contre des maladies
**comenzar** [ie] *v irrég* commencer
**cometer** *v* commettre
~ **un acto terrorista** commettre un acte terroriste
~ **un asesinato** commettre un assassinat
~ **un crimen** commettre un crime
**compañerismo** *nm* camaraderie
**compartir** *v* partager
~ **experiencias** partager des expériences
~ **información** partager des informations
**compatriota** *n* compatriote
**compra** *nf* courses ; achat
**comprender** *v* comprendre
**comprobar** [ue] *v irrég* vérifier
**con forma de** *loc* en forme de
~ **humano** de forme humaine
**conceder** *v* concéder, accorder
~ **permiso** donner la permission, permettre
**conectado(a) a** *adj* connecté(e) à
**conectarse** *v* se connecter
**conexión** *nf* connexion
**confiable** *adj* fiable
**conflicto** *nm* conflit
**conjunto (de música)** *nm* groupe de musique
**conmemorar** *v* commémorer
**conocer** *v irrég* connaître ; découvrir
~ **otras costumbres** découvrir d'autres traditions
~ **un país** découvrir un pays
**conseguir** [i] *v irrég* obtenir ; réussir à
**conservar** *v* conserver
**construcción** *nf* construction
**construir** *v irrég* construire
~ **campos de fútbol** construire des stades de football
~ **casas** construire des maisons
**consultar** *v* consulter
**contaminación** *nf* pollution
**contar** [ue] *v irrég* raconter
~ **fielmente** raconter fidèlement
**contestar** *v* répondre
**contrastar** *v* contraster ; comparer
**controlar** *v* contrôler
**convertir** [ie] **en** *v irrég* transformer en
**convertirse** [ie] **en** *v irrég* devenir
~ **un icono popular** devenir une icône du peuple
~ **una leyenda** devenir une légende
**convivencia** *nf* vie en communauté
**convivir** *v* coexister, vivre ensemble
~ **con** cohabiter avec
**corregir** [i] *v irrég* corriger
**correo** *nm* correo
**por** ~ par courrier
**costa** *nf* côte
**costar** [ue] *v irrég* coûter
~ **dinero** *v irrég* coûter de l'argent
**costumbre** *nf* habitude, tradition, coutume
**cotidiano(a)** *adj* quotidien(ne)
**crear** *v* créer
~ **alarma social** créer une panique sociale
**creativo(a)** *adj* créatif(ive)
**creer** *v irrég* croire
~ **(algo)** croire, penser (qqch)
~ **en (algo)** croire en (qqch)
**creerse (algo)** *v irrég* croire que qqch est vrai
**crepúsculo** *nm* crépuscule
**crimen** *nm* crime
**criminal** *n* criminel(le)
**cristiano(a)** *adj* chrétien(ne)
**crítica** *nf* critique
**criticar** *v irrég* critiquer
**crítico(a)** *adj* critique
**cruel** *adj* cruel(le)
**crueldad** *nf* cruauté
**cuadro** *nm* tableau
**cuento** *nm* conte
**cuervo** *nm* corbeau
**cuestionar** *v* remettre en question
**cuidar de** *v* s'occuper de
**cuidarse** *v* prendre soin de soi
**cumplir** respecter
~ **las normas** respecter les règles
**cura** *nm* curé

## D

**dar** *v* donner
~ **identidad a la ciudad** donner une identité à la ville
~ **información sobre** donner des informations sur
~ **miedo** faire peur
~ **permiso** donner la permission, permettre
**darse cuenta de** *loc* se rendre compte de
**de acuerdo** *loc* d'accord
~ **en parte** en partie d'accord
**de moda** *loc* à la mode ; tendance
**de nuevo** *loc* à nouveau
**de origen** *loc* d'origine
**de pie** *loc* debout
**de rodillas** *loc* à genoux
**débil** *adj* faible
**década** *nf* décennie
**decorar** *v* décorer
**decorativo(a)** *adj* décoratif(ive)
**dedicar** *v irrég* consacrer
~ **más / menos horas a** consacrer plus / moins d'heures à
**dedicarse a** *v irrég* travailler dans
~ **cantar** chanter
~ **la música** travailler dans la musique
**deducir** *v irrég* déduire
**delante de** *loc* devant
**delicado(a)** *adj* faible ; fragile
**delincuente** *n* délinquant(e)
**denuncia** *nf* plainte
**denunciar** *v* porter plainte
**depilarse** *v* s'épiler
**derecho** *nm* droit
**desarrollar** *v* développer
**descendiente de** *adj* descendant(e) de
**descubrir** *v* découvrir
~ **otras costumbres** découvrir d'autres traditions
~ **otros países** découvrir d'autres pays
**desfilar** *v* défiler
**desfile** *nm* défilé
**desigualdad** *nf* inégalité
**desmentir** [ie] *v irrég* démentir
~ **mensajes** démentir des messages
**desnudo(a)** *adj* nu(e)
**desorden** *nm* désordre
**despedirse** [i] **de** *v irrég* dire au revoir
**despertar** [ie] *v irrég* réveiller
~ **el interés** susciter l'intérêt
**despiadado(a)** *adj* impitoyable
**destacar** *v irrég* souligner
**detrás de** *loc* derrière
**devoción** *nf* dévotion
**día** *nm* jour
**diario(a)** *adj* quotidien(enne)
**dibujar** *v* dessiner
**dibujo** *nm* dessin
**diferente** *adj* différent(e)
**dificultar** *v* compliquer
~ **la labor** compliquer le travail
**difundir** *v* diffuser
~ **engaños / bulos** diffuser de fausses nouvelles
**dinero** *nm* argent
**diptongo** *nm* diphtongue
**discriminación** *nf* discrimination
**discriminar** *v* discriminer
**disfraz** *nm* déguisement
**disfrazado(a)** *adj* déguisé(e)
**disfrutar de** *v* jouir de, bénéficier de
**disparar** *v* tirer
**distinto(a)** *adj* différent(e)
**diversidad** *nf* diversité
**divertirse** [ie] *v irrég* s'amuser
**dividir** *v* partager ; diviser
**divorciado(a)** *adj* divorcé(e)
**divorcio** *nm* divorce
**dominar** *v* dominer, contrôler
**dulce** *nm* sucrerie
**duro(a)** *adj* dur(e)

## E

**echar de menos a (alguien)** *v* manquer, s'ennuyer de (qqn)
**te echo de menos** tu me manques
**Edad Media** Moyen Âge
**edificio** *nm* bâtiment

# Lexique

**editar** *v* éditer
**elegante** *adj* élégant(e)
**elegir** [i] *v irrég* choisir
**elevarse** *v* s'élever
**embellecer** *v irrég* embellir
**embestir** [i] **a** *v* charger, attaquer
**emocionante** *adj* émouvant(e)
**emotivo(a)** *adj* émotif(ive)
**empeorar** *v* empirer
**emperador (emperatriz)** *n* empereur (impératrice)
**empezar** [ie] *v irrég* commencer
**en contacto con** en contact avec
**en el suelo** par terre
**en parte** *loc* en partie
**en primer / segundo plano** au premier / deuxième plan
**enamorarse** *v* tomber amoureux(euse)
**encargar** *v irrég* commander, charger
**encargo** *nm* commande
**enfoque** *nm* point de vue
**enfrentamiento** *nm* affrontement
**enfrentarse** *v* se battre
~ **al sistema** se battre contre le système
**enganchar** *v* captiver
**engaño** *nm* tromperie
**ensayar** *v* répéter (théâtre)
**entender** [ie] *v irrég* comprendre
~ **estilos de vida distintos** comprendre d'autres modes de vie
**entonación** *nf* intonation
**entretenido(a)** *adj* amusant(e), divertissant(e)
**entrevistar** *v* interviewer
**enviar por / a través de** *v irrég* envoyer par / via
**época romana** époque romaine
**escena** *nf* scène
**escenificar** *v irrég* mettre en scène
**escoger** *v irrég* choisir
**escritor(a)** *n* écrivain(e)
**escultor(a)** *n* sculpteur(trice)
**escultura** *nf* sculpture
**esfuerzo** *nm* effort
**espacio público** espace public
**español(a)** *adj* espagnol(e)
**espectador(a)** *n* spectateur(trice)
**espiar** *v irrég* espionner
**esqueleto** *nm* squelette
**estación de metro** station de métro
**estar** *v irrég* être
~ **ambientado(a) en** se passer en / au / à
~ **situado(a) en** se situer en / au / à
**estatuilla** *nf* statuette, figurine
**estilo de vida** mode de vie
**estrella** *nf* étoile ; star
**estudiar** *v* étudier
**etnia** *nf* ethnie
**evento** *nm* évènement
**evolucionar** *v* évoluer

**excedencia** *nf* congé sans solde
**éxito** *nm* succès
**experiencia** *nf* expérience
~ **auténtica** expérience authentique
**exponer** *v irrég* exposer
**exposición** *nf* exposition
**expresar** *v* exprimer
~ **emociones** exprimer des émotions
**expresarse** *v* s'exprimer
**extranjero(a)** *adj* étranger(ère)
**extraño(a)** *adj* étrange

## F

**fábrica** *nf* usine
**falso(a)** *adj* faux (fausse)
**familia** *nf* famille
**famoso(a)** *adj* célèbre
**fantástico(a)** *adj* fantastique
**favorecer** *v irrég* favoriser
~ **el desarrollo** encourager le développement
**feliz** *adj* heureux(euse)
**felpudo** *nm* paillasson
**femenino(a)** *adj* féminin(e)
**feo(a)** *adj* laid(e)
**festival** *nm* festival
~ **artístico** festival artistique
**festividad** *nf* festivité
**festivo(a)** *adj* festif(ive)
**fiable** *adj* fiable
**fiel** *adj* fidèle
~ **a los hechos** fidèle aux événements
**fielmente** *adv* fidèlement
**fiesta** *nf* fête
**figura** *nf* personnalité
**fijarse en** *v* faire attention à
**firmar** *v* signer
**flor** *nf* fleur
**fomentar** *v* promouvoir
~ **la convivencia** promouvoir la vie en communauté
~ **la integración** encourager l'intégration
**formar parte de** *v* faire partie de
**formarse una opinión** *v* se forger une opinion
**foto(grafía)** *nf* photo(graphie)
**fuegos artificiales** *nmpl* feu d'artifice
**fuente** *nf* source
**fuerte** *adj* fort(e)

## G

**ganar** *v* gagner
~ **seguridad** gagner en confiance
**gastar** *v* dépenser
~ **dinero** dépenser de l'argent
**generoso(a)** *adj* généreux(euse)
**gente** *nfsg* gens
~ **humilde** des gens humbles
**gigante** *adj* géant(e)
**gobernar** [ie] *v irrég* gouverner

**gozar de** *v irrég* jouir de
**grabar** *v* filmer ; enregistrer
**grafitero(a)** *n* graffiteur(euse)
**grafiti** *nm* graffiti
**gratis** *adj* gratuit(e)
**gratuito(a)** *adj* gratuit(e)
**grito** *nm* cri
**guerra** *nf* guerre
**guitarra** *nf* guitare

## H

**hablar** *v* parler
~ **con la gente** parler avec les gens
~ **en español** parler en espagnol
**hacer** *v irrég* faire
~ **(algo) suyo** s'approprier (qqch)
~ **amigos** se faire des amis
~ **buen uso de** faire bon usage
~ **circular por las redes** faire circuler sur les réseaux
~ **honor a** faire honneur à
~ **huelga** faire la grève
~ **la compra** faire les courses
~ **una hipótesis** faire une hypothèse
~ **una lista** faire une liste
**hacerse** *v irrég* devenir
~ **cargo de** se charger de
~ **rico(a)** faire fortune, devenir riche
**hambriento(a)** *adj* affamé(e)
**hasta** *prép* jusqu'à
**hecho** *nm* événement
**hermoso(a)** *adj* beau (belle)
**héroe (heroína)** *n* héros (héroïne)
**hiato** *nm* hiatus
**hijo(a)** *n* fils (fille)
**hogar** *nm* foyer
**hogareño(a)** *adj* casanier(ère)
**hombre** *nm* homme
**homenaje** *nm* hommage
**honor** *nm* honneur
**hortaliza** *nf* légume
**hospitalidad** *nf* hospitalité
**huelga** *nf* grève
**huella** *nf* empreinte, trace
**huir** *v irrég* fuir
**humano(a)** *adj* humain(e)
**humilde** *adj* humble

## I

**icono** *nm* icône
~ **popular** icône populaire
**ideal para** idéal pour
**idear** *v* imaginer
**identidad** *nf* identité
**ídole** *nm* idole
**iglesia** *nf* église
**ignorancia** *nf* ignorance
**ignorante** *adj* ignorant(e)
**igualdad** *nf* égalité
**ilegal** *adj* illégal(e)
**imaginación** *nf* imagination

**imaginar** *v* imaginer
**imitación** *nf* imitation
**imitar** *v* imiter
**imparcial** *adj* impartial(e)
**imprevisible** *adj* imprévisible
**inca** *adj* inca
**independencia** *nf* indépendance
**indígena** *adj* autochtone, indigène
**información** *nf* information, renseignement
**informar** *v* informer
**inhumano(a)** *adj* inhumain(e)
**iniciar** *v* commencer
**innovador(a)** *adj* innovateur(trice)
**insertar** *v* insérer
**insólito(a)** *adj* insolite
**instalación** *nf* installation
~ **callejera** installation de rue
~ **urbana** installation urbaine
**institucionalizado(a)** *adj* institutionnalisé(e)
**instrumento** *nm* instrument
**integración** *nf* intégration
**integrarse** *v* s'intégrer
**inteligencia** *nf* intelligence
~ **artificial** intelligence artificielle
**inteligente** *adj* intelligent(e)
**interaccionar** *v* interagir
**interactuar** *v* interagir
**intercambiar** *v* échanger
**intercambio** *nm* échange
**interrumpir** *v* interrompre
**intervención** intervention
~ **artística** intervention artistique
**inútil** *adj* inutile
**inventar** *v* inventer
**investigar** *v irrég* chercher, faire des recherches
**invitar a** *v* inviter
~ **la familia** inviter la famille
**ir** *v irrég* aller
~ **con prisas** être pressé(e)
~ **disfrazado(a) de** être déguisé(e) en / de
~ **en barca** aller en bateau
~ **en contra de** aller à l'encontre de
~ **vestido(a) de** être habillé(e) en / de
**irse** *v irrég* partir
~ **a estudiar** aller étudier
~ **de Erasmus** partir en Erasmus
~ **de fiesta** faire la fête
**isla** *nf* île

## J

**jefe(a)** *n* chef
**jornada** *nf* journée
**junio** *nm* juin
**justo(a)** *adj* juste

## L

**labor** *nf* travail ; tâche
**lago** *nm* lac
**legal** *adj* légal(e)
**lejos** *adv* loin
**ley** *nf* loi
**libertad de expresión** liberté d'expression
**límite** *nm* limite
**lindo(a)** *adj* joli(e)
**llama** *nm* lama
**llamar** *v* appeler
~ **(algo) a (alguien)** traiter (qqn) de (qqch)
**llavero** *nm* porte-clés
**llegar a ser** *loc* devenir
**llevar** *v* porter, emmener
~ **peluca** porter une perruque
~ **un traje / un vestido de** porter un costume / une robe de
**llevarse bien / mal** *v* bien / mal s'entendre
**llorar** *v* pleurer
**lógica** *nf* logique
**lógico(a)** *adj* logique
**lograr** *v* réussir à ; obtenir
**logro** *nm* réussite
**luchar** *v* lutter

## M

**machismo** *nm* machisme
**mágico(a)** *adj* magique
**magnífico(a)** *adj* magnifique
**mala educación** mauvaise éducation
**manera** *nf* façon
**manifestación** *nf* manifestation
**manifestarse** [ie] *v irrég* manifester
**mantener** [ie] *v irrég* maintenir
~ **el recuerdo** garder le souvenir
**maquillarse** *v* se maquiller
**máquina** *nf* machine
**mar** *n* mer
**maravilloso(a)** *adj* merveilleux(euse)
**marginal** *adj* marginal(e)
**marido** *nm* mari
**máscara** *nf* masque
**mascota** *nf* animal de compagnie
**matar** *v* tuer
**matrimonio** *nm* mariage
**mayor** *adj* âgé(e)
**medio de comunicación** *nm* média
**mejorar** *v* améliorer
~ **en español** s'améliorer en espagnol
**mensaje** *nm* message
**mestizo(a)** *adj* métis(se)
**mezcla** *nf* mélange
**micrófono** *nm* microphone
**miedo** *nm* peur
**mirar** *v* regarder
~ **al (a la) espectador(a)** regarder le(la) spectateur(trice)
**misterioso(a)** *adj* mystérieux(euse)
**moderno(a)** *adj* moderne
**montaña** *nf* montagne
**moro(a)** *n* Maure
**mostrar** [ue] *v irrég* montrer
**móvil** *nm* téléphone portable
**muerte** *nf* mort
**muerto(a)** *n* mort(e)
**mujer** *nf* femme
**multar** *v* mettre une amende
**mural** *nm* fresque
**muralista** *n* muraliste
**muro** *nm* mur
**museo** *nm* musée
**música** *nf* musique

## N

**nación** *nf* nation
**nadar** *v* nager
**narcotraficante** *n* trafiquant(e) de drogue
**narrar** *v* raconter
**negocio** *nm* affaire
**nevera** *nf* réfrigérateur
**ningún(una)** *adj* aucun(e)
**niño(a)** *n* enfant
**noble** *n* noble
**nobleza** *nf* noblesse
**norma** *nf* règle
**noticia falsa** fausse nouvelle, infox
**novela** *nf* roman
**novelista** *n* romancier(ière)
**nuevo(a)** *adj* nouveau(velle)

## O

**obligado(a) a** *adj* obligé(e) à
**obra** *nf* œuvre
**obras** *nfpl* travaux
**obtener** [ie] *v irrég* obtenir
~ **reconocimiento** obtenir la reconnaissance
**ocuparse de** *v* s'occuper de
**ofrenda** *nf* offrande
**olvidar** *v* oublier
**opinar** *v* donner son avis
**oportunidad** *nf* opportunité
**oreja** *nf* oreille
**orgullo** *nm* fierté
**orgulloso(a) de** *adj* fier (fière) de
**origen** *nm* origine
**originario(a) de** *adj* originaire de
**otro(a)** *adj* autre

## P

**padrino** *nm* parrain
**página web** page web
**país** *nm* pays
**paisaje** *nm* paysage
~ **seco** paysage sec
**pájaro carpintero** *nm* pivert
**palidez** *nf* pâleur

# Lexique

**pálido(a)** *adj* pâle
**paraíso** *nm* paradis
**parar** *v* arrêter
**parcial** *adj* partiel(le) ; partial(e)
**parecer** *v irrég* paraître ; sembler
**pared** *nf* mur
**pareja** *nf* couple ; binôme
**participar en** *v* participer à
**pasar** *v* passer
~ **(algo)** arriver (qqch)
~ **tiempo** passer du temps
**pasarle (algo a alguien)** passer / arriver (qqch à qqn)
**pasarlo bien / mal** s'amuser / passer un mauvais moment
**pastel** *nm* gâteau
**patria** *nf* patrie
**patrimonio** *nm* patrimoine
**paz** *nf* paix
**pedir** [i] *v irrég* demander
~ **permiso a / para** demander la permission à / pour
**película** *nf* film
**peligro** *nm* danger
**peligroso(a)** *adj* dangereux(euse)
**peluca** *nf* perruque
**perderse** [ie] *v* se perdre
**perfecto(a)** *adj* parfait(e)
**periódico** *nm* journal
~ **digital** journal numérique
~ **en papel** journal imprimé
**permitido(a)** *adj* permis(e)
**permitir** *v* permettre
**perseguido(a)** *adj* poursuivi(e)
**persiana** *nf* volet
**persona** *nf* personne
~ **mayor** personne âgée
**pertenecer a** *v irrég* appartenir à
**pescador(a)** *n* pêcheur(euse)
**pescar** *v irrég* pêcher
**pez (*pl* peces)** *nm* poisson
**piedra** *nf* pierre
**pintar** *v* peindre
**pintor(a)** *n* peintre
**plano** *nm* plan
**plaza** *nf* place
~ **de toros** arène
**población** *nf* population
~ **hambrienta** population affamée
**pobre** *adj* pauvre
**pobreza** *nf* pauvreté
**poema** *nm* poème
**poeta** *n* poète (poétesse)
**policiaco(a)** *adj* policier(ière)
**poner** *v irrég* mettre
~ **en duda** mettre en question
~ **un ejemplo** donner un exemple
~ **una multa** mettre une amende
~ **una sanción** infliger une sanction, sanctionner
**popular** *adj* populaire
**presentar la dimisión** présenter sa démission, démissionner
**previsible** *adj* prévisible
**príncipe (princesa)** *n* prince (princesse)
~ **azul** prince charmant
**prisa** *nf* hâte
**procurar** *v* essayer de
**programa** *nm* programme
~ **de radio** émission de radio
~ **de televisión** émission de télévision
**programado(a) para** *adj* programmé(e) pour
**prohibido(a)** *adj* interdit(e)
**prohibir** *v* interdire
**promover** [ue] *v irrég* promouvoir
**propagar** *v irrég* propager
~ **rumores** répandre des rumeurs
**protagonista** *n* héros (héroïne)
**publicar** *v irrég* publier
**público** *nm* public
**pueblo** *nm* village ; peuple

## Q

**quedar** *v* rester
~ **bien /mal (con)** faire bonne / mauvaise impression (à)
~ **con (alguien)** prendre rendez-vous avec qqn
**quedarse en** *v* rester à / au / dans
**quemarse** *v* brûler

## R

**racismo** *nm* racisme
**raíz** *nf* racine
**raro(a)** *adj* étrange
**raya** *nf* raie
**rayado** *nm* tag
**razonar** *v* justifier
**reabrir** *v irrég* réouvrir
**realidad** *nf* réalité
**reanudar** *v* reprendre
**recargado(a)** *adj* chargé(e)
**recibir** *v* recevoir
~ **un encargo** recevoir une commande
**recoger** *v irrég* ramasser
**recomendar** [ie] *v irrég* recommander
**reconocer** *v irrég* reconnaître
**reconocido(a) como / por** reconnu(e) comme / pour
**reconocimiento** *nm* reconnaissance
**reconstruir** *v irrég* reconstruire
**recopilar** *v* compiler
**recordar** [ue] *v irrég* se souvenir de
~ **con cariño** se souvenir avec tendresse
**recreación** *nf* reconstitution
**recuerdo** *nm* souvenir
**recuperar** *v* récupérer
**red** *nf* réseau
~ **social** réseau social
**redactar** *v* rédiger
**reflejar** *v* refléter, révéler
~ **la realidad** refléter la réalité
**reforzar** [ue] *v irrég* renforcer
~ **la identidad** renforcer l'identité
**regalar** *v* offrir
**regalo** *nm* cadeau
**regular** *v* régler
**rehabilitación** *nf* réhabilitation
**rehabilitar** *v* réhabiliter
**rehacer** *v irrég* refaire
**reír** *v irrég* rire
**reivindicar** *v irrég* revendiquer
~ **el origen** revendiquer l'origine
**reivindicativo(a)** *adj* revendicatif(ive)
**relacionar** *v* associer
**relacionarse con** *v* fréquenter ; nouer des liens avec
~ **locales** fréquenter des personnes locales
**relato** *nm* récit
**repartir** *v* distribuer
**repasar** *v* réviser ; relire
**reportar** *vAm* porter plainte ; dénoncer
**representar** *v* représenter ; jouer (théâtre)
**rescatar** *v* sauver
**respetar** *v* respecter
~ **la ley** respecter la loi
**resumir** *v* résumer
**retratista** *n* portraitiste
**retrato** *nm* portrait
**retroceso** *nm* recul
**reunir** *v irrég* réunir, rassembler
**revalorizar** *v irrég* revaloriser
~ **el patrimonio** revaloriser le patrimoine
**revisar** *v* vérifier
**revista** *nf* revue
**revolución** *nf* révolution
**rey (reina)** *n* roi (reine)
**rezar** *v irrég* prier
**rico(a)** *adj* riche
**riqueza** *nf* richesse
**ritual** *nm* rituel
**robar** *v* voler
**romántico(a)** *adj* romantique
**romper** *v irrég* casser, briser
~ **con** rompre avec
~ **la lógica** briser la logique
~ **la piñata** casser la *piñata*
**rumor** *nm* rumeur
**rutina** *nf* routine

## S

**sábado** *nm* samedi
**sábana** *nf* drap
**sacar** *v irrég* sortir
~ **el arte a la calle** amener l'art dans la rue
**saco** *nmAm* veste
**salario** *nm* salaire

**salir** *v irrég* sortir
~ **de casa** partir de chez soi
~ **de la rutina** sortir de la routine

**salvar** *v* sauver

**sancionar** *v* sanctionner

**santo(a)** *n* saint(e)

**seguir** [i] *v irrég* continuer à
~ **habiendo** y avoir toujours

**selva** *nf* jungle ; forêt

**sensibilizar** *v* sensibiliser

**sensor** *nm* capteur

**sentado(a)** *adj* assis(e)

**sentimiento** *nm* sentiment

**sentirse** [ie] *v irrég* se sentir
~ **atraído(a) por** se sentir attiré(e) par
~ **bien / mal** se sentir bien / mal
~ **orgulloso(a) de** être fier (fière) de
~ **vivo(a)** se sentir vivant(e)

**señalar** *v* indiquer, marquer

**separación** *nf* séparation

**separado(a)** *adj* séparé(e)

**ser** *v irrég* être

**serie** *nf* série
~ **de televisión** série de télévision

**servir** [i] **para** *v irrég* servir à

**sexista** *adj* sexiste

**siglo** *nm* siècle

**signo** *nm* signe

**simbolizar** *v irrég* symboliser

**sinalefa** *nf* synalèphe

**sincronizado(a) con** *adj* synchronisé(e) avec

**sitio web** site Internet

**situación** *nf* situation

**sobrevivir** *v* survivre

**socializar** *v irrég* socialiser

**soldado** *n* soldat

**solemne** *adj* solennel(le)

**solidaridad** *nf* solidarité

**solidario(a)** *adj* solidaire

**sombrero** *nm* chapeau
~ **de charro** chapeau de cow-boy

**sonreír** *v irrég* sourire

**soñar** [ue] **con** *v irrég* rêver de

**sorprendente** *adj* surprenant(e)

**subir** *v* monter
~ **(a internet)** mettre en ligne
~ **hasta el cielo** monter jusqu'au ciel
~ **una montaña** gravir une montagne

**subrayar** *v* souligner

**suceder** *v* arriver (qqch)

**suciedad** *nf* saleté

**suelo** *nm* sol
**en el ~** par terre

**sufrir** *v* souffrir
~ **discriminación** souffrir de discrimination

**sumar** *v* ajouter

**sumiso(a)** *adj* soumis(e)

**superar** *v* dépasser

**superstición** *nf* superstition

**suscrito(a)** *adj* abonné(e)

## T

**taller** *nm* atelier

**tarea** *nf* tâche ; devoirs (scolaires)
~ **del hogar** tâche ménagère
~ **doméstica** tâche ménagère

**techo de cristal** *nm* plafond de verre

**telenovela** *nf* feuilleton télévisé

**templo** *nm* temple

**tener** [ie] avoir
~ **ambiciones** avoir de l'ambition
~ **ansias de poder** avoir soif de pouvoir
~ **derecho a** avoir le droit de
~ **instalado(a)** être installé(e)
~ **la boca tapada con** avoir la bouche fermée par
~ **lugar en** avoir lieu à / en / dans
~ **miedo a / de** avoir peur de
**no ~ límites** ne pas avoir de limites
~ **permiso de / para** avoir la permission de
~ **una buena / mala relación con** avoir une bonne / mauvaise relation avec

**tenerle** [ie] **cariño a (alguien)** *v irrég* avoir de l'affection pour qqn

**teoría** *nf* théorie

**tergiversar** *v* déformer
~ **la realidad** déformer la réalité

**terror** *nm* horreur

**terrorista** *adj* terroriste

**testigo de** *loc* témoin de

**tilde** *nf* accent
~ **diacrítica** accent diacritique

**típico(a) de** *adj* typique de

**titular** *nm* gros titre

**tocar (un instrumento)** *v irrég* jouer (d'un instrument)

**todo el mundo** tout le monde

**tomar** *v* prendre
~ **el espacio público** prendre possession de l'espace public
~ **nota** prendre des notes

**tostadora** *nf* grille-pain

**trabajo** *nm* travail
~ **pesado** travail pénible

**traer** *v irrég* amener, apporter

**traficar con** *v irrég* faire du trafic de
~ **drogas** faire du trafic de drogue

**traje** *nm* costume, tenue

**transformador(a)** *adj* transformateur(trice)

**transformar en** *v* transformer en

**transformarse en** *v* se transformer en

**transmitir** *v* transmettre
~ **un mensaje** transmettre un message
~ **valores** transmettre des valeurs

**tratar de** *v* traiter de ; essayer de

**triste** *adj* triste

**tristeza** *nf* tristesse

**trompeta** *nf* trompette

**tropa** *nf* troupe

**trueque** *nm* troc

**tuit** *nm* tweet

**tumbado(a)** *adj* allongé(e)

## U

**unirse** *v* s'unir, se rejoindre

**uso** *nm* usage

**útil** *adj* utile

## V

**vacío(a)** *adj* vide

**valentía** *nf* courage

**valiente** *adj* courageux(euse)

**valor** *nm* valeur

**valorar** *v* mettre en valeur

**vandalismo** *nm* vandalisme

**vanguardia** *nf* avant-garde

**vegetación** *nf* végétation

**vencer** *v irrég* vaincre

**verano** *nm* été

**veraz** *adj* véridique ; fidèle

**verificar** *v irrég* vérifier

**vestido** *nm* robe ; costume
~ **de princesa** robe de princesse
~ **elegante** robe élégante
~ **femenino** robe féminine
~ **recargado** robe chargée

**vestirse de** [i] *v irrég* s'habiller en ; porter un costume de

**viajar (a / por)** *v* voyager (en / à travers / dans)

**viaje** *nm* voyage

**viajero(a)** *n* voyageur(euse)

**vicio** *nm* vice

**víctima** *nf* victime

**viejo(a)** *adj* vieux (vieille)

**viento** *nm* vent

**vigilar** *v* surveiller

**villano(a)** *n* méchant(e), scélérat(e)

**violencia** *nf* violence

**visibilizar** *v irrég* rendre visible

**visitar** *v* visiter

**vivir** *v* vivre
~ **al margen de la ley** vivre hors-la-loi
~ **en un país extranjero** vivre dans un pays étranger
~ **lejos** vivre loin
~ **solo(a)** vivre seul(e)

**volar** [ue] *v irrég* voler

**volver** [ue] *v irrég* revenir, rentrer
~ **a hacer / leer** refaire / relire

**volverse** [ue] *v irrég* devenir

## Z

**zapatilla** *nfAm* chaussure, pantoufle

**zapato** *nm* chaussure

# Français › Espagnol

## A

**à genoux** de rodillas
**à l'avant-garde** a la vanguardia
**à la mode** de moda
**à nouveau** de nuevo
**abonné(e)** suscrito(a)
**abus de pouvoir** abuso de poder
**accent** tilde
~ **accent diacritique** tilde diacrítica
**accompagner** acompañar
**acte** acto
**affaire** negocio
**affamé(e)** hambriento(a)
**affection** cariño
**affrontement** enfrentamiento
**affronter** afrontar
**âgé(e)** mayor
**agiter** agitar
**aider** ayudar
~ **les pauvres** ayudar a los pobres
**ajouter** sumar, añadir
**aliment** alimento
**aller** ir
~ **à l'encontre de** ir en contra de
~ **en bateau** ir en barca
~ **étudier** ir(se) a estudiar
**allongé(e)** tumbado(a)
**amateur(trice) de** aficionado(a) a
**ambiance de fête** ambiente festivo
**ambition** ambición
**améliorer** mejorar
**s'améliorer en espagnol** mejorar en español
**amener** traer
~ **l'art dans la rue** sacar el arte a la calle
**ami(e)** amigo(a)
**amitié** amistad
**amusant(e)** entretenido(a)
**amuser (s')** pasarlo bien, divertirse [ie]
**an** año
**ancien(enne)** antiguo(a)
**andin(e)** andino(a)
**androïde** androide
**ange** ángel
**animal de compagnie** mascota
**animé(e)** animado(a) (lugar)
**année** año
**anti-virus** antivirus
**apparence** aspecto
~ **physique** aspecto físico
**appartenir à** pertenecer a
**appeler** llamar
**apporter** traer
**apprendre** aprender
**approprier (s') qqch** hacer algo suyo
**architecte** arquitecto(a)
**arène** plaza de toros
**argent** dinero
**aristocrate** aristócrata
**aristocratie** aristocracia
**arracher** arrancar
**arrêter** parar
**arriver (qqch)** suceder, pasar (algo)
**art** arte
~ **urbain** arte urbano / callejero
**artisan(e)** artesano(a)
**artistique** artístico(a)
**assassin** asesino(a)
**assassinat** asesinato
**assassiner** asesinar
**assis(e)** sentado(a)
**associer** relacionar
**assurer** asegurar
**astronaute** astronauta
**atelier** taller
**attaquer** embestir a [i]
**atteindre** alcanzar
**attiré(e)** atraído(a)
**attirer** atraer
**au fond** al fondo
**au premier / deuxième plan** en primer / segundo plano
**aucun(e)** ningún (ninguna)
**auteur(e)** autor(a)
**authentique** auténtico(a)
**autochtone, indigène** indígena
**autoriser** autorizar
**autre** otro(a)
**avancée** avance
**avant-garde** vanguardia
**avare** avaricioso(a)
**avarice** avaricia
**avoir** tener [ie]
~ **de l'affection pour qqn** tenerle cariño a (alguien)
~ **de l'ambition** tener ambiciones
~ **la bouche fermée par** tener la boca tapada con
~ **la permission de** tener permiso de / para
~ **le droit de** tener derecho a
~ **l'autorisation de** tener permiso de / para
~ **lieu à / en / dans** tener lugar en
**ne pas ~ de limite** no tener límites
~ **peur de** tener miedo a / de
~ **soif de pouvoir** tener ansias de poder
~ **une bonne / mauvaise relation avec** tener una buena / mala relación con
**y ~ toujours** seguir habiendo
**avortement** aborto

## B

**baigner (se)** bañarse
~ **dans un lac** bañarse en un lago
~ **dans la mer** bañarse en el mar
**baleine** ballena
**bande** pandilla (grupo)
**bar** bar
**barque** barca
**bâtiment** edificio
**battre (se)** enfrentarse
~ **contre le système** enfrentarse al sistema
**beau (belle)** hermoso(a), bonito(a)
**bénéficier de** disfrutar de
**binôme** pareja *nf*
**blog** blog
**boisson** bebida
**bon(ne)** bueno(a)
**bouche** boca
**bourgeois(e)** burgués(esa)
**bourgeoisie** burguesía
**briser** romper
~ **la logique** romper la lógica
**brouillon** borrador
**bruit** bulo
**brûler** quemarse

## C

**cadeau** regalo
**camaraderie** compañerismo *nm*
**caméra** cámara
**capable de** capaz de
~ **stocker une information** capaz de almacenar información
**capitale** capital
**capteur** sensor
**captiver** enganchar
**casanier(ière)** hogareño(a)
**casser** romper
~ **la piñata** romper la piñata
**cathédrale** catedral
**causer** causar
**célébration** celebración
**célèbre** famoso(a)
**célébrer** celebrar
~ **qqch en l'honneur de** celebrar algo en honor a
**censure** censura
**centre** centro
**cérémonie** ceremonia
**champ** campo
**changer** cambiar
**chanter** cantar
**chapeau** sombrero
~ **de cow-boy** sombrero de charro
**chargé(e) (décoration)** recargado(a)
**charger (attaquer)** embestir a [i] ; **(donner une mission)** encargar
**se ~ de** hacerse cargo de

**chaussure** zapato *nm*
**chef** jefe
**chercher** buscar, investigar
~ **des informations** buscar información
~ **un appartement** buscar piso
**choisir** escoger, elegir [i]
**chrétien(ne)** cristiano(a)
**ciel** cielo
**cimetière** cementerio
**circuler** circular
**classer** clasificar
**classique** clásico(a)
**coexister** convivir
**cohabiter avec** convivir con
**coloré(e)** colorido(a), de muchos colores
**commande** encargo
**commander** encargar
**commémorer** conmemorar
**commencer** comenzar [ie], empezar [ie], iniciar
**commettre** cometer
~ **un acte terroriste** cometer un acto terrorista
~ **un assassinat** cometer un asesinato
~ **un crime** cometer un crimen
**comparer** comparar, contrastar
**compatriote** compatriota
**compiler** recopilar
**compliquer** dificultar
~ **le travail** dificultar la labor
**comprendre** comprender, entender [ie]
~ **d'autres modes de vie** entender estilos de vida distintos
**concéder** conceder
**conflit** conflicto
**congé sans solde** excedencia *nf*
**connaître** conocer
**connecté(e) à** conectado(a) a
**connecter (se)** conectarse
**connexion** conexión
**consacrer** dedicar
~ **plus / moins d'heures à** dedicar más / menos horas a
**conserver** conservar
**construction** construcción
**construire** construir
~ **un stade** construir un campo de fútbol
~ **une maison** construir una casa
**consulter** consultar
**conte** cuento
**continuer à** seguir [i]
**contraster** contrastar
**contrôler** controlar, dominar
**corbeau** cuervo
**corriger** corregir [i]
**costume** traje, vestido
**côte** costa
**couleur** color *nm*
**les couleurs du bandera** los colores de la bandera
**couple** pareja
**courage** valentía
**courageux(euse)** valiente
**courrier** correo
**par** ~ por correo
**courses** compra *sg*
**coûter** costar [ue]
~ **de l'argent** costar dinero
**coutume** costumbre
**créatif(ive)** creativo(a)
**créer** crear
~ **une panique sociale** crear alarma social
**crépuscule** crepúsculo
**cri** grito
**crime** crimen
**criminel(le)** criminal
**critique** crítico(a), crítica
**critiquer** criticar
**croire** creer (algo)
~ **en qqch** creer en (algo)
~ **que qqch est vrai** creerse (algo)
**cruauté** crueldad
**cruel(le)** cruel
**curé** cura

## D

**d'accord** de acuerdo
~ **en partie** de acuerdo en parte
**d'origine** de origen
**danger** peligro *nm*, amenaza *nf*
**dangereux(euse)** peligroso(a)
**danser** bailar
~ **dans la rue** bailar en la calle
**debout** de pie
**décennie** década
**décider (se) à** animarse a
**décoratif(ive)** decorativo(a)
**décorer** decorar
**découvrir** descubrir, conocer
~ **d'autres pays** descubrir otros países
~ **d'autres traditions** conocer / descubir otras costumbres
~ **un pays** conocer un país
**déduire** deducir
**défilé** desfile
**défiler** desfilar
**déformer** tergiversar
~ **la réalité** tergiversar la realidad
**déguisé(e)** disfrazado(a)
**déguisement** disfraz
**délinquant(e)** delincuente
**demander** pedir [i]
~ **la permission à / pour** pedir permiso a / para
**démentir** desmentir [ie]
~ **des messages** desmentir mensajes
**démissioner** presentar la dimisión
**dépasser** superar
**dépenser** gastar
~ **de l'argent** gastar dinero
**derrière** detrás de
**descendant(e) de** descendiente de
**désordre** desorden
**dessin** dibujo
**dessiner** dibujar
**devant** delante de
**développer** desarrollar
**devenir** llegar a ser, volverse [ue], convertirse [ie] en, hacerse
~ **riche** hacerse rico(a)
~ **une icône du peuple** convertirse en un icono popular
~ **une légende** convertirse en una leyenda
**devoir** tarea *nf*, deber *nm*
**faire ses** ~ hacer los deberes
**différent(e)** distinto(a), diferente
**diffuser** difundir
~ **de fausses nouvelles** difundir engaños / bulos
**diphtongue** diptongo *nm*
**dire au revoir** despedirse [i]
**discrimination** discriminación
**discriminer** discriminar
**distribuer** repartir
**diversité** diversidad
**divertissant(e)** entretenido(a)
**divorce** divorcio
**divorcé(e)** divorciado(a)
**diviser** dividir
**dominer** dominar
**donner** dar
~ **des informations sur** dar información sobre
~ **la permission de** dar permiso de / para
~ **rendez-vous à qqn** quedar con (alguien)
~ **son avis** opinar
~ **un exemple** poner un ejempo
~ **une identité à la ville** dar identidad a la ciudad
**drap** sábana *nf*
**drapeau** bandera *nf*
**droit** derecho
**dur(e)** duro(a)

## E

**écart salarial** brecha salarial *nf*
**échange** intercambio
**échanger** intercambiar
**écrivain(e)** escritor(a)
**éditer** editar
**effort** esfuerzo
**égalité** igualdad
**église** iglesia
**élégant(e)** elegante
**élever (s')** elevarse
**éloigné(e) de** alejado(a) de

# Lexique

**embellir** embellecer

**emmener** llevar

**émission** programa *nm*
~ **de radio** programa de radio
~ **de télévision** programa de televisión

**émotif(ive)** emotivo(a)

**émouvant(e)** emotivo(a), conmovedor(a)

**empereur (impératrice)** emperador (emperatriz)

**empirer** empeorar

**empoigner** agarrar

**empreinte** huella

**en contact avec** en contacto con

**en forme de** con forma de
**de ~ humaine** con forma de humano

**en partie** en parte

**encourager** animar
~ **le développement** favorecer el desarrollo
~ **l'intégration** fomentar la integración

**enfant** niño(a)

**ennuyer (s') de qqn** echar de menos a alguien

**ennuyeux(euse)** aburrido(a)

**enregistrer** grabar

**entendre (s') bien / mal** llevarse bien / mal

**entraînant(e)** alegre

**environnement (entourage)** ambiente, entorno ; **(nature)** medio ambiente

**envoyer par** enviar por / via

**épiler (s')** depilarse

**époque romaine** época romana

**éprouver** sentir [i], experimentar

**espace public** espacio público

**espagnol(e)** español(a)

**espionner** espiar

**essayer de** procurar, tratar de

**essor** auge

**été** verano

**ethnie** etnia

**étoile** estrella

**étrange** extraño(a), raro(a)

**étranger(ère) (personne, langue)** extranjero(a) ; **(extérieur à)** ajeno(a)

**être** ser, estar
~ **contre** estar en contra de
~ **fier(ère) de** estar orgulloso(a) de
~ **pressé(e)** ir con prisas

**étudier** estudiar

**évènement** evento, hecho

**évoluer** evolucionar

**expérience** experiencia
~ **authentique** experiencia auténtica

**exposer** exponer

**exposition** exposición

**exprimer** expresar
~ **des émotions** expresar emociones
~ **s'exprimer** expresarse

## F

**façon** manera

**faible** delicado(a)

**faire** hacer
~ **attention à** fijarse en
~ **bon usage** hacer buen uso
~ **bonne / mauvaise impression (à)** quedar bien /mal (con)
~ **circuler sur les réseaux** hacer circular por las redes
~ **des recherches** investigar
~ **du trafic de drogue** traficar con drogas
~ **face à des nouvelles situations** afrontar situaciones nuevas
~ **fortune** hacerse rico(a)
~ **honneur à** hacer honor a
~ **la fête** irse de fiesta
~ **la grève** hacer huelga
~ **l'éloge de** alabar
~ **les courses** hacer la compra
~ **partie de** formar parte de
~ **peur** dar miedo
~ **qqch à nouveau** volver [ue] a hacer algo
**se ~ des amis** hacer amigos
~ **une hypothèse** hacer una hipótesis
~ **une liste** hacer una lista

**familiariser avec** acercar a

**famille** familia

**fantastique** fantástico(a)

**fatiguer (se)** cansarse

**fausse nouvelle** noticia falsa, bulo

**faux (fausse)** falso(a)

**favoriser** favorecer

**féminin(e)** femenino(a)

**femme** mujer

**festif(ive)** festivo(a)

**festival** festival
~ **artistique** festival artístico

**festivité** festividad

**fête** fiesta

**fêter** celebrar

**feu d'artifice** fuegos artificiales

**feuilleton télévisé** telenovela

**fiable** confiable, fiable

**fidèle** veraz, fiel
~ **aux événements** fiel a los hechos

**fidèlement** fielmente

**fier (fière) de** orgulloso(a) de

**fierté** orgullo *nm*

**figurine** estatuilla

**film** película *nf*

**filmer** grabar

**fils (fille)** hijo(a)

**finir** acabar

**fleur** flor

**forêt** selva

**forger (se) une opinion** formarse una opinión

**fort(e)** fuerte

**fortuit(e)** casual

**foyer** hogar

**fragile** frágil, delicado(a)

**fréquenté(e)** animado(a)

**fréquenter** relacionarse con
~ **des personnes locales** relacionarse con locales

**fresque** mural *nm*

**fuir** huir

## G

**gagner** ganar
~ **de l'argent** cobrar
~ **en confiance** ganar seguridad

**gai(e)** alegre

**gaieté** alegría

**garder le souvenir** mantener [ie] el recuerdo

**gâteau** pastel

**géant(e)** gigante

**généreux(euse)** generoso(a)

**gens** gente *sg*
**des ~ humbles** gente humilde

**gouverner** gobernar [ie]

**graffiteur(euse)** grafitero(a)

**graffiti** grafiti

**gratuit(e)** gratis, gratuito(a)

**gravir une montagne** subir una montaña

**grève** huelga

**grille-pain** tostadora *nf*

**gros titre** titular

**groupe de musique** banda (de música) *nf*, conjunto (de música) *nm*

**guerre** guerra

**guitare** guitarra

## H

**habiller(s') en** vestirse [i] de

**habiter** vivir

**habitude** costumbre

**hâte** prisa

**haut débit** banda ancha

**héros (héroïne)** protagonista ; héroe (heroína)

**heureux(euse)** feliz

**hiatus** hiato

**hommage** homenaje

**homme** hombre

**honneur** honor

**horreur** terror *nm*

**hors-la-loi** al margen de la ley

**hospitalité** hospitalidad

**humain(e)** humano(a)

**humble** humilde

## I

**icône populaire** icono popular *nm*

**idéal pour** ideal para

**identité** identidad
**idole** ídolo *nm*
**ignorance** ignorancia
**ignorant(e)** ignorante
**île** isla
**illégal(e)** ilegal
**imagination** imaginación
**imaginer** imaginar, idear
**imitation** imitación
**imiter** imitar
**impartial(e)** imparcial
**impitoyable** despiadado(a)
**imprévisible** imprevisible
**inca** inca
**inciter** animar
**indépendance** independencia
**indiquer** señalar
**inégalité** desigualdad
**information** información
**informer** informar
**infox** noticia falsa
**inhumain(e)** inhumano(a)
**innovateur(trice)** innovador(a)
**insérer** insertar
**insolite** insólito(a)
**installation** instalación
~ **urbaine** instalación urbana / callejera
**institutionnalisé(e)** institucionalizado(a)
**instrument** instrumento
**intégration** integración
**intégrer (s')** integrarse
**intelligence artificielle** inteligencia artificial
**intelligent(e)** inteligente
**interagir** interactuar, interaccionar
**interdire** prohibir
**interdit(e)** prohibido(a)
**interroger** entrevistar
**interrompre** interrumpir
**intervention** intervención
~ **artistique** intervención artística
**interviewer** entrevistar
**intonation** entonación
**inutile** inútil
**inventer** inventar
**inviter** invitar
~ **la famille** invitar a la familia

## J

**joie** alegría
**joli(e)** lindo(a), bonito(a)
**jouer (s'amuser)** jugar ; **(théâtre)** representar ; **(musique)** tocar
~ **d'un instrument** tocar un instrumento
**jouir de** gozar de, disfrutar de
**jour** día
**journal** periódico
~ **imprimé** periódico en papel
~ **numérique** periódico digital
**journée** jornada
**jungle** selva
**juin** junio
**jusqu'à** hasta
**juste** justo(a)
**justifier** justificar, razonar

## L

**lac** lago
**lâche** cobarde
**lâcheté** cobardía
**laid(e)** feo(a)
**lama** llama
**légal(e)** legal
**légume** hortaliza *nf*
**liberté d'expression** libertad de expresión
**limite** límite *nm*
**loger (se)** alojarse
**logique** lógica, lógico(a)
**loi** ley
**loin** lejos
**lutter** luchar
~ **contre des maladies** combatir enfermedades

## M

**machine** máquina
**machisme** machismo
**magique** mágico(a)
**magnifique** magnífico(a)
**maintenir** mantener [ie]
**maire** alcalde(esa)
**maison** casa
**manifestation** manifestación
**manifester** manifestarse [ie]
**manquer (qqn)** echar de menos a (alguien)
**tu me manques** te hecho de menos
**manquer de** carecer de
~ **logique** carecer de lógica
~ **sentiments** carecer de sentimientos
**maquiller (se)** maquillar(se)
**marginal(e)** marginal
**mari** marido
**mariage (cérémonie)** boda *nf* ; **(institution)** matrimonio *nm*
**marié(e)** casado(a)
**marquer** señalar
**masque** máscara *nf*
**Maure** moro(a)
**mauvaise éducation** mala educación
**méchant(e)** villano(a)
**média** medio de comunicación
**mélange** mezcla *nf*
**menace** amenaza
**mer** mar *nm*
**merveilleux(euse)** maravilloso(a)
**message** mensaje
**métis(se)** mestizo(a)
**mettre** poner
~ **en ligne** subir (a internet)
~ **en question** cuestionar, poner en duda
~ **en scène** escenificar
~ **en valeur** valorar
~ **fin à** acabar con
~ **une amende** multar, poner una multa
**microphone** micrófono
**mode de vie** estilo de vida
**moderne** moderno(a)
**modifier** alterar
**montagne** montaña
**monter** subir
~ **jusqu'au ciel** subir hasta el cielo
**montrer** mostrar [ue]
**mort** muerte
**mort(e)** muerto(a)
**mou (molle)** blando(a)
**Moyen Âge** Edad Media
**mur** pared *nf*, muro *nm*
**muraliste** muralista
**musée** museo
**musique** música
**mystérieux(euse)** misterioso(a)

## N

**nager** nadar
**nation** nación
**noble** noble
**noblesse** nobleza
**noter** apuntar, anotar
**nouer des liens avec** relacionarse con
**nouveau(velle)** nuevo(a)
**nu(e)** desnudo(a)

## O

**obligé(e) à** obligado(a) a
**obtenir** obtener [ie], conseguir [i]
~ **la reconnaissance** obtener el reconocimiento
**occuper (s') de** cuidar de, ocuparse de
**œuvre** obra
**offrande** ofrenda
**offrir** regalar
**opportunité** oportunidad
**oreille** oreja
**originaire de** originario(a) de
**origine** origen *nm*
**oublier** olvidar

## P

**page web** página web
**paillasson** felpudo

# Lexique

**paix** paz
**pâle** pálido(a)
**pâleur** palidez
**par terre** en el suelo
**paradis** paraíso
**paraître** parecer
**parfait(e)** perfecto(a)
**parler** hablar
~ **avec les gens** hablar con la gente
~ **en espagnol** hablar en español
**parrain (père spirituel)** padrino ; **(chef de la mafia)** capo
**partager (donner)** compartir ; **(diviser, répartir)** repartir, dividir
~ **des expériences** compartir experiencias
~ **des informations** compartir información
**partial(e)** parcial
**participer à** participar en
**partiel(le)** parcial
**partir** irse
~ **de chez soi** salir / irse de casa
~ **en Erasmus** irse de Erasmus
**passer** pasar
~ **du temps** pasar tiempo
~ **(qqch à qqn)** pasarle (algo a alguien)
**se ~ à / en** estar ambientado(a) en, tener lugar en
~ **un mauvais moment** pasarlo mal
**patrie** patria
**patrimoine** patrimonio
**pauvre** pobre
**pauvreté** pobreza
**pays** país
**paysage** paisaje
**un ~ sec** un paisaje seco
**paysan(ne)** campesino(a)
**pêcher** pescar
**pêcheur(euse)** pescador(a)
**peindre** pintar
**peintre** pintor(a)
**penser qqch** creer (algo)
**perdre (se)** perderse [ie]
**permettre** permitir ; dar permiso de / para
**permis(e)** permitido(a)
**perruque** peluca
**personnalité** figura
**personne** persona
~ **âgée** persona mayor
**peuple** pueblo
**peur** miedo *nm*
**photo(graphie)** foto(grafía)
**pierre** piedra
**pivert** pájaro carpintero
**place** plaza
**plafond de verre** techo de cristal
**plainte** denuncia
**plan** plano
**pleurer** llorar
**poème** poema
**poète (poétesse)** poeta
**point de vue** enfoque, punto de vista
**poisson** pez (*pl* peces)
**policier(ière)** policiaco(a)
**pollution** contaminación
**populaire** popular
**population** población
~ **affamée** población hambrienta
**porte-clés** llavero
**porter** llevar, cargar
~ **la barbe** llevar barba
~ **plainte** denunciar, reportar
~ **un costume de** ir vestido(a) de, vestirse de [i], llevar un traje / vestido de
~ **un déguisement de** ir disfrazado(a) de
~ **une perruque** llevar peluca
**portrait** retrato
**portraitiste** retratista
**poursuivi(e)** perseguido(a)
**prendre** coger, tomar
~ **des notes** tomar nota
~ **possession de l'espace public** tomar el espacio público
~ **soin de soi** cuidarse
**présenter sa démission** presentar la dimisión
**prévisible** previsible
**prier** rezar
**prince (princesse)** príncipe (princesa)
~ **charmant** príncipe azul
**programme** programa
**programmé(e) pour** programado(a) para
**promouvoir** fomentar, promover [ue]
~ **la vie en communauté** fomentar la convivencia
**propager** propagar
**public** público
**publier** publicar

## Q

**qualifié(e) pour** capacitado(a) para
**quartier** barrio
**quotidien(enne)** cotidiano(a), diario(a)

## R

**racine** raíz
**racisme** racismo
**raconter** narrar, contar [ue]
~ **fidèlement** contar fielmente
**radin(e)** avaricioso(a)
**raie** raya
**ramasser** recoger
**rappeler (se)** recordar [ue]
**rassembler** reunir
**réalité** realidad
**recevoir** recibir
~ **une commande** recibir un encargo
**recherché(e)** buscado(a)
**récit** relato
**recommander** recomendar [ie]
**reconnaissance** reconocimiento *nm*
**reconnaître** reconocer
**reconnu(e) comme / pour** reconocido(a) como / por
**reconstitution** recreación
**reconstruire** reconstruir
**recul** retroceso
**récupérer** recuperar
**rédiger** redactar
**refaire** rehacer
**refléter** reflejar
~ **la réalité** reflejar la realidad
**réfrigérateur** nevera *nf*
**regarder** mirar
~ **le spectateur(trice)** mirar al (a la) espectador(a)
**règle** norma
**régler** regular
**réhabilitation** rehabilitación
**réhabiliter** rehabilitar
**rejoindre (se)** unirse
**relire** repasar
**rendre (se) compte de** darse cuenta de
**rendre visible** visibilizar
**renforcer** reforzar [ue]
~ **renforcer l'identité** reforzar la identidad
**renseignement** información
**renseigner (se)** buscar información
**rentrer** volver [ue]
**réouvrir** reabrir
**répandre des rumeurs** propagar rumores
**répéter (redire)** repetir [i] ; **(s'entraîner)** practicar ; **(théâtre)** ensayar
**répondre** contestar, responder
**reprendre (continuer)** reanudar
**représenter** representar
**réseau** red *nf*
~ **social** red social
**respecter** respetar, cumplir
~ **la loi** respetar la ley
~ **les règles** cumplir las normas
**rester à / au / dans** quedarse en
**résumer** resumir
**réunir** reunir
**réussir** alcanzar (el éxito)
~ **à** lograr
**réussite** logro *nm*
**revaloriser** revalorizar
~ **le patrimoine** revalorizar el patrimonio
**révéler** reflejar
**revendicatif(ive)** reivindicativo(a)
**revendiquer** reivindicar
~ **l'origine** reivindicar el origen
**revenir** volver [ue]
**rêver de** soñar [ue] con
**réviser** repasar
**révolution** revolución
**revue** revista

**riche** rico(a)
**richesse** riqueza
**rire** reír
**risquer sa vie** arriesgar la vida
**rituel** ritual
**robe** vestido *nm*
~ **chargée** vestido recargado
~ **de princesse** vestido de princesa
~ **élégante** vestido elegante
~ **féminine** vestido femenino
**roi (reine)** rey (reina)
**roman** novela *nf*
**romancier(ière)** novelista
**romantique** romántico(a)
**routine** rutina
**rompre avec** romper con
**rue** calle
**rumeur** rumor *nm*

## S

**saint(e)** santo(a)
**salaire** salario
**saleté** suciedad
**samedi** sábado
**sanctionner** sancionar
**sauver** rescatar, salvar
**scène** escena
**science-fiction** ciencia ficción
**sculpteur(trice)** escultor(a)
**sculpture** escultura
**sembler** parecer
**sensibiliser** sensibilizar
**sentiment** sentimiento
**sentir (se)** sentirse [ie]
~ **attiré(e) par** sentirse atraído(a) por
~ **bien / mal** sentirse bien / mal
~ **vivant(e)** sentirse vivo(a)
**séparation** separación
**séparé(e)** separado(a)
**série** serie
~ **de télévision** serie de televisión
**servir à** servir [i] para
**sexiste** sexista
**siècle** siglo
**signe** signo
**signer** firmar
**site Internet** sitio web
**situation** situación
**situer (se) en** estar situado(a) en
**socialiser** socializar
**soif (besoin physique)** sed
~ **de pouvoir** ansia de poder
**sol** suelo
**soldat** soldado
**solennel(le)** solemne
**solidaire** solidario(a)
**solidarité** solidaridad
**sortir** sacar, salir
~ **de la routine** salir de la rutina
**souffrir** sufrir
~ **de discrimination** sufrir discriminación
**souligner** destacar, subrayar
**soumis(e)** sumiso(a)
**source** fuente
**sourire** sonreír
**soutenir** apoyar a
**soutien** apoyo
**souvenir** recuerdo
**souvenir (se) de** recordar [ue]
**se ~ avec tendresse** recordar con cariño
**spectateur(trice)** espectador(a)
**squelette** esqueleto
**star** estrella
**station de métro** estación de metro
**statuette** estatuilla
**stocker** almacenar
**succès** éxito
**sucrerie** dulce *nm*
**superstition** superstición
**sur le point de** a punto de
~ **tirer** a punto de disparar
**surprenant(e)** sorprendente
**surveiller** vigilar
**survivre** sobrevivir
**susciter** suscitar
~ **l'intérêt** despertar [ie] el interés
**symboliser** simbolizar
**synalèphe** sinalefa
**synchronisé(e) avec** sincronizado(a) con

## T

**tableau** cuadro
**tâche** tarea
~ **ménagère** tarea del hogar / doméstica
**tag** rayado
**téléphone portable** teléfono móvil
**témoin de** testigo de
**temple** templo
**tenue** traje *nm*
**terroriste** terrorista
**tête de mort** calavera
**théorie** teoría
**tirer** disparar
**tombée de la nuit** atardecer *nm*
**tomber amoureux(euse)** enamorarse
**tout le monde** todo el mundo
**trace** huella
**tradition** costumbre, tradición
**trafiquant(e) de drogue** narcotraficante
**traiter de** tratar de
**traiter (qqn) de (qqch)** llamar (algo) a (alguien)
**transformateur(trice)** transformador(a)
**transformer en** convertir [ie] en
**se ~ en** transformarse en
**transmettre** transmitir
~ **des valeurs** transmitir valores
~ **un message** transmitir un mensaj
**travail** labor *nf*, trabajo *nm*
~ **pénible** trabajo pesado
**travailler dans** dedicarse a
~ **la musique** dedicarse a la música
**travaux** obras *nf*
**triste** triste
**tristesse** tristeza
**troc** trueque
**tromperie** engaño *nm*
**trompette** trompeta
**troupe** tropa
**tuer** matar
**tweet** tuit
**typique de** típico(a) de

## U

**unir (s')** unirse
**usage** uso
**usine** fábrica
**utile** útil

## V

**vaincre** vencer
**valeur** valor *nm*
**vandalisme** vandalismo
**végétation** vegetación
**vent** viento
**véridique** veraz
**vérifier** chequear, verificar, revisar, comprobar [ue]
**veste** chaqueta
**vice** vicio
**victime** víctima
**vide** vacío(a)
**vie en communauté** convivencia
**vieille ville** casco histórico *nm*
**vieux (vieille)** viejo(a)
**vil(e)** villano(a)
**village** pueblo
**ville** ciudad
**violence** violencia
**visage** cara *nf*
**visiter** visitar
**vivre** vivir
~ **dans un pays étranger** vivir en un país extranjero
~ **ensemble** convivir
~ **hors-la-loi** vivir al margen de la ley
~ **loin** vivir lejos
~ **seul(e)** vivir solo(a)
**voler** volar [ue], robar
**volet** persiana *nf*
**voyage** viaje
**voyager (en / à travers / dans)** viajar (a / por)
**voyageur(euse)** viajero(a)

# Conjugaisons

## Les verbes réguliers

| Infinitif *(Infinitivo)* | Présent de l'indicatif *(Presente de indicativo)* | | Présent du subjonctif *(Presente de subjuntivo)* | | Impératif *(Imperativo)* | Imparfait de l'indicatif *(Imperfecto de indicativo)* | |
|---|---|---|---|---|---|---|---|
| **Hablar** *(Parler)* | hablo<br>hablas<br>habla | hablamos<br>habláis<br>hablan | hable<br>hables<br>hable | hablemos<br>habléis<br>hablen | habla **(tú)**<br>hablad **(vosotros)** | hablaba<br>hablabas<br>hablaba | hablábamos<br>hablabais<br>hablaban |
| **Aprender** *(Apprendre)* | aprendo<br>aprendes<br>aprende | aprendemos<br>aprendéis<br>aprenden | aprenda<br>aprendas<br>aprenda | aprendamos<br>aprendáis<br>aprendan | aprende **(tú)**<br>aprended **(vosotros)** | aprendía<br>aprendías<br>aprendía | aprendíamos<br>aprendíais<br>aprendían |
| **Vivir** *(Vivre)* | vivo<br>vives<br>vive | vivimos<br>vivís<br>viven | viva<br>vivas<br>viva | vivamos<br>viváis<br>vivan | vive **(tú)**<br>vivid **(vosotros)** | vivía<br>vivías<br>vivía | vivíamos<br>vivíais<br>vivían |

## Les verbes à diphtongue: *E → IE ; O → UE*

| Infinitif *(Infinitivo)* | Présent de l'indicatif *(Presente de indicativo)* | | Présent du subjonctif *(Presente de subjuntivo)* | | Impératif *(Imperativo)* | Imparfait de l'indicatif *(Imperfecto de indicativo)* | |
|---|---|---|---|---|---|---|---|
| **Pensar** *(Penser)* | pienso<br>piensas<br>piensa | pensamos<br>pensáis<br>piensan | piense<br>pienses<br>piense | pensemos<br>penséis<br>piensen | piensa **(tú)**<br>pensad **(vosotros)** | pensaba<br>pensabas<br>pensaba | pensábamos<br>pensabais<br>pensaban |
| **Entender** *(Comprendre)* | entiendo<br>entiendes<br>entiende | entendemos<br>entendéis<br>entienden | entienda<br>entiendas<br>entienda | entendamos<br>entendáis<br>entiendan | entiende **(tú)**<br>entended **(vosotros)** | entendía<br>entendías<br>entendía | entendíamos<br>entendíais<br>entendían |
| **Mover** *(Bouger)* | muevo<br>mueves<br>mueve | movemos<br>movéis<br>mueven | mueva<br>muevas<br>mueva | movamos<br>mováis<br>muevan | mueve **(tú)**<br>moved **(vosotros)** | movía<br>movías<br>movía | movíamos<br>movíais<br>movían |
| **Contar** *(Raconter)* | cuento<br>cuentas<br>cuenta | contamos<br>contáis<br>cuentan | cuente<br>cuentes<br>cuente | contemos<br>contéis<br>cuenten | cuenta **(tú)**<br>contad **(vosotros)** | contaba<br>contabas<br>contaba | contábamos<br>contabais<br>contaban |

## Les verbes à affaiblissement : *E → I*

| Infinitif *(Infinitivo)* | Présent de l'indicatif *(Presente de indicativo)* | | Présent du subjonctif *(Presente de subjuntivo)* | | Impératif *(Imperativo)* | Imparfait de l'indicatif *(Imperfecto de indicativo)* | |
|---|---|---|---|---|---|---|---|
| **Pedir** *(Demander)* | pido<br>pides<br>pide | pedimos<br>pedís<br>piden | pida<br>pidas<br>pida | pidamos<br>pidáis<br>pidan | pide **(tú)**<br>pedid **(vosotros)** | pedía<br>pedías<br>pedía | pedíamos<br>pedíais<br>pedían |

## Les verbes à alternance: *E → IE et I ; O → UE et U*

| Infinitif *(Infinitivo)* | Présent de l'indicatif *(Presente de indicativo)* | | Présent du subjonctif *(Presente de subjuntivo)* | | Impératif *(Imperativo)* | Imparfait de l'indicatif *(Imperfecto de indicativo)* | |
|---|---|---|---|---|---|---|---|
| **Sentir** *(Sentir, ressentir)* | siento<br>sientes<br>siente | sentimos<br>sentís<br>sienten | sienta<br>sientas<br>sienta | sintamos<br>sintáis<br>sientan | siente **(tú)**<br>sentid **(vosotros)** | sentía<br>sentías<br>sentía | sentíamos<br>sentíais<br>sentían |
| **Dormir** *(Dormir)* | duermo<br>duermes<br>duerme | dormimos<br>dormís<br>duermen | duerma<br>duermas<br>duerma | durmamos<br>durmáis<br>duerman | duerme **(tú)**<br>dormid **(vosotros)** | dormía<br>dormías<br>dormía | dormíamos<br>dormíais<br>dormían |

## Les verbes en *-ACER / -ECER / -OCER / -UCIR* de type *conocer* : *C → ZC*

| Infinitif *(Infinitivo)* | Présent de l'indicatif *(Presente de indicativo)* | | Présent du subjonctif *(Presente de subjuntivo)* | | Impératif *(Imperativo)* | Imparfait de l'indicatif *(Imperfecto de indicativo)* | |
|---|---|---|---|---|---|---|---|
| **Aparecer** *(Apparaître)* | aparezco<br>apareces<br>aparece | aparecemos<br>aparecéis<br>aparecen | aparezca<br>aparezcas<br>aparezca | aparezcamos<br>aparezcáis<br>aparezcan | aparece **(tú)**<br>apareced **(vosotros)** | aparecía<br>aparecías<br>aparecía | aparecíamos<br>aparecíais<br>aparecían |

## Les verbes en *-DUCIR* de type *conducir* : *C → ZC ; C → J*

| Infinitif *(Infinitivo)* | Présent de l'indicatif *(Presente de indicativo)* | | Présent du subjonctif *(Presente de subjuntivo)* | | Impératif *(Imperativo)* | Imparfait de l'indicatif *(Imperfecto de indicativo)* | |
|---|---|---|---|---|---|---|---|
| **Conducir** *(Conduire)* | conduzco<br>conduces<br>conduce | conducimos<br>conducís<br>conducen | conduzca<br>conduzcas<br>conduzca | conduzcamos<br>conduzcáis<br>conduzcan | conduce **(tú)**<br>conducid **(vosotros)** | conducía<br>conducías<br>conducía | conducíamos<br>conducíais<br>conducían |

| **Futur** *(Futuro)* | | **Conditionnel** *(Condicional)* | | **Passé simple** *(Pretérito indefinido)* | | **Imparfait du subjonctif** *(Imperfecto de subjuntivo)* | | **Gérondif et participe passé** *(Gerundio y participio)* |
|---|---|---|---|---|---|---|---|---|
| | | | | | | | | |
| hablaré<br>hablarás<br>hablará | hablaremos<br>hablaréis<br>hablarán | hablaría<br>hablarías<br>hablaría | hablaríamos<br>hablaríais<br>hablarían | hablé<br>hablaste<br>habló | hablamos<br>hablasteis<br>hablaron | hablara<br>hablaras<br>hablara | habláramos<br>hablarais<br>hablaran | **g.** hablando<br>**p.p.** hablado |
| aprenderé<br>aprenderás<br>aprenderá | aprenderemos<br>aprenderéis<br>aprenderán | aprendería<br>aprenderías<br>aprendería | aprenderíamos<br>aprenderíais<br>aprenderían | aprendí<br>aprendiste<br>aprendió | aprendimos<br>aprendisteis<br>aprendieron | aprendiera<br>aprendieras<br>aprendiera | aprendiéramos<br>aprendierais<br>aprendieran | **g.** aprendiendo<br>**p.p.** aprendido |
| viviré<br>vivirás<br>vivirá | viviremos<br>viviréis<br>vivirán | viviría<br>vivirías<br>viviría | viviríamos<br>viviríais<br>vivirían | viví<br>viviste<br>vivió | vivimos<br>vivisteis<br>vivieron | viviera<br>vivieras<br>viviera | viviéramos<br>vivierais<br>vivieran | **g.** viviendo<br>**p.p.** vivido |
| | | | | | | | | |
| pensaré<br>pensarás<br>pensará | pensaremos<br>pensaréis<br>pensarán | pensaría<br>pensarías<br>pensaría | pensaríamos<br>pensaríais<br>pensarían | pensé<br>pensaste<br>pensó | pensamos<br>pensasteis<br>pensaron | pensara<br>pensaras<br>pensara | pensáramos<br>pensarais<br>pensaran | **g.** pensando<br>**p.p.** pensado |
| entenderé<br>entenderás<br>entenderá | entenderemos<br>entenderéis<br>entenderán | entendería<br>entenderías<br>entendería | entenderíamos<br>entenderíais<br>entenderían | entendí<br>entendiste<br>entendió | entendimos<br>entendisteis<br>entendieron | entendiera<br>entendieras<br>entendiera | entendiéramos<br>entendiérais<br>entendieran | **g.** entendiendo<br>**p.p.** entendido |
| moveré<br>moverás<br>moverá | moveremos<br>moveréis<br>moverán | movería<br>moverías<br>movería | moveríamos<br>moveríais<br>moverían | moví<br>moviste<br>movió | movimos<br>movisteis<br>movieron | moviera<br>movieras<br>moviera | moviéramos<br>movierais<br>movieran | **g.** moviendo<br>**p.p.** movido |
| contaré<br>contarás<br>contará | contaremos<br>contaréis<br>contarán | contaría<br>contarías<br>contaría | contaríamos<br>contaríais<br>contarían | conté<br>contaste<br>contó | contamos<br>contasteis<br>contaron | contara<br>contaras<br>contara | contáramos<br>contarais<br>contaran | **g.** contando<br>**p.p.** contado |
| | | | | | | | | |
| pediré<br>pedirás<br>pedirá | pediremos<br>pediréis<br>pedirán | pediría<br>pedirías<br>pediría | pediríamos<br>pediríais<br>pedirían | pedí<br>pediste<br>pidió | pedimos<br>pedisteis<br>pidieron | pidiera<br>pidieras<br>pidiera | pidiéramos<br>pidierais<br>pidieran | **g.** pidiendo<br>**p.p.** pedido |
| | | | | | | | | |
| sentiré<br>sentirás<br>sentirá | sentiremos<br>sentiréis<br>sentirán | sentiría<br>sentirías<br>sentiría | sentiríamos<br>sentiríais<br>sentirían | sentí<br>sentiste<br>sintió | sentimos<br>sentisteis<br>sintieron | sintiera<br>sintieras<br>sintiera | sintiéramos<br>sintierais<br>sintieran | **g.** sintiendo<br>**p.p.** sentido |
| dormiré<br>dormirás<br>dormirá | dormiremos<br>dormiréis<br>dormirán | dormiría<br>dormirías<br>dormiría | dormiríamos<br>dormiríais<br>dormirían | dormí<br>dormiste<br>durmió | dormimos<br>dormisteis<br>durmieron | durmiera<br>durmieras<br>durmiera | durmiéramos<br>durmierais<br>durmieran | **g.** durmiendo<br>**p.p.** dormido |
| | | | | | | | | |
| apareceré<br>aparecerás<br>aparecerá | apareceremos<br>apareceréis<br>aparecerán | aparecería<br>aparecerías<br>aparecería | apareceríamos<br>apareceríais<br>aparecerían | aparecí<br>apareciste<br>apareció | aparecimos<br>aparecisteis<br>aparecieron | apareciera<br>aparecieras<br>apareciera | apareciéramos<br>aparecierais<br>aparecieran | **g.** apareciendo<br>**p.p.** aparecido |
| | | | | | | | | |
| conduciré<br>conducirás<br>conducirá | conduciremos<br>conduciréis<br>conducirán | conduciría<br>conducirías<br>conduciría | conduciríamos<br>conduciríais<br>conducirían | conduje<br>condujiste<br>condujo | condujimos<br>condujisteis<br>condujeron | condujera<br>condujeras<br>condujera | condujéramos<br>condujerais<br>condujeran | **g.** conduciendo<br>**p.p.** conducido |

## Certains verbes irréguliers

| **Infinitif** *(Infinitivo)* | **Présent de l'indicatif** *(Presente de indicativo)* | | **Présent du subjonctif** *(Presente de subjuntivo)* | | **Impératif** *(Imperativo)* | **Imparfait de l'indicatif** *(Imperfecto de indicativo)* | |
|---|---|---|---|---|---|---|---|
| **Andar** *(Marcher)* | ando<br>andas<br>anda | andamos<br>andáis<br>andan | ande<br>andes<br>ande | andemos<br>andéis<br>anden | anda **(tú)**<br>andad **(vosotros)** | andaba<br>andabas<br>andaba | andábamos<br>andabais<br>andaban |
| **Caer** *(Tomber)* | caigo<br>caes<br>cae | caemos<br>caéis<br>caen | caiga<br>caigas<br>caiga | caigamos<br>caigáis<br>caigan | cae **(tú)**<br>caed **(vosotros)** | caía<br>caías<br>caía | caíamos<br>caíais<br>caían |
| **Dar** *(Donner)* | doy<br>das<br>da | damos<br>dais<br>dan | dé<br>des<br>dé | demos<br>deis<br>den | da **(tú)**<br>dad **(vosotros)** | daba<br>dabas<br>daba | dábamos<br>dabais<br>daban |
| **Decir** *(Dire)* | digo<br>dices<br>dice | decimos<br>decís<br>dicen | diga<br>digas<br>diga | digamos<br>digáis<br>digan | di **(tú)**<br>decid **(vosotros)** | decía<br>decías<br>decía | decíamos<br>decíais<br>decían |
| **Estar** *(Être)* | estoy<br>estás<br>está | estamos<br>estáis<br>están | esté<br>estés<br>esté | estemos<br>estéis<br>estén | está **(tú)**<br>estad **(vosotros)** | estaba<br>estabas<br>estaba | estábamos<br>estabais<br>estaban |
| **Haber** *(Auxiliaire)* | he<br>has<br>ha | hemos<br>habéis<br>han | haya<br>hayas<br>haya | hayamos<br>hayáis<br>hayan | | había<br>habías<br>había | habíamos<br>habíais<br>habían |
| **Hacer** *(Faire)* | hago<br>haces<br>hace | hacemos<br>hacéis<br>hacen | haga<br>hagas<br>haga | hagamos<br>hagáis<br>hagan | haz **(tú)**<br>haced **(vosotros)** | hacía<br>hacías<br>hacía | hacíamos<br>hacíais<br>hacían |
| **Ir** *(Aller)* | voy<br>vas<br>va | vamos<br>vais<br>van | vaya<br>vayas<br>vaya | vayamos<br>vayáis<br>vayan | ve **(tú)**<br>id **(vosotros)** | iba<br>ibas<br>iba | íbamos<br>ibais<br>iban |
| **Oír** *(Entendre)* | oigo<br>oyes<br>oye | oímos<br>oís<br>oyen | oiga<br>oigas<br>oiga | oigamos<br>oigáis<br>oigan | oye **(tú)**<br>oíd **(vosotros)** | oía<br>oías<br>oía | oíamos<br>oíais<br>oían |
| **Poder** *(Pouvoir)* | puedo<br>puedes<br>puede | podemos<br>podéis<br>pueden | pueda<br>puedas<br>pueda | podamos<br>podáis<br>puedan | puede **(tú)**<br>poded **(vosotros)** | podía<br>podías<br>podía | podíamos<br>podíais<br>podían |
| **Poner** *(Mettre, poser)* | pongo<br>pones<br>pone | ponemos<br>ponéis<br>ponen | ponga<br>pongas<br>ponga | pongamos<br>pongáis<br>pongan | pon **(tú)**<br>poned **(vosotros)** | ponía<br>ponías<br>ponía | poníamos<br>poníais<br>ponían |
| **Querer** *(Vouloir, aimer)* | quiero<br>quieres<br>quiere | queremos<br>queréis<br>quieren | quiera<br>quieras<br>quiera | queramos<br>queráis<br>quieran | quiere **(tú)**<br>quered **(vosotros)** | quería<br>querías<br>quería | queríamos<br>queríais<br>querían |
| **Saber** *(Savoir)* | sé<br>sabes<br>sabe | sabemos<br>sabéis<br>saben | sepa<br>sepas<br>sepa | sepamos<br>sepáis<br>sepan | sabe **(tú)**<br>sabed **(vosotros)** | sabía<br>sabías<br>sabía | sabíamos<br>sabíais<br>sabían |
| **Salir** *(Sortir, partir)* | salgo<br>sales<br>sale | salimos<br>salís<br>salen | salga<br>salgas<br>salga | salgamos<br>salgáis<br>salgan | sal **(tú)**<br>salid **(vosotros)** | salía<br>salías<br>salía | salíamos<br>salíais<br>salían |
| **Ser** *(Être)* | soy<br>eres<br>es | somos<br>sois<br>son | sea<br>seas<br>sea | seamos<br>seáis<br>sean | sé **(tú)**<br>sed **(vosotros)** | era<br>eras<br>era | éramos<br>erais<br>eran |
| **Tener** *(Avoir, posséder)* | tengo<br>tienes<br>tiene | tenemos<br>tenéis<br>tienen | tenga<br>tengas<br>tenga | tengamos<br>tengáis<br>tengan | ten **(tú)**<br>tened **(vosotros)** | tenía<br>tenías<br>tenía | teníamos<br>teníais<br>tenían |
| **Traer** *(Apporter)* | traigo<br>traes<br>trae | traemos<br>traéis<br>traen | traiga<br>traigas<br>traiga | traigamos<br>traigáis<br>traigan | trae **(tú)**<br>traed **(vosotros)** | traía<br>traías<br>traía | traíamos<br>traíais<br>traían |
| **Venir** *(Venir)* | vengo<br>vienes<br>viene | venimos<br>venís<br>vienen | venga<br>vengas<br>venga | vengamos<br>vengáis<br>vengan | ven **(tú)**<br>venid **(vosotros)** | venía<br>venías<br>venía | veníamos<br>veníais<br>venían |
| **Ver** *(Voir)* | veo<br>ves<br>ve | vemos<br>veis<br>ven | vea<br>veas<br>vea | veamos<br>veáis<br>vean | ve **(tú)**<br>ved **(vosotros)** | veía<br>veías<br>veía | veíamos<br>veíais<br>veían |

| **Futur** (*Futuro*) | | **Conditionnel** (*Condicional*) | | **Passé simple** (*Pretérito indefinido*) | | **Imparfait du subjonctif** (*Imperfecto de subjuntivo*) | | **Gérondif et participe passé** (*Gerundio y participio*) |
|---|---|---|---|---|---|---|---|---|
| andaré<br>andarás<br>andará | andaremos<br>andaréis<br>andarán | andaría<br>andarías<br>andaría | andaríamos<br>andaríais<br>andarían | anduve<br>anduviste<br>anduvo | anduvimos<br>anduvisteis<br>anduvieron | anduviera<br>anduvieras<br>anduviera | anduviéramos<br>anduviérais<br>anduvieran | **g.** andando<br>**p.p.** andado |
| caeré<br>caerás<br>caerá | caeremos<br>caeréis<br>caerán | caería<br>caerías<br>caería | caeríamos<br>caeríais<br>caerían | caí<br>caíste<br>cayó | caímos<br>caísteis<br>cayeron | cayera<br>cayeras<br>cayera | cayéramos<br>cayerais<br>cayeran | **g.** cayendo<br>**p.p.** caído |
| daré<br>darás<br>dará | daremos<br>daréis<br>darán | daría<br>darías<br>daría | daríamos<br>daríais<br>darían | di<br>diste<br>dio | dimos<br>disteis<br>dieron | diera<br>dieras<br>diera | diéramos<br>dierais<br>dieran | **g.** dando<br>**p.p.** dado |
| diré<br>dirás<br>dirá | diremos<br>diréis<br>dirán | diría<br>dirías<br>diría | diríamos<br>diríais<br>dirían | dije<br>dijiste<br>dijo | dijimos<br>dijisteis<br>dijeron | dijera<br>dijeras<br>dijera | dijéramos<br>dijerais<br>dijeran | **g.** diciendo<br>**p.p.** dicho |
| estaré<br>estarás<br>estará | estaremos<br>estaréis<br>estarán | estaría<br>estarías<br>estaría | estaríamos<br>estaríais<br>estarían | estuve<br>estuviste<br>estuvo | estuvimos<br>estuvisteis<br>estuvieron | estuviera<br>estuvieras<br>estuviera | estuviéramos<br>estuvierais<br>estuvieran | **g.** estando<br>**p.p.** estado |
| habré<br>habrás<br>habrá | habremos<br>habréis<br>habrán | habría<br>habrías<br>habría | habríamos<br>habríais<br>habrían | hube<br>hubiste<br>hubo | hubimos<br>hubisteis<br>hubieron | hubiera<br>hubieras<br>hubiera | hubiéramos<br>hubierais<br>hubieran | **g.** habiendo<br>**p.p.** habido |
| haré<br>harás<br>hará | haremos<br>haréis<br>harán | haría<br>harías<br>haría | haríamos<br>haríais<br>harían | hice<br>hiciste<br>hizo | hicimos<br>hicisteis<br>hicieron | hiciera<br>hicieras<br>hiciera | hiciéramos<br>hicierais<br>hicieran | **g.** haciendo<br>**p.p.** hecho |
| iré<br>irás<br>irá | iremos<br>iréis<br>irán | iría<br>irías<br>iría | iríamos<br>iríais<br>irían | fui<br>fuiste<br>fue | fuimos<br>fuisteis<br>fueron | fuera<br>fueras<br>fuera | fuéramos<br>fuerais<br>fueran | **g.** yendo<br>**p.p.** ido |
| oiré<br>oirás<br>oirá | oiremos<br>oiréis<br>oirán | oiría<br>oirías<br>oiría | oiríamos<br>oiríais<br>oirían | oí<br>oíste<br>oyó | oímos<br>oísteis<br>oyeron | oyera<br>oyeras<br>oyera | oyéramos<br>oyerais<br>oyeran | **g.** oyendo<br>**p.p.** oído |
| podré<br>podrás<br>podrá | podremos<br>podréis<br>podrán | podría<br>podrías<br>podría | podríamos<br>podríais<br>podrían | pude<br>pudiste<br>pudo | pudimos<br>pudisteis<br>pudieron | pudiera<br>pudieras<br>pudiera | pudiéramos<br>pudierais<br>pudieran | **g.** pudiendo<br>**p.p.** podido |
| pondré<br>pondrás<br>pondrá | pondremos<br>pondréis<br>pondrán | pondría<br>pondrías<br>pondría | pondríamos<br>pondríais<br>pondrían | puse<br>pusiste<br>puso | pusimos<br>pusisteis<br>pusieron | pusiera<br>pusieras<br>pusiera | pusiéramos<br>pusierais<br>pusieran | **g.** poniendo<br>**p.p.** puesto |
| querré<br>querrás<br>querrá | querremos<br>querréis<br>querrán | querría<br>querrías<br>querría | querríamos<br>querríais<br>querrían | quise<br>quisiste<br>quiso | quisimos<br>quisisteis<br>quisieron | quisiera<br>quisieras<br>quisiera | quisiéramos<br>quisierais<br>quisieran | **g.** queriendo<br>**p.p.** querido |
| sabré<br>sabrás<br>sabrá | sabremos<br>sabréis<br>sabrán | sabría<br>sabrías<br>sabría | sabríamos<br>sabríais<br>sabrían | supe<br>supiste<br>supo | supimos<br>supisteis<br>supieron | supiera<br>supieras<br>supiera | supiéramos<br>supierais<br>supieran | **g.** sabiendo<br>**p.p.** sabido |
| saldré<br>saldrás<br>saldrá | saldremos<br>saldréis<br>saldrán | saldría<br>saldrías<br>saldría | saldríamos<br>saldríais<br>saldrían | salí<br>saliste<br>salió | salimos<br>salisteis<br>salieron | saliera<br>salieras<br>saliera | saliéramos<br>salierais<br>salieran | **g.** saliendo<br>**p.p.** salido |
| seré<br>serás<br>será | seremos<br>seréis<br>serán | sería<br>serías<br>sería | seríamos<br>seríais<br>serían | fui<br>fuiste<br>fue | fuimos<br>fuisteis<br>fueron | fuera<br>fueras<br>fuera | fuéramos<br>fuerais<br>fueran | **g.** siendo<br>**p.p.** sido |
| tendré<br>tendrás<br>tendrá | tendremos<br>tendréis<br>tendrán | tendría<br>tendrías<br>tendría | tendríamos<br>tendríais<br>tendrían | tuve<br>tuviste<br>tuvo | tuvimos<br>tuvisteis<br>tuvieron | tuviera<br>tuvieras<br>tuviera | tuviéramos<br>tuvierais<br>tuvieran | **g.** teniendo<br>**p.p.** tenido |
| traeré<br>traerás<br>traerá | traeremos<br>traeréis<br>traerán | traería<br>traerías<br>traería | traeríamos<br>traeríais<br>traerían | traje<br>trajiste<br>trajo | trajimos<br>trajisteis<br>trajeron | trajera<br>trajeras<br>trajera | trajéramos<br>trajerais<br>trajeran | **g.** trayendo<br>**p.p.** traído |
| vendré<br>vendrás<br>vendrá | vendremos<br>vendréis<br>vendrán | vendría<br>vendrías<br>vendría | vendríamos<br>vendríais<br>vendrían | vine<br>viniste<br>vino | vinimos<br>vinisteis<br>vinieron | viniera<br>vinieras<br>viniera | viniéramos<br>vinierais<br>vinieran | **g.** viniendo<br>**p.p.** venido |
| veré<br>verás<br>verá | veremos<br>veréis<br>verán | vería<br>verías<br>vería | veríamos<br>veríais<br>verían | vi<br>viste<br>vio | vimos<br>visteis<br>vieron | viera<br>vieras<br>viera | viéramos<br>vierais<br>vieran | **g.** viendo<br>**p.p.** visto |

## Crédits iconographiques

**Couverture** ferrantraite/iStock.com ; **U1** p. 18 Sollina Images/Getty Images, Kobby Dagan/VWPics/Alamy, p. 19 Kobby Dagan/Dreamstime.com, p. 20 Ollinca Torres, AP, p. 21 Mirel Fraga y Alfonso Barrera, p. 22 BBC Mundo, p. 23 Fernando Gregory/Dreamstime.com, DustyPixel/iStock.com, p. 25 By CharlesReginald/ WikimediaCommons, Pixelrobot/Dreamstime.com ; **U2** p. 26 Catai, p. 27 *Altaïr Magazine:* www.altairmagazine.com, BesTRIP, p. 28 Ruta Inti, Expedición 2018, www.rutainti.com, p. 29 Anaya Touring, p. 30 Universidad de Extremadura, p. 31 Alejandro Cuffia/Dreamstime.com, p. 33 Hugoht/Dreamstime.com, Alexmenderson/ Dreamstime.com ; **Preparación al nuevo BAC** p. 34 VICTOR SAINZ./ EDICIONES *EL PAÍS* SL 2017, p. 35 © Ilustradora: Amaia Arrazola © Autora: Raquel Piñeiro © Editorial Planeta / Lunwerg. 2015 ; **Más documentos para disfrutar** p. 36 JonathanHugoJiménezGómez/Dreamstime.com, Fer3250/Dreamstime.com, FOCUS FEATURES/Album ; **U3** p. 38 Ediciones Península, Grupo Planeta, p. 39 RAUL ARBOLEDA/Getty Images, p. 40 Fernando Botero Angulo (1932/), *Pablo Escobar muerto* 2006, Colección Museo de Antioquia, foto: Carlos Tobón, p. 41 Jan Sochor/Alamy, p. 42 Rüdiger Wölk/Imago, p. 43 Egeto Peter/Dreamstime.com, RAUL ARBOLEDA/GettyImages, p. 45 Stígur Már Karlsson Heimsmyndir/iStock.com ; **U4** p. 46 HERNANDO NOSSA-COLOMBIA, Patricia Gutiérrez, p. 47 2015, Luisa Rivero, por la ilustración. Licencia otorgada por Penguin Random House Grupo Editorial, S.A.U., Sr. Cucho Instagram: @sr_cucho, p. 48 Helena Perez García, p. 49 YouTube/Histeria de la literatura, Janusz Pieńkowski/Dreamstime, p. 50 Ministerio de Turismo de Ecuador (D.R.), p. 51 hatman12/iStock.com, MarkMalleson/iStock.com, Grafissimo/iStock.com ; **Preparación al nuevo BAC** p. 54 Karol Kozlowski Premium RM Collection/Alamy, p. 55 YouTube/Histeria de la literatura ; **Más documentos para disfrutar** p. 56 Policía Nacional Colombiana/WikimediaCommons, AFP/Getty Images ; **U5** p. 58 © Museo Nacional del Prado, p. 59 © Museo Nacional del Prado, p. 60 *GOYA, lo sublime terrible*/Dibbuks 2018 - Fran Galán y El Torres, p. 61 © Museo Nacional del Prado, p. 62 Fundación Ibercaja, p. 63 Nelieta/Dreamstime.com, p. 65 Kadettmann/Dreamstime.com, **U6** p. 66 Ministerio de Transportes y Telecomunicaciones de Chile (D.R.), p. 67 Rodrigo Fernández / Wikimedia Commons, p. 68 Wastesoul/Dreamstime.com, p. 69 24horas.cl, p. 70 gentileza de Hecho En Casa Festival, WalkingStgo, p. 71 WalkingStgo, Lightfieldstudiosprod/Dreamstime.com ; **Preparación al nuevo BAC** p. 74 Francisco de Goya/Album, © Museo Nacional del Prado, p. 75 sik-life/Pixabay ; **Más documentos para disfrutar** p. 76 catwalker/Shutterstock, Marc/AdobeStock, JulienChatelain/IntiCastro/Flickr ; **U7** p. 78 Hector Vivas/Getty Images, Archivo Tourist Info Alcoi, p. 79 torukojin/iStock.com, p. 80 Ayuntamiento de Sahuayo (D.R.), p. 81 Ayuntamiento de Elda (D.R.), p. 82 TV Cultura y Patrimonio Ecuador, CRISBOURONCLE AFP/GettyImages, p. 83 Cultura Tigua, torukojin/iStock.com, p. 85 Lucy Brown/Dreamstime.com ; **U8** p. 86 Diagonal, Make a Wish Spain y milmaravillasbcn@gmail.com, p. 87 Marcorubino/Dreamstime.com, p. 88 Álvaro Ruiz Tintoré/Dreamstime.com, © 2018, Ferran López, por la fotografía. Licencia otorgada por Penguin Random House Grupo Editorial, S.A.U., p. 89 Thomas Kissling / Fontana Film GmbH, p. 90 Amics de la Fabra i Coats, Fabra i Coats - Fàbrica de Creació de Barcelona, Jordi Oliver, p. 91 Margalef-Eva/iStock.com, Typhoonski/Dreamstime.com, p. 93 Laurianne López ; **Preparación al nuevo BAC** p. 94 ABEL F. ROS / Alamy, p. 95 Perlas de Barcelona, Omar Fernández ; **Más documentos para disfrutar** p. 96 Difusión, Helena García/iStock.com, Alexmenderson/ Dreamstime.com, Difusión ; **U9** p. 98 Albert Monteys, Astiberri, Ivanper & Igor, Diábolo Ediciones, p. 99 Juan Samu, p. 100 Aisoy Robotics, p. 101 Telecom Argentina S.A., p. 102 Siruela, p. 103 Kirillm/iStock.com, p. 105 Hyunsuss/ Dreamstime.com, aldomurillo/iStock.com, Nikuwka/Dreamstime.com ; **U10** p. 106 Higinia Garay, p. 107 *Mentiras para ser una mujer de verdad* ©Rocío Salazar ©Lunwerg / Editorial Planeta SA. 2016, Dirección General de Igualdad y Mujer, Gobierno de Cantabria, p. 108 Libros.com/Ana María Pérez del Campo Noriega, jane/iStock.com, p. 109 Álex Giménez y Ana Oncina, Agencia EFE, p. 110 IEB School, Atlas, p. 111 Sonya illustration/iStock.com, Bravera/Dreamstime.com, p. 113 kali9/iStock.com ; **Preparación al nuevo BAC** p. 114 Atresmedia Corporación de Medios de Comunicación, S.A, p. 115 Ana María Pérez del Campo Noriega/Federación de Asociaciones de Mujeres Separadas y Divorciadas ; **Más documentos para disfrutar** p. 116 Ian Gavan/Getty Images ; **U11** p. 118 Secretaría General de Comunicación de la Presidencia de Ecuador, Tte. Carlos Farfán Guillén, Policía Boliviana, p. 119 Alerta Contra el Racismo, Ministerio de Cultura del Perú, p. 120 Saiko3p/Dreamstime.com, Kike Calvo/Getty Images, p. 121 ODS Territorio Ecuador, Dirección de Lenguas Indígenas, Ministerio de Cultura, Perú, p. 122 Ayuntamiento de Pimampiro (D.R.), Secretaría del Buen Vivir (D.R.), p. 123 Ruslana Iurchenko/Dreamstime. com, Yurasova/Dreamstime.com, p. 124 Dvrcan/Dreamstime.com, p. 125 parlamentoandino.org, Felipe Restrepo Acosta/Creative Commons ; **U12** p. 126 ADEPA, p. 127 mulier.ca/CC 4.0, p. 128 AGENCIA TELAM, Generación Dos Punto Cero, p. 129 El Roto, p. 130 COEN (D.R.), p. 131 Wikimedia Foundation/CC BY-SA 3.0, rawpixel.com/Freepik, p. 133 alfa27/AdobeStock ; **Preparación al nuevo BAC** p. 134 Maximino Cerezo Barredo, p. 135 Alta Densidad www.altadensidad.com - Locución: Carlos José Monzón ; **Más documentos para disfrutar** p. 136 Edwin Velásquez/Flickr, ARTEFACTOS S.F/Album, snaptitude/AdobeStock, Banco de actividades p. 137 prostockstudio/Freepik, Freepik/Freepik, macrovector/Freepik, nadezhda_grapes/Freepik, p. 138 benzoix/Freepik, jittykerd7/Freepik, p. 139 Freepik/Freepik, p. 140 Chevanon/Freepik, p. 141 © Museo Nacional del Prado, p. 142 Wastesoul/Dreamstime, FilippoRomeo/Dreamstime, ingram/Freepik, p. 143 Freepik/Freepik, vdvtut/iStock.com, rawpixel.com/Freepik, Nikada/iStock.com, p. 144 Gitanna/Dreamstime, p. 145 irrmago/Freepik, Freepik/Freepik, freepic. diller/Freepik, user5356353/Freepik, www.slon.pics/Freepik, p. 146 J.M.Grimaldi/Junta de Andalucía/Flickr, p. 147 Castellers de Barcelona/WikimediaCommons, Juan Ramón Rodriguez Sosa/WikimediaCommons

## Crédits textes

**U1** p. 21 *Diario AS* ; **U2** p. 28 Paco Nadal, revista *Altaïr*, p. 29 Javier Reverte, PLAZA & JANES EDITORES, p. 30 Laura O Sánchez, Sen Enderezo ; **U3** p. 40 Furia Norteña, p. 41 Catalina Ruiz Parra/*El Nuevo Herald*, p. 42 José Durán, *Periódico Diagonal*, 22-11-2015 ; **U4** p. 48 Gabriel García Márquez, 1967 and Heirs of Gabriel García Márquez, p. 49 The Paris Review (D.R.), p. 50 María Ramírez Ferreira ; **U5** p. 61 https://www.museodelprado.es/ J. M. Matilla, p. 62 Aurelia María Romero Coloma, *Goya, el Ocaso de los sueños*, Ediciones Irreverentes, 2007, U6 p. 68 Laura Lazzarino (D.R.) ; **U6** p. 70 gentileza de Hecho En Casa Festival, p. 73 gentileza de Hecho En Casa Festival ; **U7** p. 80 Elías Camhaji/El País, p. 82 Linaje Peruano ; **U8** p. 88 Ildefonso Falcones de Sierra. Licencia eiditorial otorgada por Penguin Random House Grupo Editorial, S.A.U. ; **U9** p. 100 Miguel Pérez Montes, Columna Cero, p. 102 Jordi Sierra i Fabra, En un lugar llamado Tierra, Ediciones Siruela, Madrid 2008 ; **U10** p. 108 Ana Alfageme, El País ; **U11** p. 120 Miguel Sánchez-Ostiz/Alberdania ; **U12** p. 129 Roxana Morduchowicz, Penguin Random House Grupo Editorial S.A., 2018



ÉDITIONS maison des langues